U0488838

纪晓岚全集 第五卷

刘金柱 杨钧 主编

中原出版传媒集团
中原传媒股份公司

大象出版社
·郑州·

目 录

删正二冯评阅才调集

编校说明 ·· 2

原　序 ·· 3

凡　例 删五则 ·· 4

卷　上 ·· 8

卷第一 ·· 8

古律杂歌诗一百首(录三十六首) ·· 8
白居易一十九首(录三首) ·· 8
　　代书一百韵寄微之 ·· 8
　　东南行一百韵 ·· 11
　　江南喜逢萧九彻因话长安旧游戏赠五十韵 ·· 13

薛能七首(录一首) ·················· 14
   牡　丹 ·························· 14

崔国辅六首(录四首) ················ 14
   魏宫词 ·························· 14
   怨　词 ·························· 14
   少年行 ·························· 15
   中流曲 ·························· 15

孟浩然二首(录一首) ················ 15
   春　怨 ·························· 15

刘长卿六首(录五首) ················ 15
   扬州雨中张十七宅观妓 ········ 15
   赴润州使院留别鲍侍御 ········ 16
   北归次秋浦界青馆 ············ 16
   登余干古城 ···················· 16
   别宕子怨 ······················ 16

韦应物一首(删) ···················· 17

王维二首 ·························· 17
   送元二使安西 ················ 17
   陇头吟 ························ 17

贾岛七首(录五首) ·················· 17
   寄　远 ························ 17
   代旧将 ························ 18
   春　行 ························ 18
   述　剑 ························ 18

蚤秋题天台灵应寺 …………………………………………… 18

李廓一十六首（录三首） …………………………………………… 19
镜听词 …………………………………………………………… 19
送振武将军 ……………………………………………………… 19
赠商山东于岭僧 ………………………………………………… 19

常建一首 ………………………………………………………… 19
吊王将军 ………………………………………………………… 19

刘禹锡五首（录二首） ………………………………………… 20
乌衣巷 …………………………………………………………… 20
石头城 …………………………………………………………… 20

宋济二首 ………………………………………………………… 20
东邻美女歌 ……………………………………………………… 20
塞上闻笛 ………………………………………………………… 20

王建一十三首（录二首） ……………………………………… 21
宫前早春 ………………………………………………………… 21
江南三台词四首 ………………………………………………… 21

李端一首 ………………………………………………………… 21
芜城怀古 ………………………………………………………… 21

耿沨二首 ………………………………………………………… 21
秋　日 …………………………………………………………… 21
送王润 …………………………………………………………… 21

李华一首 ………………………………………………………… 22
长门怨 …………………………………………………………… 22

钱翊七首(录一首) ……………………………… 22
    送王郎中 ………………………………………… 22
李远二首(删) …………………………………… 22

卷第二 ……………………………………………… 22

古律杂歌诗一百首(录一十九首) …………… 22
温飞卿六十一首(录九首) …………………… 22
    过华清宫二十二韵 ……………………………… 23
    送人东游 ………………………………………… 24
    春日野行 ………………………………………… 24
    西州词 …………………………………………… 24
    赠弹筝人 ………………………………………… 25
    瑶瑟怨 …………………………………………… 25
    达摩支曲 ………………………………………… 25
    边笳曲 …………………………………………… 25
    侠客行 …………………………………………… 25

顾况一十一首(录六首) ……………………… 26
    悲歌六首并序 …………………………………… 26

吴融二首(删) ………………………………… 27
崔涂六首(录一首) …………………………… 27
    巴南道中 ………………………………………… 27
卢纶七首(录二首) …………………………… 27
    晚次鄂州 ………………………………………… 27
    送南中使寄岭外故人 …………………………… 27

无名氏一十三首(录一首) ········· 27
    杂　词(选第一首) ··············· 27

卷第三 ······························· 28

古律杂歌诗一百首(录一十一首) ····· 28
韦庄六十三首(录六首) ············· 28
    与东吴生相遇 ····················· 28
    章台夜思 ························· 28
    台　城 ··························· 29
    咸阳怀古 ························· 29
    汉　州 ··························· 29
    杂体联锦 ························· 29

李山甫八首(删) ···················· 30

李洞五首(删) ······················ 30

薛逢一首(删) ······················ 30

裴庭裕一首(删) ···················· 30

李昂一首 ·························· 30
    戚夫人楚舞歌 ····················· 30

沈佺期二首(录一首) ················ 31
    古意呈乔补阙知之 ················· 31

王泠然一首 ························ 31
    汴河柳 ··························· 31

何扶一首(删) ······················ 32

汪遵一首(删) ······················ 32

高適一首 ·· 32
    燕歌行并序 ·· 32
孟郊一首(删) ·· 32
陆龟蒙五首(删) ·· 32
张籍七首(录一首) ·· 32
    寄远客 ·· 33
曹邺二首(删) ·· 33

卷第四

古律杂歌诗一百首(录十三首) ························· 33
杜牧三十三首(录九首) ································ 33
    题齐安城楼 ·· 33
    扬州二首 ·· 33
    早 雁 ·· 33
    池州春日送人 ·· 34
    江南春 ·· 34
    寄 人 ·· 34
    寄远三首(录第二首) ································· 34
    秦 淮 ·· 34
张泌一十八首(录一首) ································ 35
    晚次湘源县 ·· 35
戴叔伦四首(录二首) ·································· 35
    秋日行 ·· 35
    潭州使院书情寄江夏贺兰副端 ·························· 35

宋邕一首(删) ……………………………………………… 35

曹唐二十四首(删) ……………………………………… 35

施肩吾二首(删) ………………………………………… 36

赵光远三首(删) ………………………………………… 36

孙启四首(删) …………………………………………… 36

崔珏七首(删) …………………………………………… 36

项斯一首(删) …………………………………………… 36

司空曙三首(录一首) …………………………………… 36
  峡口送友人 …………………………………………… 36

卷第五 ……………………………………………………… 36

古律杂歌诗一百首(录十三首) ……………………… 36

元稹五十七首(录二首) ………………………………… 36
  梦游春七十韵 ………………………………………… 37
  春　晚 ………………………………………………… 38

郑谷十一首(录二首) …………………………………… 38
  十日菊 ………………………………………………… 38
  淮上与友人别 ………………………………………… 38

秦韬玉八首(删) ………………………………………… 38

纪唐夫一首(删) ………………………………………… 38

雍陶一首(删) …………………………………………… 38

刘禹锡十二首(录六首) ………………………………… 39
  自朗州至京戏赠看花诸君子 ………………………… 39
  杨柳枝词三首(录第二首、第三首) ………………… 39

竹枝词三首 …… 39
白居易八首(录二首) …… 39
　　邯郸至除夜思家 …… 39
　　同李十一醉忆元九 …… 40
武元衡二首(录一首) …… 40
　　送张谏议赴阙 …… 40

卷　下 …… 41

卷第六 …… 41

古律杂歌诗一百首(录三十八首) …… 41
李白二十八首(录一十九首) …… 41
　　长干行二首 …… 41
　　古风三首(录第一首、第三首) …… 42
　　长相思 …… 42
　　乌夜啼 …… 42
　　白头吟 …… 43
　　大堤曲 …… 43
　　久别离 …… 43
　　宫中行乐三首 …… 44
　　紫宫乐五首 …… 44
　　会别离 …… 45
　　相逢行 …… 45

李商隐四十首(录十首) ··· 46
　　齐宫词 ··· 46
　　春　雨 ··· 46
　　促　漏 ··· 47
　　独居有怀 ··· 47
　　代赠二首(录第一首) ··· 47
　　宫　辞 ··· 47
　　水天闲话旧事 ··· 47
　　汉宫词 ··· 48
　　留赠畏之 ··· 48
　　离亭赋得折杨柳二首(录第二首) ··· 48

李涉十五首(录五首) ··· 48
　　再宿武关 ··· 48
　　竹枝词四首 ··· 49

唐彦谦十七首(录四首) ··· 49
　　寄蒋八 ··· 49
　　春　阴 ··· 49
　　春　残 ··· 49
　　小　院 ··· 50

卷第七 ··· 50

古律杂歌诗一百首(录一十三首) ··· 50
李宣古一首(删) ··· 50
王涣十三首(删) ··· 50

岑参四首(录三首) …… 50
　　苜蓿峰寄家人 …… 50
　　逢入京使 …… 50
　　春　梦 …… 50
贾曾一首(删) …… 51
许浑二十首(录一首) …… 51
　　塞下曲 …… 51
油蔚一首(删) …… 51
张祜六首(删) …… 51
来鹏二首(删) …… 51
施肩吾四首(删) …… 51
刘得仁一首(删) …… 51
高骈四首(删) …… 52
李端一首(删) …… 52
赵嘏十一首(录三首) …… 52
　　长安秋望 …… 52
　　汾上宴别 …… 52
　　曲江春望怀江南故人 …… 52
朱绛一首(删) …… 52
姚伦一首(删) …… 52
刘方平二首(录一首) …… 53
　　秋夜泛舟 …… 53
陈羽一首(删) …… 53
薛能三首(删) …… 53

李郢一首(删) ……………………………………… 53

薛逢二首(录一首) ……………………………… 53

 汉武宫词 ………………………………………… 53

崔涂一首(删) ……………………………………… 53

项斯一首(删) ……………………………………… 53

崔峒一首(删) ……………………………………… 53

李宣远一首 ………………………………………… 54

 塞下作 …………………………………………… 54

陶翰二首(删) ……………………………………… 54

温宪三首(录一首) ……………………………… 54

 春鸠 ……………………………………………… 54

李频六首(删) ……………………………………… 54

王驾一首 …………………………………………… 54

 古意 ……………………………………………… 54

于鹄三首(录一首) ……………………………… 54

 送客游塞 ………………………………………… 54

徐寅一首(删) ……………………………………… 55

卷第八 ……………………………………………… 55

古律杂歌诗一百首(录二十六首) …………… 55

罗隐十七首(录七首) …………………………… 55

 偶怀 ……………………………………………… 55

 桃花 ……………………………………………… 55

 中元夜泊淮口 …………………………………… 55

登夏州城楼 …………………………………………………………… 56

　　绵谷回寄蔡氏昆仲 …………………………………………………… 56

　　忆夏口 ………………………………………………………………… 56

　　金陵夜泊 ……………………………………………………………… 56

李颀一首(删) ………………………………………………………………… 57

崔颢一首 ……………………………………………………………………… 57

　　黄鹤楼 ………………………………………………………………… 57

于武陵九首(录一首) ………………………………………………………… 57

　　劝　酒 ………………………………………………………………… 57

李涉一首(删) ………………………………………………………………… 57

戎昱四首(录三首) …………………………………………………………… 57

　　中秋感怀 ……………………………………………………………… 57

　　闻　笛 ………………………………………………………………… 57

　　客堂秋夕 ……………………………………………………………… 58

韩琮六首(录一首) …………………………………………………………… 58

　　暮春浐水送别 ………………………………………………………… 58

李德裕一首(删) ……………………………………………………………… 58

高蟾二首(删) ………………………………………………………………… 58

高适二首(录一首) …………………………………………………………… 58

　　封丘作 ………………………………………………………………… 58

朱庆馀一首(删) ……………………………………………………………… 58

曹松三首(删) ………………………………………………………………… 58

钱起一首 ……………………………………………………………………… 59

　　阙下赠裴舍人 ………………………………………………………… 59

罗邺九首(录一首) …… 59
　　芳　草 …… 59
章碣一首(删) …… 59
王昌龄三首(录二首) …… 59
　　长信愁 …… 59
　　闺　怨 …… 59
李嘉祐四首(录一首) …… 60
　　赠别严士元 …… 60
郑准四首(删) …… 60
祖咏一首 …… 60
　　七　夕 …… 60
吉师老四首(删) …… 60
卢弼七首(录四首) …… 60
　　答李秀才边庭四时怨 …… 60
　　　春 …… 61
　　　夏 …… 61
　　　秋 …… 61
　　　冬 …… 61
窦巩一首(删) …… 61
韩偓五首(录一首) …… 61
　　寄邻庄道侣 …… 61
杜荀鹤八首(录一首) …… 61
　　春宫怨 …… 61
张乔二首(删) …… 62

崔鲁一首(删) 62

卷第九 62

古律杂歌诗一百首(录十九首) 62

刘商一首(删) 62

长孙佐辅二首(删) 62

朱放二首(录一首) 62

 江上送别 62

王表二首(删) 62

张安石二首(删) 62

张谔一首 62

 还　京 62

于濆三首(删) 63

胡曾九首(删) 63

李群玉二首(删) 63

顾非熊一首 63

 秋日陕州道中作 63

袁不约二首(删) 63

吴商皓八首(录一首) 63

 秋塘晓望 63

梁锽一首(删) 63

贺知章一首(删) 63

张蠙四首(录二首) 64

 钱塘夜宴留别郡守 64

长安春望 ·· 64
刘象七首(录三首) ·································· 64
　　早春池亭独游三首 ································ 64
戴司颜二首(删) ······································ 65
沈彬一首(删) ·· 65
李贺一首(删) ·· 65
严维一首 ·· 65
　　秋夜船行 ·· 65
韩翊一首 ·· 65
　　寒　食 ·· 65
熊皎一首(删) ·· 65
张乔三首(录一首) ·································· 65
　　送友人归宜春 ·· 65
陈陶一首(删) ·· 66
张谓一首 ·· 66
　　杜侍御送贡物戏赠 ································ 66
郑常一首 ·· 66
　　寄常逸人 ·· 66
崔峒一首(删) ·· 66
李洞一首(删) ·· 66
李端一首 ·· 66
　　巫山高 ·· 66
江为一首(删) ·· 67

裴度一首 …………………………………………… 67
　　中书即事 ………………………………………… 67
陈上美一首(删) ……………………………………… 67
姚合七首(删) ………………………………………… 67
杨牢一首(删) ………………………………………… 67
王昌龄二首(录一首) ………………………………… 67
　　塞上行 …………………………………………… 67
于鹄二首(删) ………………………………………… 68
陈羽一首(删) ………………………………………… 68
僧贯休三首(录一首) ………………………………… 68
　　夜夜曲 …………………………………………… 68
僧尚颜二首(删) ……………………………………… 68
僧护国一首(删) ……………………………………… 68
僧栖白二首(删) ……………………………………… 68
僧无可二首(删) ……………………………………… 68
僧清江一首(删) ……………………………………… 68
僧法照一首(删) ……………………………………… 68
僧太易二首(删) ……………………………………… 68
僧惟审一首(删) ……………………………………… 68
僧沧浩一首(删) ……………………………………… 68
僧皎然二首(录一首) ………………………………… 69
　　酬崔御史见赠 …………………………………… 69
僧无本二首(删) ……………………………………… 69

卷第十 ... 69

古律杂歌诗一百首(录六首) ... 69

张夫人二首(删) ... 69

刘媛一首(删) ... 69

女道士李冶九首(录二首) ... 69

　　送阎伯均往江州 ... 69

　　送阎二十六赴剡县 ... 70

刘云一首(删) ... 70

鲍君徽一首(删) ... 70

崔仲容二首(删) ... 70

张文姬二首(录一首) ... 70

　　溪口云 ... 70

女道士元淳二首(删) ... 70

蒋蕴二首(删) ... 70

崔公远一首(删) ... 70

女道士鱼玄机九首(删) ... 70

张窈窕二首(删) ... 71

张琰二首(删) ... 71

赵氏二首(删) ... 71

程长文三首(删) ... 71

梁琼三首(删) ... 71

廉氏二首(删) ... 71

薛涛三首(录一首) …………………………………… 71
　　送友人 ………………………………………… 71
姚月华二首(删) ……………………………………… 71
裴羽仙二首(删) ……………………………………… 71
刘瑶三首(删) ………………………………………… 71
常浩二首(删) ………………………………………… 71
葛鸦儿一首(删) ……………………………………… 71
薛媛一首(删) ………………………………………… 72
盼盼一首(删) ………………………………………… 72
崔莺莺一首(删) ……………………………………… 72
无名氏三十七首(录二首) …………………………… 72
　　三五七言诗 …………………………………… 72
　　杂诗十首(录第五首) ………………………… 72

删正方虚谷瀛奎律髓

编校说明 …………………………………………… 74
原　　序 …………………………………………… 75

卷　一

登览类 ……………………………………………… 76
五言二十首(录九首) ……………………………… 76
　　度荆门望楚　陈子昂 …………………………… 76
　　临洞庭湖　孟浩然 ……………………………… 76
　　登岳阳楼　杜工部 ……………………………… 77

登牛头山亭子　杜工部 …………………………………… 77

　　秋登宣城谢朓北楼　李太白 ………………………………… 77

　　胜果寺　僧处默 ……………………………………………… 78

　　登快哉亭　陈后山 …………………………………………… 78

　　渡　江　陈简斋 ……………………………………………… 79

　　登多景楼　晁君成 …………………………………………… 79

七言二十首(录十首) ……………………………………………… 79

　　登黄鹤楼　崔　颢 …………………………………………… 79

　　登　楼　杜工部 ……………………………………………… 80

　　阁　夜　杜工部 ……………………………………………… 80

　　登大茅山顶　王介甫 ………………………………………… 80

　　平山堂　王介甫 ……………………………………………… 81

　　陪润州裴如晦学士游金山回作　杨公济 …………………… 81

　　甘露上方　杨公济 …………………………………………… 82

　　和寇十一晚登白门　陈后山 ………………………………… 82

　　登岳阳楼　陈简斋 …………………………………………… 83

　　过扬子江　杨诚斋 …………………………………………… 83

朝省类 ……………………………………………………………… 84

五言十四首(录二首) ……………………………………………… 84

　　酬苏味道夏晚寓直省中　沈佺期 …………………………… 84

　　寄左省杜拾遗　岑　参 ……………………………………… 84

七言二十四首(录三首) …………………………………………… 84

　　紫宸殿退朝口号　杜工部 …………………………………… 84

　　中秋禁直　韩致光 …………………………………………… 85

次韵蒋颖叔、钱穆父从驾景灵宫　苏东坡 ……………………… 85

怀古类 ……………………………………………………………… 85

五言三十二首（录九首） ……………………………………… 85

　　白帝怀古　陈子昂 ……………………………………………… 85

　　岘山怀古　陈子昂 ……………………………………………… 86

　　金陵怀古　刘宾客 ……………………………………………… 86

　　送康绍归建邺　周　贺 ………………………………………… 86

　　武侯庙古柏　李商隐 …………………………………………… 87

　　长安道中怅然作三首　宋景文 ………………………………… 87

　　与夏侯绎、张唐民游蜀冈大明寺　梅圣俞 …………………… 87

七言七十八首（录三首） ………………………………………… 88

　　西塞山怀古　刘禹锡 …………………………………………… 88

　　筹笔驿　李商隐 ………………………………………………… 88

　　题润州妙善寺前石羊　罗　隐 ………………………………… 88

风土类 ……………………………………………………………… 89

五言四十二首（录七首） ………………………………………… 89

　　送杨长史济赴果州　王右丞 …………………………………… 89

　　送梓州李使君　王右丞 ………………………………………… 89

　　送人入蜀　李远 ………………………………………………… 89

　　送董卿知台州　张　蠙 ………………………………………… 89

　　余姚陈寺丞　梅圣俞 …………………………………………… 90

　　鲁山山行　梅圣俞 ……………………………………………… 90

　　送周都官通判湖州　王半山 …………………………………… 90

七言三十首(录五首) ……………………………… 91
　　登柳州城楼寄漳汀封连四州　柳子厚 ……… 91
　　柳州寄丈人周韶州　柳子厚 ………………… 91
　　得卢衡州书因以诗寄　柳子厚 ……………… 91
　　柳州峒氓　柳子厚 …………………………… 91
　　戏答元珍　欧阳永叔 ………………………… 92

升平类 ………………………………………………… 92

五言六首(录五首) ……………………………… 92
　　宫中行乐词　李太白 ………………………… 92

七言四十五首(录六首) ………………………… 93
　　禁林春直　李文正 …………………………… 93
　　兄长莒公赴镇道出西苑,作诗有:"长杨猎近寒熊吼,太液歌余瑞鹄飞。"
　　　语惊迈,予辄拟作一篇　宋景文 ………… 93
　　寒食假中作　宋景文 ………………………… 93
　　上巳游金明池　王立之 ……………………… 93
　　上元喜呈贡父　王介甫 ……………………… 94
　　贺车驾幸秘书省二首(录第一首)　吕东莱 … 94

宦情类 ………………………………………………… 94

五言四十三首(录二首) ………………………… 94
　　除棣学　陈后山 ……………………………… 94
　　致仕述怀二首(录第一首)　陆放翁 ………… 95

七言三十八首(录五首) ………………………… 95
　　寄李儋元锡　韦苏州 ………………………… 95
　　书　怀　韦苏州 ……………………………… 95

书怀寄刘五二首(录第二首)　杨文公 …… 95

　　和范三登淮亭　张宛丘 …… 96

　　明发南屏　杨诚斋 …… 96

风怀类 …… 96

　五言十二首(录二首) …… 96

　　新　春　刘方平 …… 96

　　艳女词　杨巨源 …… 97

　七言二十四首(录一首) …… 97

　　倚　醉　韩致光 …… 97

宴集类 …… 97

　五言十首(录二首) …… 97

　　送高判官和唐店夜饮　梅圣俞 …… 97

　　春晏宴北园　宋景文 …… 98

　七言十三首(并删) …… 98

老寿类 …… 98

　七言八首(并删) …… 98

春日类 …… 98

　五言六十首(录二十一首) …… 98

　　和晋陵丞早春游望　杜审言 …… 98

　　次北固山下　王湾 …… 98

　　晚春严少尹诸公见过　王右丞 …… 99

　　春山夜月　于良史 …… 99

　　江南春　张司业 …… 99

　　春　日　李成用 …… 100

酬刘员外见寄　严　维 …………………………………… 100

春日野望　李　中 ……………………………………… 100

早　春　司空图 ………………………………………… 100

春日登楼怀归　寇莱公 ………………………………… 101

春　寒　梅圣俞 ………………………………………… 101

小圃春日　林和靖 ……………………………………… 101

半山春晚即事　王半山 ………………………………… 102

即　事　王半山 ………………………………………… 102

欲　归　王半山 ………………………………………… 102

将次洺州憩漳上　王半山 ……………………………… 103

春　日　王半山 ………………………………………… 103

暮　春　王半山 ………………………………………… 103

早　春　陈后山 ………………………………………… 103

和仲良春晚即事　杨诚斋 ……………………………… 104

初春杂兴　陆放翁 ……………………………………… 104

七言五十二首（录十一首） …………………………… 104

曲江陪郑八丈南史饮　杜工部 ………………………… 104

春　尽　韩致光 ………………………………………… 105

暮春山行田家歇马　李　郢 …………………………… 105

西湖春日　王平甫 ……………………………………… 105

郊行即事　程明道 ……………………………………… 105

正月二十日往岐亭，潘、古、郭三人送余于女王城东禅庄院　苏东坡 … 106

正月二十日与潘、郭二生出郊寻春，忽记去年是日同到女王城作诗

乃和前韵　苏东坡 …………………………………… 106

次韵张恕春暮 苏子由	107
春日郊外 唐子西	107
睡起至园中 陆放翁	107
病足累日不出庵门折花自娱 陆放翁	107
寒食 韩仲止	108

夏日类 … 108

五言二十九首(录三首) … 108

五月十日 韩仲止	108
夏日怀友 徐致中	108
夏夜同灵晖有作奉寄赵二丈 徐致中	109

七言二十首(录二首) … 109

| 夏日三首(录第一首) 张宛丘 | 109 |
| 夏日杂兴 张宛丘 | 109 |

卷 二 … 110

秋日类 … 110

五言六十首(录十四首) … 110

悲秋 杜工部	110
秋日暑退,赠白乐天 刘梦得	110
池上 白乐天	110
秋寄贾岛 僧无可	111
新秋雨后 僧齐己	111
原上秋草 僧古怀	111
山中 释秘演	112

落　叶　潘逍遥 …………………………………………… 112

　　渭上秋夕闲望　潘逍遥 ……………………………………… 112

　　暮秋闲望　魏仲先 …………………………………………… 112

　　杂　诗　唐子西 ……………………………………………… 113

　　秋夜纪怀　陆放翁 …………………………………………… 113

　　秋　晚　滕元秀 ……………………………………………… 113

七言三十首(录十首) ………………………………………… 114

　　秋　夜　杜工部 ……………………………………………… 114

　　黄　草　杜工部 ……………………………………………… 114

　　吹　笛　杜工部 ……………………………………………… 114

　　七月一日题终明府水楼(录第二首)　杜工部 …………… 114

　　长安晚秋　赵　嘏 …………………………………………… 115

　　始闻秋风　赵　嘏 …………………………………………… 115

　　江亭晚望　赵　嘏 …………………………………………… 115

　　秋日客思　陈简斋 …………………………………………… 115

　　舍北行饭书触目　陆放翁 …………………………………… 116

　　风雨中诵潘邠老诗　韩仲止 ………………………………… 116

冬日类 ………………………………………………………… 116

五言三十四首(录十八首) …………………………………… 116

　　刈稻了咏怀　杜工部 ………………………………………… 116

　　碧涧别墅喜皇侍郎相访　刘长卿 …………………………… 117

　　冬夕寄清龙寺源公　僧无可 ………………………………… 117

　　雪晴晚望　贾浪仙 …………………………………………… 117

　　岁　晚　王半山 ……………………………………………… 118

次韵朱昌叔岁暮　王介甫 …………………………………… 118

　　寒　意　郑亨仲 …………………………………………………… 118

　　舍北摇落景物殊佳,偶作五首　陆放翁 ……………………… 119

　　残　腊　陆放翁 …………………………………………………… 119

　　冬日感兴十韵　陆放翁 …………………………………………… 119

　　和翁灵舒冬日书事三首　徐道晖 ……………………………… 120

　　一　室　宋谦父 …………………………………………………… 120

七言二十首(录三首) ……………………………………………… 121

　　野　望　杜工部 …………………………………………………… 121

　　次韵乐文卿故园　陈简斋 ………………………………………… 121

　　和李上舍冬日书事　韩子苍 ……………………………………… 121

晨朝类 ……………………………………………………………… 122

五言三十二首(录八首) …………………………………………… 122

　　早渡蒲关　唐明皇 ………………………………………………… 122

　　晓　望　杜工部 …………………………………………………… 122

　　将晓二首(录第一首)　杜工部 ………………………………… 122

　　客　亭　杜工部 …………………………………………………… 123

　　商山早行　温飞卿(庭筠) ………………………………………… 123

　　早春寄朱放　郭良 ………………………………………………… 123

　　次韵方万里雨夜雪意　赵宾旸 …………………………………… 124

　　早　行　刘后村 …………………………………………………… 124

七言十三首(录四首) ……………………………………………… 124

　　早发罗邺 …………………………………………………………… 124

　　新城道中　苏东坡 ………………………………………………… 125

| 东流道中　王景文 | 125 |
| 六月归途　徐致中 | 125 |

暮夜类 … 126

五言五十首（录二十四首） … 126

晚次乐乡县　陈子昂	126
日　暮　杜工部	126
倦　夜　杜工部	126
村　夜　杜工部	126
旅夜书怀　杜工部	127
野　望　杜工部	127
酬梦得穷秋夜坐即事见寄　白乐天	127
南塘暝兴　曹　松	127
西陵夜居　吴　融	128
夕　阳　僧宇昭	128
秋夜集李式西斋　赵叔灵	128
城隅晚意　宋景文	128
晚游九曲院　陈后山	129
后湖晚出　陈后山	129
晚　坐　陈后山	129
寒　夜　陈后山	130
宿济河　陈后山	130
宿合清口　陈后山	130
和西斋　张宛丘	130
冬　夜　张宛丘	131

小舟过吉泽效王右丞　陆放翁 ………………………… 131

　　冷泉夜坐　赵师秀 ……………………………………… 131

　　访端叔提干　葛无怀 …………………………………… 131

　　月夜书怀　陈止斋 ……………………………………… 132

七言十一首(录六首) …………………………………… 132

　　暮　归　杜工部 ………………………………………… 132

　　返　照　杜工部 ………………………………………… 132

　　和周廉彦　张宛丘 ……………………………………… 132

　　夜泊宁陵　韩子苍 ……………………………………… 133

　　夜　坐　吕居仁 ………………………………………… 133

　　秋夜偶书　赵师秀 ……………………………………… 133

节序类 ………………………………………………………… 134

五言五十四首(录十七首) ……………………………… 134

　　冬至后　张宛丘 ………………………………………… 134

　　腊日晚步　张宛丘 ……………………………………… 134

　　腊日二首　张宛丘 ……………………………………… 134

　　除夜宿石头驿　戴叔伦(幼公) ………………………… 135

　　除　夕　唐子西 ………………………………………… 135

　　除夜对酒赠少章　陈后山 ……………………………… 135

　　除　夜　陈简斋 ………………………………………… 135

　　新年作　宋之问 ………………………………………… 136

　　元　日　陈后山 ………………………………………… 136

　　人　日　唐子西 ………………………………………… 136

　　正月十五日　苏味道 …………………………………… 137

奉和晦日幸昆明池应制　宋之问 …………… 137

　　壬辰寒食　王半山 ……………………………… 137

　　道中寒食二首　陈简斋 ………………………… 138

　　清　明　陆放翁 ………………………………… 138

七言六十九首(录十三首) ………………………… 138

　　腊　日　张宛丘 ………………………………… 138

　　除　夜　陈简斋 ………………………………… 138

　　壬戌岁除作,明朝六十岁矣　曾茶山 ………… 139

　　庚辰岁人日作　苏东坡 ………………………… 139

　　小寒食舟中作　杜工部 ………………………… 139

　　寒日只旬日闻风雨不已　曾茶山 ……………… 140

　　上巳晚泊龟山作　贺方回 ……………………… 140

　　上　巳　刘后村 ………………………………… 140

　　登　高　杜工部 ………………………………… 141

　　九日蓝田崔氏庄　杜工部 ……………………… 141

　　九日寄秦觏　陈后山 …………………………… 141

　　九日登天湖以"菊花须插满头归"分韵赋诗,得"归"字　朱文公 …… 141

晴雨类 …………………………………………… 142

五言九十五首(录二十一首) ……………………… 142

　　途中遇晴　孟浩然 ……………………………… 142

　　对　雨　杜工部 ………………………………… 142

　　春夜喜雨　杜工部 ……………………………… 142

　　赋暮雨送李胄　韦苏州 ………………………… 143

　　梅　雨　柳子厚 ………………………………… 143

春夜闻雨　梅圣俞 …………………………………………………………… 143

雨　中　张宛丘 ……………………………………………………………… 143

连雨书事四首(录第一首、第三首、第四首)　陈简斋 ………………… 144

雨　陈简斋 …………………………………………………………………… 144

春　雨　陈简斋 ……………………………………………………………… 144

岸　帻　陈简斋 ……………………………………………………………… 144

晚晴野望　陈简斋 …………………………………………………………… 145

道　中　陈简斋 ……………………………………………………………… 145

晚　步　陈简斋 ……………………………………………………………… 145

雨　思　陈简斋 ……………………………………………………………… 145

雨　中　陈简斋 ……………………………………………………………… 146

悯　雨　曾茶山 ……………………………………………………………… 146

秋雨排闷十韵　曾茶山 ……………………………………………………… 146

雨　夜　曾茶山 ……………………………………………………………… 146

七言四十首(录六首) ……………………………………………………… 147

赋得秋雨　晏元献 …………………………………………………………… 147

雨　晴　陈简斋 ……………………………………………………………… 147

雨后至城外　吕居仁 ………………………………………………………… 147

自七月二十五日大雨三日,秋苗以苏,喜雨有作　曾茶山 ……………… 147

雨　陆放翁 …………………………………………………………………… 148

二月十日喜雨呈季纯教授去非尉曹　赵章泉 ……………………………… 148

茶　类 ………………………………………………………………………… 148

五言十三首(并删) …………………………………………………………… 148

七言八首(录一首) …………………………………………………………… 148

汲江煎茶　苏东坡 ·················· 148

酒　类 ·································· 149

五言十九首(并删) ······················ 149

七言十六首(录六首) ···················· 149

　　太守徐君猷通守孟亨之皆不饮酒,诗以戏之云　苏东坡 ······ 149

　　醉　中　陈简斋 ··················· 149

　　对　酒　陈简斋 ··················· 149

　　家酿红酒美甚,戏作　曾茶山 ············· 150

　　六日云重有雪意,独酌　陆放翁 ············ 150

　　对　酒　陆放翁 ··················· 150

卷　三 ··································· 151

梅花类 ··································· 151

五言六十二首(录九首) ···················· 151

　　庭梅咏　张子寿 ··················· 151

　　山路见梅,感而作　钱　起 ·············· 151

　　十月中旬至扶风见梅花　李义山 ············ 151

　　梅　花　梅圣俞 ··················· 152

　　偶折梅数枝置案上盎中,芬然遂开　张宛丘 ······· 152

　　感梅忆王立之　晁叔用 ················ 152

　　岭　梅　曾茶山 ··················· 153

　　梅　花　尤延之 ··················· 153

　　严先辈诗送红梅次韵　赵昌文 ············· 153

七言一百四十八首(录七首) …………………………… 153
　和裴迪发蜀州东亭送客逢早梅相忆见寄　杜工部 …… 153
　梅　花　陆放翁 ……………………………………… 154
　雪后梅花盛开,折置灯下　曾茶山 ………………… 154
　次韵张守梅诗　刘屏山 ……………………………… 154
　和宇文正甫探梅　张南轩 …………………………… 155
　梅　花　尤延之 ……………………………………… 155
　涧东临风饮,梅花尚未全放,一树独佳　韩仲止 …… 155

雪　类 ………………………………………………… 156

七言三十首(录七首) ……………………………………… 156
　舟中雪夜有怀卢十四侍御弟　杜工部 ……………… 156
　年　华　陈简斋 ……………………………………… 156
　金潭道中　陈简斋 …………………………………… 156
　雪中偶成　潘子贱 …………………………………… 157
　雪　尤延之 …………………………………………… 157
　雪　杨诚斋 …………………………………………… 157

七言诗四十七首(录十一首) …………………………… 158
　雪后书北台壁　苏东坡 ……………………………… 158
　再用韵　苏东坡 ……………………………………… 158
　读《眉山集》次韵雪诗五首　王半山 ……………… 159
　次韵王胜之咏雪　王半山 …………………………… 160
　春雪呈张仲谋　黄山谷 ……………………………… 160
　雪　作　曾茶山 ……………………………………… 160
　雪　陆放翁 …………………………………………… 161

大　雪　陆放翁 …………………………………………………… 161

　　和马公弼雪　杨诚斋 ………………………………………………… 161

月　类 …………………………………………………………………… 162

五言三十首(录十一首) ………………………………………………… 162

　　和康五望月有怀　杜审言 …………………………………………… 162

　　月　夜　杜工部 ……………………………………………………… 162

　　初　月　杜工部 ……………………………………………………… 162

　　月　杜工部 …………………………………………………………… 163

　　月　杜工部 …………………………………………………………… 163

　　月夜忆舍弟　杜工部 ………………………………………………… 163

　　江　月　杜工部 ……………………………………………………… 163

　　十六夜玩月　杜工部 ………………………………………………… 164

　　裴迪书斋望月　钱　起 ……………………………………………… 164

　　中秋月　王元之(禹偁) ……………………………………………… 164

　　十五夜月　陈后山 …………………………………………………… 164

七言十首(录三首) ……………………………………………………… 165

　　八月十五夜禁中寓直寄元四稹　白乐天 …………………………… 165

　　八月十五夜月二首(录第二首)　曾茶山 …………………………… 165

　　癸未八月十四日至十六夜月色皆佳　曾茶山 ……………………… 165

闲适类 …………………………………………………………………… 166

五言一百八首(录二十二首) …………………………………………… 166

　　终南别业　王右丞 …………………………………………………… 166

　　归嵩山作　王右丞 …………………………………………………… 166

　　韦给事山居　王右丞 ………………………………………………… 166

淇上即事　王右丞 …… 167

归终南山　孟浩然 …… 167

东陂遇雨率尔贻谢南池　孟浩然 …… 167

暮春题瀼西新赁草屋　杜工部 …… 168

江　亭　杜工部 …… 168

过鹦鹉洲王处士别业　刘长卿 …… 169

送唐环归敷水庄　贾浪仙 …… 169

原上秋居　贾浪仙 …… 169

孟融逸人　贾浪仙 …… 170

晚秋拾遗朱放访山居　秦隐君(系) …… 170

江村题壁　李商隐 …… 170

闲　居　姚合 …… 171

山中述怀　姚合 …… 171

小隐自题　林和靖 …… 171

放　怀　陈后山 …… 171

放　慵　陈简斋 …… 172

止斋即事(录第二首)　陈止斋 …… 172

梦　回　翁灵舒 …… 172

春日和刘明远　翁灵舒 …… 172

七言五十首(录二首) …… 173

题庵壁　陆放翁 …… 173

耕罢偶书　陆放翁 …… 173

送别类

五言八十七首(录二十一首) ································· 173

送贺知章归四明　唐明皇 ································· 173

永嘉浦逢张子容　孟浩然 ································· 174

送友人入蜀　李太白 ··································· 174

夏日杨长宁宅送崔侍御常正字入京探韵得"深"字　杜工部 ········· 174

送　远　杜工部 ······································ 174

送舍弟颖赴齐州　杜工部 ································· 175

赠别郑炼赴襄阳　杜工部 ································· 175

赠别何邕　杜工部 ····································· 175

送怀州吴别驾　岑　参 ································· 175

送张子尉南海　岑　参 ································· 176

送康判官往新安赋得江路西南永　皇甫冉 ···················· 176

送单于裴都护赴西河　崔　颢 ····························· 176

送孙明秀才往潘州谒韦卿　李　频 ··························· 176

云阳馆与韩升卿宿别　司空曙 ····························· 177

送远吟　孟东野 ······································ 177

送许棠　张　乔 ······································ 177

秋夕与友话别　崔　涂 ································· 177

旅舍别故人　崔　涂 ··································· 178

送李侍御过夏州　姚　合 ································· 178

送徐君章秘丞知梁山军　梅圣俞 ···························· 178

别伯恭　陈简斋 ······································ 179

七言七十一首(录八首) …… 179

 送韩十四江东省觐　杜工部 …… 179

 送赵谏议知徐州　梅圣俞 …… 179

 北桥送客　张宛丘 …… 180

 送杨补之赴鄂州支使　张宛丘 …… 180

 送毕平仲西上　贺方回 …… 180

 送客出城西　陈简斋 …… 181

 送熊博士赴瑞安令　陈简斋 …… 181

 送丘宗卿帅蜀(录第二首)　杨诚斋 …… 181

拗字类 …… 181

五言十首(并删) …… 181

七言十八首(录七首) …… 182

 题省中院壁　杜工部 …… 182

 题落星寺(录第一首)　黄山谷 …… 182

 汴岸置酒赠黄十七　黄山谷 …… 183

 题胡逸老致虚庵　黄山谷 …… 183

 闻徐师川自京师归豫章　谢无逸 …… 183

 张子公召饮灵感院　曾茶山 …… 184

 次韵向君受感秋　汪浮溪 …… 184

变体类 …… 184

五言十首(录四首) …… 184

 忆江上吴处士　贾浪仙 …… 184

 病　起　贾浪仙 …… 185

 寓北原作　贾浪仙 …… 185

寄宋州田中丞　贾浪仙 ································ 185

七言十九首(录七首) ································ 186

　　九　日　杜工部 ································ 186

　　送　春　苏东坡 ································ 186

　　和师厚郊居示里中诸君　黄山谷 ················ 186

　　怀天经智老因以访之　陈简斋 ···················· 187

　　寓居刘仓廨中,晚步过郑仓台上　陈简斋 ········ 187

　　对　酒　陈简斋 ································ 188

　　陪粹翁举酒于君子亭,亭下海棠方开　陈简斋 ···· 188

着题类 ·· 189

五言三十首(录十一首) ···························· 189

　　房兵曹胡马　杜工部 ····························· 189

　　画　鹰　杜工部 ································ 189

　　孤　雁　杜工部 ································ 189

　　萤　火　杜工部 ································ 190

　　病　蝉　贾浪仙 ································ 190

　　赋得古原草送别　白乐天 ························· 190

　　孤　雁　崔涂 ··································· 190

　　和答钱穆父咏猩猩毛笔　黄山谷 ················ 191

　　种　竹　曾茶山 ································ 191

　　萤　火　曾茶山 ································ 192

　　蛱　蝶　曾茶山 ································ 192

七言六十九首(录二首) ···························· 192

　　野人送樱桃　杜工部 ····························· 192

荔　子　曾茶山 ………………………………………… 193

陵庙类 ……………………………………………………… 193

五言二十首(录六首) ………………………………………… 193

　　经邹鲁祭孔子而叹之　唐明皇 ……………………………… 193

　　禹　庙　杜工部 …………………………………………… 193

　　蜀先主庙　刘梦得 ………………………………………… 194

　　经伏波神祠　刘梦得 ……………………………………… 194

　　漂母墓　刘长卿 …………………………………………… 194

　　双　庙　王半山 …………………………………………… 194

七言三十二首(录二首) ……………………………………… 195

　　蜀　相　杜工部 …………………………………………… 195

　　陈琳墓　温飞卿 …………………………………………… 195

卷　四 ………………………………………………………… 196

旅况类 ……………………………………………………… 196

五言五十七首(录二十七首) ………………………………… 196

　　晚次乐乡县　陈子昂 ……………………………………… 196

　　初发道中寄远　张子寿 …………………………………… 196

　　江　汉　杜工部 …………………………………………… 196

　　岁　暮　杜工部 …………………………………………… 197

　　山　馆　杜工部 …………………………………………… 197

　　去　蜀　杜工部 …………………………………………… 197

　　宿关西客舍寄山东严、许二山人。时天宝高道举征　岑　参 …… 198

　　秋馆雨后得弟兄书即事　戎　昱 ………………………… 198

酬程近秋夜即事见赠　郎士元 …… 199

旅游伤春　李昌符 …… 199

洛阳早春　顾　况 …… 199

友人南游不回　于武陵 …… 199

秦原早望　李　频 …… 200

归渡洛水　皇甫冉 …… 200

江上逢司空曙　李　端 …… 200

秋日陕州道中　顾非熊 …… 200

蓟北旅思　张司业 …… 201

江楼望归　白乐天 …… 201

落日怅望　马　戴 …… 201

秋夜晚泊　杜荀鹤 …… 202

送　客　江　芳 …… 202

二十三日立秋夜行泊林里港　张宛丘 …… 202

发长平　张宛丘 …… 202

秦淮夜泊　贺方回 …… 203

德安道中　赵师秀 …… 203

闽中秋思　翁灵舒 …… 203

旅　泊　翁灵舒 …… 203

七言二十二首（录三首） …… 204

长安春望　卢　纶 …… 204

葛溪驿　王半山 …… 204

自海至楚，途寄马全玉　张宛丘 …… 204

边塞类 205

五言五十一首(录十八首) 205

 在军中赠先还知己　骆宾王 205

 塞外书事　许　棠 205

 宿铁关西馆　岑　参 205

 北庭作　岑　参 206

 武威春暮闻宇文判官西使还已到晋昌　岑　参 206

 送杨中丞和蕃　郎士元 206

 送李将军赴定州　郎士元 206

 杂　诗　卢　象 207

 送客游边　于　鹄 207

 塞　下　李宣远 207

 塞上赠王太尉　僧宇昭 207

 入塞曲　郑　钹 208

 送都尉归边　卢　纶 208

 赠梁州张都督　崔　颢 208

 塞上逢故人　王　建 209

 尹学士自濠梁移倅秦州　宋景文 209

 塞　上　王正美 209

 和袁郎中破贼后军行过剑中山水谨上太尉　刘长卿 209

七言十一首(并删) 210

宫闱类 210

五言七首(录一首) 210

 春宫怨　杜荀鹤 210

七言二首(并删) ………………………………………… 210

忠愤类 ………………………………………………… 210

五言二十五首(录九首) …………………………… 210

春　望　杜工部 ………………………………… 210

有　叹　杜工部 ………………………………… 210

秋日怀贾随进士　罗　隐 ……………………… 211

感　事　陈简斋 ………………………………… 211

闻王道济陷虏　陈简斋 ………………………… 211

己酉乱后寄常州使君侄四首　汪彦章 ………… 211

七言二十二首(录十一首) ………………………… 212

秋　兴　杜工部 ………………………………… 212

中元甲子以辛丑驾幸蜀　罗　隐 ……………… 213

乱后春日途经野塘　韩致光 …………………… 213

金楼感事　吴　融 ……………………………… 213

偶　题　吴　融 ………………………………… 213

次韵尹潜感怀　陈简斋 ………………………… 214

伤　春　陈简斋 ………………………………… 214

野泊对月有感　周尹潜 ………………………… 214

北　风　刘屏山 ………………………………… 215

书　愤　陆放翁 ………………………………… 215

山岩类 ………………………………………………… 215

五言十二首(录一首) ……………………………… 215

巫山高　李　端 ………………………………… 215

七言六首(录一首) · 216
    润陂山上作　赵师秀 · 216

川泉类 · 216

五言三十二首(录八首) · 216
    早秋江行　窦巩 · 216
    渡淮　白乐天 · 216
    终南东溪口作　岑参 · 217
    岳阳馆中望洞庭湖　刘长卿 · 217
    答劝农李渊宗嘉州江行见寄　宋景文 · 217
    河上　陈后山 · 217
    颜氏阻风　陈后山 · 218
    过孔雀滩赠周静之　陈简斋 · 218

七言十六首(录三首) · 218
    自巩洛舟行入黄河即事寄府县僚友　韦苏州 · 218
    过桐庐　胡文恭 · 218
    东溪　梅圣俞 · 219

庭宇类 · 219

五言十五首(录四首) · 219
    题沈隐侯八咏楼　崔颢 · 219
    鹳雀楼晴望　马戴 · 219
    寄题武当郡守吏隐亭　僧希昼 · 219
    薛氏瓜庐　赵师秀 · 220

七言三十首(录四首) · 220
    登西楼　王半山 · 220

和稚子与诸生登北都城楼　元章简 ················ 220

己酉仲秋任才仲、陈去非会饮岳阳楼上。酒半酣,高谈大笑,行草间出,
　　诚一时俊游也。为赋之　姜光彦 ················ 220

思杜亭　姜光彦 ································ 221

论诗类 ······································ 221

五言三首(并删) ······························ 221

七言三首(并删) ······························ 221

技艺类 ······································ 221

五言二首(并删) ······························ 221

七言十一首(并删) ···························· 221

远外类 ······································ 221

五言十二首(并删) ···························· 221

七言四首(并删) ······························ 222

消遣类 ······································ 222

五言四首(录一首) ···························· 222

夜　饮　李商隐 ······························· 222

七言三十九首(录二首) ·························· 222

安定城楼　李商隐 ····························· 222

寓　叹　陆放翁 ······························· 222

兄弟类(原阙五言) ···························· 223

七言七首(录一首) ···························· 223

示长安君　王半山 ····························· 223

子息类 ... 223

五言六首(录一首) ... 223
杨本胜说于长安见小儿阿衮　李商隐 ... 223

七言六首(并删) ... 223

寄赠类 ... 224

五言三十八首(录二首) ... 224
寄李纾　郎士元 ... 224

寄外舅郭大人　陈后山 ... 224

七言五十八首(录七首) ... 224
寒食中寄郑起侍郎　杨仲猷 ... 224

寄苏内翰　刘景文 ... 225

次韵刘景文见寄　苏东坡 ... 225

和子瞻公牒京口忆西湖出游见寄　陈述古 ... 225

寄荆南故人　章冠之 ... 226

寄秦州曾侍郎子开　陈后山 ... 226

寄侍读苏尚书　陈后山 ... 226

迁谪类 ... 226

五言二十首(录五首) ... 226
初到黄梅临江驿　宋之问 ... 226

月下呈张秀才　刘长卿 ... 227

北归次秋浦界清溪馆　刘长卿 ... 227

宿深明阁二首　陈后山 ... 227

七言三十九首(录七首) ... 228
送王李二少府贬潭峡　高　适 ... 228

别舍弟宗一　柳子厚 ……………………………… 228

　　再授连州至衡阳酬赠别　刘梦得 ………………… 228

　　寄韩潮州　贾浪仙 ………………………………… 229

　　六月二十日夜渡海　苏东坡 ……………………… 229

　　过岭二首(录第二首)　苏东坡 …………………… 229

　　岁晚有感　张宛丘 ………………………………… 230

疾病类 ……………………………………………………… 230

五言二十五首(录二首) …………………………………… 230

　　病中一二禅客见问，因以谢之　刘宾客 ………… 230

　　春日卧疾书情　刘商 ……………………………… 230

七言二十八首(并删) ……………………………………… 230

感旧类 ……………………………………………………… 231

七言七首(录一首) ………………………………………… 231

　　雪夜有感　陆放翁 ………………………………… 231

侠少类 ……………………………………………………… 231

五言八首(录一首) ………………………………………… 231

　　赠张建　韩翃 ……………………………………… 231

七言九首(并删) …………………………………………… 231

释梵类 ……………………………………………………… 231

五言二百四首(录三十一首) ……………………………… 231

　　登辨觉寺　王右丞 ………………………………… 231

　　秦州杂诗　杜工部 ………………………………… 232

　　上牛头寺　杜工部 ………………………………… 232

　　秋日过鸿举法师寺院　刘宾客 …………………… 232

晚春登天云寺南楼赠常禅师　刘宾客	232
题报恩寺　刘宾客	233
赠海明上人　耿　沣	233
题虎丘东寺　张　祜	233
题破山寺　常　建	233
经废宝庆寺　司空曙(文明)	234
秋夜宿僧院　刘得仁	234
题荐福寺衡岳禅师房　韩　翃	234
华下送文涓　司空图	235
登蒋山开善寺　崔　峒	235
题维摩畅上人房　李　洞	235
游西霞寺　皮日休	235
宿澄泉兰若　郑　谷	236
封禅寺居　罗　隐	236
宿岳阳开元寺　僧修睦	236
题山寺　寇莱公	236
游湖上昭庆寺　陈文惠(尧佐)	237
夏日宿西禅　潘逍遥	237
书惠崇师房　僧希昼	237
送嗣端东归　僧希昼	238
宿宇昭师房　僧保暹	238
早秋闲寄宇昭　僧保暹	238
宿西山精舍　僧文兆	238
与行肇师宿庐山栖贤寺　僧惟凤	239

访杨云卿淮上别墅　僧惠崇 ………………………………… 239

　　幽居即事　僧宇昭 ………………………………………………… 239

　　春　寒　僧善珍 …………………………………………………… 239

七言四十五首(录五首) ………………………………………………… 240

　　涪城县香积寺官阁　杜工部 …………………………………… 240

　　因许八奉寄江宁旻上人　杜工部 ……………………………… 240

　　三山次潘静之升书记韵　朱逢年 ……………………………… 240

　　罗浮宝积寺　芮国器 ……………………………………………… 241

　　顷游龙井得一联，王伯齐同儿辈游因足成之　楼攻愧 ……… 241

仙逸类 ……………………………………………………………………… 241

五言四十二首(录三首) ………………………………………………… 241

　　送耿山人归湖南　周　贺 ……………………………………… 241

　　访道者不遇　杜荀鹤 …………………………………………… 242

　　送陈豸处士　僧惟凤 …………………………………………… 242

七言二十二首(全删) ………………………………………………… 242

伤悼类 ……………………………………………………………………… 242

五言十二首(并删) …………………………………………………… 242

七言七首(并删) ……………………………………………………… 242

审定风雅遗音

编校说明 ……………………………………………………………… 244

原　序 ………………………………………………………………… 245

原目录 ………………………………………………………………… 246

新编目录 ··· 249

卷　上 ··· 251

音与传义背 ··· 251

《集传》用旧训义而无音 ································· 253

《集传》有异义而不别为之音 ····························· 256

音切之误 ··· 256

误音为叶 ··· 276

误叶为音 ··· 280

泛云四声之误 ··· 281

卷　下 ··· 282

补　音 ··· 282

京本音切考异 ··· 318

俗音订误 ··· 319

经文误字 ··· 324

《集传》误字 ··· 324

《集传》偶考 ··· 325

俗书相沿之误 ··· 328

沈氏四声考

编校说明 ··· 330

序 ··· 331

卷　上 ·· 332

上平声 ·· 332

一东　二冬　三锺 ··· 333

四江 ·· 337

五支　六脂　七之 ··· 337

八微 ·· 342

九鱼　十虞　十一模 ·· 344

十二齐 ··· 346

十三佳　十四皆 ·· 347

十五灰　十六咍 ·· 347

十七真　十八谆　十九臻 ····································· 348

二十文　二十一殷 ··· 351

二十二元　二十三魂　二十四痕 ··························· 352

二十五寒　二十六桓 ·· 353

二十七删　二十八山 ·· 354

下平声 ·· 355

一先　二仙 ·· 355

三萧　四宵 ·· 358

五肴 ·· 359

六豪 ·· 359

七歌　八戈 ·· 359

九麻 ·· 360

十阳　十一唐 ··· 361

十二庚　十三耕　十四清　十五青 …………………………………… 365

十六蒸 ……………………………………………………………………… 366

十七登 ……………………………………………………………………… 366

十八尤　十九侯　二十幽 ………………………………………………… 367

二十一侵 …………………………………………………………………… 369

二十二覃　二十三谈 ……………………………………………………… 370

二十四盐　二十五添 ……………………………………………………… 371

二十六咸　二十七衔 ……………………………………………………… 371

二十八严　二十九凡 ……………………………………………………… 371

卷　下 ……………………………………………………………………… 372

上　声 …………………………………………………………………… 372

一董　二肿 ………………………………………………………………… 372

三讲 ………………………………………………………………………… 373

四纸　五旨　六止 ………………………………………………………… 373

七尾 ………………………………………………………………………… 375

八语　九麌　十姥 ………………………………………………………… 375

十一荠 ……………………………………………………………………… 378

十二蟹　十三骇 …………………………………………………………… 379

十四贿　十五海 …………………………………………………………… 379

十六轸　十七准 …………………………………………………………… 380

十八吻　十九隐 …………………………………………………………… 380

二十阮　二十一混　二十二很 …………………………………………… 380

二十三旱　二十四缓 ……………………………………………………… 381

二十五潸　二十六产 ………………………………………… 381

二十七铣　二十八狝 ………………………………………… 381

二十九筱　三十小 …………………………………………… 382

三十一巧 ……………………………………………………… 382

三十二皓 ……………………………………………………… 382

三十三哿　三十四果 ………………………………………… 383

三十五马 ……………………………………………………… 384

三十六养　三十七荡 ………………………………………… 384

三十八梗　三十九耿　四十静　四十一迥 ………………… 385

四十二拯 ……………………………………………………… 386

四十三等 ……………………………………………………… 386

四十四有　四十五厚　四十六黝 …………………………… 386

四十七寝 ……………………………………………………… 388

四十八感　四十九敢 ………………………………………… 388

五十琰　五十一忝 …………………………………………… 388

五十二豏　五十三槛 ………………………………………… 389

五十四俨　五十五范 ………………………………………… 389

去　声 ………………………………………………………… 390

一送　二宋　三用 …………………………………………… 390

四绛 …………………………………………………………… 390

五寘　六至　七志 …………………………………………… 390

八未 …………………………………………………………… 392

九御　十遇　十一暮 ………………………………………… 393

十二霁　十三祭 ……………………………………………… 395

十四泰 ……………………………………………………………… 396

十五卦 十六怪 十七夬 ………………………………… 397

十八队 十九代 ………………………………………………… 397

二十废 …………………………………………………………… 398

二十一震 二十二稳 …………………………………………… 398

二十三问 二十四焮 …………………………………………… 399

二十五愿 二十六溷 二十七恨 ……………………………… 399

二十八翰 二十九换 …………………………………………… 399

三十谏 三十一祠 ……………………………………………… 401

三十二霰 三十三线 …………………………………………… 401

三十四啸 三十五笑 …………………………………………… 403

三十六效 ………………………………………………………… 403

三十七号 ………………………………………………………… 404

三十八箇 三十九过 …………………………………………… 404

四十祸 …………………………………………………………… 404

四十一漾 四十二宕 …………………………………………… 405

四十三映 四十四诤 四十五劲 四十六径 ………………… 406

四十七证 ………………………………………………………… 407

四十八嶝 ………………………………………………………… 407

四十九宥 五十候 五十一幼 ………………………………… 407

五十二沁 ………………………………………………………… 408

五十三勘 五十四阚 …………………………………………… 408

五十五艳 五十六栋 …………………………………………… 408

五十七陷 五十八鉴 …………………………………………… 409

五十九酽　六十梵 …………………………………… 409

入　声 ………………………………………………… 409

一屋　二沃　三烛 …………………………………… 409

四觉 …………………………………………………… 411

五质　六术　七栉 …………………………………… 411

八物　九迄 …………………………………………… 413

十月　十一没 ………………………………………… 413

十二曷　十三末 ……………………………………… 414

十四黠　十五辖 ……………………………………… 415

十六屑　十七薛 ……………………………………… 415

十八药　十九铎 ……………………………………… 416

二十陌　二十一麦　二十二昔　二十三锡 ………… 417

二十四职 ……………………………………………… 418

二十五德 ……………………………………………… 421

二十六缉 ……………………………………………… 421

二十七合　二十八盍 ………………………………… 422

二十九叶　三十帖 …………………………………… 422

三十一洽　三十二狎 ………………………………… 422

三十三业　三十四乏 ………………………………… 422

纽字图 ……………………………………………… 423

平声章 ………………………………………………… 423

上声掌 ………………………………………………… 424

去声障 ………………………………………………… 424

入声灼 ………………………………………………… 424

平声厅 …………………………………………………… 424

上声颋 …………………………………………………… 425

去声听 …………………………………………………… 425

入声剔 …………………………………………………… 425

后　序 …………………………………………………… 431

张为主客图

编校说明 …………………………………………………… 434

序 …………………………………………………………… 435

广大教化主　白居易 ……………………………………… 436

上入室一人　杨乘 ………………………………………… 437

入室三人　张祜　羊士谔　元稹 ………………………… 437

升堂三人　卢仝　顾况　沈亚之 ………………………… 438

及门十人　费冠卿　皇甫松　殷尧藩　施肩吾　周光范　祝天膺　徐凝

朱可名　陈标　童翰卿 ……………………………… 438

高古奥逸主　孟云卿 ……………………………………… 440

上入室一人　韦应物 ……………………………………… 441

入室六人　李贺　杜牧　李余　刘猛　李涉　胡幽贞 …… 441

升堂六人　李观　贾驰　李宣古　曹邺　刘驾　孟迟 …… 442

及门二人　陈润　韦楚老 ………………………………… 443

清奇雅正主　李益 ………………………………………… 444

上入室一人　苏郁 ………………………………………… 444

入室十人　刘畋　僧清塞　卢休　于鹄　杨洵美　张籍　杨巨源

　　　　　杨敬之　僧无可　姚　合 …………………………………… 444

升堂七人　方　干　马　戴　任蕃　贾岛　厉玄　项斯　薛寿
　　　　　……………………………………………………………… 446

及门八人　僧良乂　潘　诚　于武陵　詹　雄　卫　准　僧志定　俞凫
　　　　　朱庆馀 ………………………………………………………… 448

清奇僻苦主　孟　郊 …………………………………………… 449

上入室二人　陈　陶　周　朴 ………………………………… 449

及门二人　刘得仁　李　溟 …………………………………… 450

博解宏拔主　鲍　溶 …………………………………………… 450

上入室一人　李群玉 …………………………………………… 450

入室二人　司马退之　张　为 ………………………………… 451

瑰奇美丽主　武元衡 …………………………………………… 451

上入室一人　刘禹锡 …………………………………………… 451

入室三人　赵　嘏　长孙佐辅　曹　唐 ……………………… 451

升堂四人　卢　频　陈　羽　许　浑　张萧远 ……………… 452

及门五人　张　陵　章孝标　雍　陶　周　祚　袁不约 …… 453

删正二冯评阅才调集

〔蜀〕韦縠 编
〔清〕冯舒 评
〔清〕冯班 评
〔清〕纪昀 评

编校说明

《删正二冯评阅才调集》以镜烟堂本为底本,以四部丛刊本《才调集》为参校本。

原　序

韦　縠　撰

　　余少博群言，常所得志。虽秋萤之照不远，而雕虫之见自佳。古人云："自听之谓聪，内视之谓明也。"其能成一家之言在此，其不能兼括诸家之妙亦在此。又安可受诮于愚卤，取讥于书厨者哉？暇日因阅李、杜集，元、白诗，其间天海混茫，风流挺特。遂采撮奥妙，并诸贤达章句，不可备录，言不能胪列姓名。各有编次。钝吟云："《序》云：'李、杜卷中无杜诗，非不取也，盖是崇重杜老，不欲芟择耳。'"○唐人多不选李、杜诗，不但此集。正以门径不同，不必强附。此古人不肯自诬处。或闲窗展卷，或月榭行吟，韵高而桂魄争光，词丽而春色斗美。但贵自乐所好，岂敢垂诸后昆？今纂诸家歌诗总一千首，每一百首成卷，分之为十目，曰《才调集》。庶几来者不诮多言，他代有人无嗤薄鉴云尔。

凡 例 删五则
冯 武 撰

先世父默庵、钝吟两先生,承先大父嗣宗公博物洽闻之绪,学无不该,尤深于诗赋。默庵先生名舒,字己苍;以杜樊川为宗,而广其道于香山、微之。钝吟先生名班,字定远;以温、李为宗,而溯其源于《骚》、《选》、汉魏六朝。钝吟但由温、李以溯齐、梁。虽径路不同,其修词立格,必谨饬雅驯,此四字从"江西诗"对面生出。其实二冯所尚,只纤秾一派。于先民矩矱,不敢少有逾轶则一也。

赵宋吕文清,名本中,字居仁。作《江西诗派图》,推山谷老人为第一,列陈无己等二十五人为法嗣,上溯韩文公为鼻祖,"江西诗"乃从杜变出,渐成别派,无鼻祖昌黎之说。一以生硬放轶为新奇。当由创意新奇而流为生硬放轶。杨大年名亿、钱文僖名惟演、晏元献名殊、刘子仪名筠,诸公为西昆体,推尚温助教庭筠、李玉溪商隐、段太常成式为"西昆三'十六'",以三人各行十六也。《唐书》但云"三十六体",无"西昆"字。杨大年《西昆唱酬集序》曰:"取玉山册府之义,名曰《西昆唱酬集》。"则"西昆"之名实始于宋。又《唐书》所云"三十六体",乃指章、表、谏、奠之词,亦不指诗。此语未考。唐彦谦、曹唐辈佐之,其为诗以细润为主,取材《骚》《雅》,玉质金相,丰中秀外。李本旁分杜派,温亦自有本原,但缛丽处多耳。杨、刘规摹形似,遂成翦彩之花。江西诸公正矫其弊而起。优人捋扯之戏,其未之闻耶!两先生俱右西昆而辟江西,诚恐后来学者不能文而但求异,则易入魔道,卒至于牛鬼蛇神而莫可底止也。江西之弊在粗俚,西昆之弊在纤俗。不善学之,同一魔道,不必论甘而忌辛。

唐宋选本，无虑数十。如元次山之《箧中集》、高仲武之《中兴间气》、殷璠之《河岳英灵》、芮挺章之《国秀》、姚武功之《极玄》、无名氏之《搜玉》，皆各自成书，《才调集》亦各自成书。不可以立教。各立一家之教，听人就所近取之。必欲无美不该，则世无此书。其《文苑英华》，诗则博而不精；姚铉《文粹》，诗又高古不恒；此四字可品《箧中集》，《文粹》但不收近体，亦不尽高古。《岁时杂咏》，惟以多为贵；赵紫芝《众妙集》，但选名句，四灵大抵有句无篇，故所选如是。又止五言律一种，亦不该备。而不论才；诗亦不但论才，此语不可训。赵孟奎《分类唐诗》，苦无全书；《栎园书影》载此书近五百册，钱牧斋钞得天文等十二门，后亦毁于绛云楼。洪忠惠迈《万首唐人绝句》，止取一体；郭茂倩《乐府》，但取歌行、乐府，而今体不具；《乐府诗集》全收历代乐歌，乃备考之书，不当列之于选本。其中今体亦不少。王荆公《唐人百家诗选》，但就宋次道所藏选成，此外所遗良多；《百家诗》去收最乖刺。方虚谷《瀛奎律髓》，如初唐四杰、元和三舍人、大历十才子、四灵、九僧之类，皆有全书，亦非全书。惜所尚是江西派，议论偏僻，未合中道；《律髓》中极有好诗，但芜杂太甚，如散沙拣金；议论亦多僻陋，诗眼之说尤误人，初学最忌看之。令狐楚之《御览诗》，专取醇正，二字不确，当曰"整赡"。不涉才气；韦端己之《又玄》，则书亡久矣，今所刻者，伪本也。惟韦縠《才调集》，才情横溢，声调宣畅，不入于《风》《雅》《颂》者不收，不合于赋、比、兴者不取。犹近选体气韵，不失"三百"遗意，为易知易从也。《才调集》亦一家之格，必欲驾之诸选之上，则非公论。"不入"四语，誉之亦太过。惜韦氏所录，多晚唐下下之格，与唐诗已南辕北辙，"三百"遗意，又谈何容易乎！

《才调》一选，非专取西昆体也。盖诗之为道，固所以言志。然必有美辞秀致，而后其意始出。若无字句衬垫，虽有美意亦写不出。自是如此，然亦有涂泽太甚，转使本意不明者。于是唐人必先学修辞，而后论命意。其取材又必拣择取舍，从幼熟读《文选》、《骚》、《雅》、汉魏六朝，然后出言吐气，自然有得于温柔敦厚之旨，而不失"三百篇"之遗意也。究竟要先论命意，后学修辞。断无梁壁不具而丹彩能施者。唐人云云，尤为依托，唐人未见有此语。韦君所取以此，故其为书也，以白太傅压通部，取其昌明博大、有关风教诸篇，而不取其闲适小篇也。以温助教领第二卷,取其比兴邃密,新丽可歌也。以韦端己领第三卷,取其气宇高旷,辞调整赡也。以杜樊川领第四卷,取其才情横放,有符《风》《雅》也。以元相领第五卷,取其语发乎情,风人之义也。以太白领第六、第七卷,而以玉溪生次之,所以重太白而尊商隐也。以罗江东领第八、第九卷,取其才调兼擅也。诸家先后次序,有绝不可解者。恐亦随手排编,未必尽有义例。此所解多附会。其他如司空表圣,非不超逸而不取,以其取材不文也。李长吉歌行非不峭媚而不取,以其著意险怪,性情少也。韩退之非不协《雅》《颂》而不取,以其调不稳也。柳柳州非不细丽而不取,以其气不扬而声不畅也。高达夫、孟浩然非不高古,而所取仅一二篇,以其坚意不同也。句不可解。韩致光《香奁》,非不艳冶而不取,以其发乎情而不能止乎礼义也;襄阳、孟襄阳已论于前,此当是贾岛之误。东野非不奇,而所取亦仅一二,以其艰涩也。余不可殚述。韦亦偶就所见排比成书。一代之诗浩如烟海,安能一一推其不选之故?所论诸家,尤多不确。要之,韦君此书非谓可尽一代之人,亦非谓所选可尽一代之能事。合者取之,不合者弃之,亦自成韦氏之书云尔。此乃平情之论。何必多生分别,务于伸此而抑彼?

两先生教后学,皆喜用此书,非谓此外皆无可取也。盖从此而入则蹈矩循规,择言择行,纵有纨袴气习,然不过失之乎文。浮艳之弊,亦不胜言,此语偏袒太甚。若径从江西派入,则不免草野倨侮,失之乎野,往往生硬拙俗,诘屈槎牙,此则公论。如《瀛奎律髓》所收,实多笑柄。遗笑天下后世而不可救。今学者多谓印板唐诗不可学,喜从宋元入手。盖"江西诗"可以枵腹而为之,西昆则必要多读经、史、《骚》、《选》,此非可以日月计也。西昆须胸有卷轴,江西亦须胎息古人,皆不可以枵腹为也。如以粗野为江西,以剽窃为西昆,则皆可以枵腹为之。况诗发乎情,不真则情伪。所以从外至者,虽眩目悦耳,而比之刍狗衣冠;从肺腑流出者,虽近里巷鄙俚而或有可取,然亦须善为之。钝吟有云:图骥裹之形极其神骏,若求伏辕,不免驾款段之驷。写西施之貌极其美丽,若须荐枕,不如求里门之姬。万历间,王、李盛学盛唐、汉魏之诗,只求之声貌之间,所谓图骥裹、写西施者也。牧斋谓诗人如有悟解处,即看宋人亦好,所谓款段之驷、里门之姬也。遂谓里门之姬,胜于西施;款段之驷,胜于骐骥。岂其然乎?若今诗人,专以里言俗语为能事,是图款段之马,写里门之姬矣,其能免于千古姗笑乎?噫!此言真为好言宋诗者药石矣。此论极为分明,观此知二冯之尚昆体,盖亦有激而然。而主持太过,遂使浮靡之弊视俚俗者为加厉,则门户之习夺其是非之心也。

　　凡所下语,俱用"默云""钝云"分别;

　　凡说诗法者,列在每卷第二行后;

　　凡说诗人者,列在人名后;

　　凡说全篇者,列在诗题后;名后、题后诸批,原本双行,今易为单行,以今所补正者夹注。

　　凡说一句者,列在本句下;

　　凡评注,列在各句旁;今亦并入本句之下。有所补正,以圈隔之。凡不标"二冯"字者,皆今所加。

　　集中旧有原注,悉依宋本。亦有应存不存者,今略考诸集补载。

　　两先生所好同,所学同,所穷年矻矻丹黄两毫不省去手亦同,而其论诗法则微有不合处。默庵得诗法于清江范德机,有《诗学禁脔》一编,立十五格以教人。谓起联必用破,颔联则承,腹联则转,落句则或紧结或远结。起承转合,虽李、杜亦不能废。但运用不同,不烦绳削自合耳。默庵此语,病在拘定起联、颔联、腹联、落句四处,便落入钝机。钝吟谓诗意必顾题,固为吃紧,然高妙处正在脱尽起承转合。但看韦君所取,何尝拘拘成法?圆熟极则自然变化无穷尔。二说相参,乃得之。然必先知起承转合,而后能脱起承转合。

卷　上

卷第一

古律杂歌诗一百首（录三十六首）

白居易一十九首（录三首）

钝吟云：此卷以白公为首。惟选长律及讽刺，不选小律及闲适诗。盖以白公为大诗之式也。闲适诗与此书体不合，小律却博取诸家。〇长律倡和，盛于元、白，其妍媸正是一例。此选白不选元，非不选也，举白以例元也。元却选艳体。

代书一百韵寄微之

钝吟云：匀细整赡，力自有余。长诗有叙置次第，此文章自然之势，其妙处全不在此。《品汇》之作，高棅不解声病，便以长诗为排律，无识妄作。今人则排字已入骨矣。板拙不贯穿，只被排字误了。〇起承转合不可不知，却拘不得，须变化飞动为佳。短章可摆脱蹊径，长篇却离不得起承转合。所谓变化飞动者，正从起承转合处做出。此二篇匀整之至，却细腻省净，无叠辞累句妃红媲紫之病。《东南行》间有累句。长诗忌词太烦，如此最善。词忌太烦，正谓无意贯之，无气运之耳。若笔有炉锤旋转如意，即句句用事亦不碍。

忆在贞元岁，俱升典校司。默庵云：直起。身名同日授，心事一言知。本集原注：贞元中，与微之同登科第，俱授秘书省校书郎，始相识也。肺腑都无隔，形骸两不羁。疏狂属年少，闲散为官卑。分定金兰契，言通药石规。交贤方汲汲，友直每偲偲。有月多同赏,无杯不共持。秋风拂琴匣,夜雪卷书帷。高上慈恩塔,幽寻皇子陂。唐昌玉蕊会,崇敬牡丹期。本集原注:唐昌观玉蕊、崇敬寺牡丹花时,多与微之有期。笑劝迂辛酒,闲吟短李诗。本集原注:辛大元度,性迂嗜酒。李二十绅,形短能诗。故时存"迂辛短李"之号。儒风爱敦质,佛理赏元师。本集原注:刘三十二敦质,雅有儒风。庾七玄师谈佛理,有可赏者。度日曾无闷,通宵靡不为。双声联律句,八面数宫棋。本集原注:双声律句,八面宫棋,皆当时事。往往游三省,腾腾出九逵。寒消直城路,春满曲江池。树暖枝条弱,山晴彩翠奇。峰攒石绿点,柳惹曲尘丝。岸草烟铺地,园花雪压枝。蚤光红照曜,新溜碧逶迤。幄幕分堤布,盘筵占地施。征伶求绝艺,迎妓钝吟云:叠韵对双声。○"征伶"非叠韵。冯盖据《正韵》言之,非唐人法。选名姬。铅粉凝春艳,金钿耀水嬉。风流夸堕髻,时势斗啼眉。本集原注:贞元末,城中复为堕马髻啼眉妆也。密坐随欢促,华樽逐胜移。香飘歌袂动,醉落舞钗遗。筹插红螺碗,觥飞白玉卮。打嫌调笑易,饮讶卷波迟。本集原注:抛打曲有《调笑令》,饮酒曲有《卷白波》。残席喧哗散,归鞍酩酊骑。酡颜乌帽侧,醉袖玉鞭垂。紫陌传钟鼓,红尘塞路岐。几时曾暂别,何处不相随?默庵云:总结。荏苒星霜换,回还节候推。默庵云:又转。两衙多请告,三考遂成资。运启千年圣,天成万物宜。皆当少壮日,同惜盛明时。光景嗟虚掷,云霄窃暗窥。攻文朝矻矻,讲学夜孜孜。策目穿如札,本集原注:时与微之结集策略之目,其数至百十。毫锋锐若锥。本集原注:时与微之各有纤锋细管笔,携以就试,相顾辄笑,目为毫锥。繁张获鸟网,坚守钓鱼坻。本集原注:谓自冬至夏频改试期,竟与微之坚待制试也。并受夔龙荐,齐登晁董词。万言经济略,三道太平基。取第争无敌,专场战不疲。辅车排胜阵,掎角夺降旗。本集原注:并谓同铺席,共笔研。双阙分容卫,千寮俨等衰。本集原注:谓制举人欲唱第之时也。恩随紫泥降,名向白麻披。既在高科选,还从好爵縻。东垣君谏净,西邑我驱驰。本集原注:元和元年同登制科,微之拜拾遗,余授盩厔尉。再喜登乌府,多惭侍赤墀。本集原注:四年,微之复拜监察,余为拾遗、学士也。官班分内外,游处遂参差。每列鸳鸯序,偏瞻獬豸姿。默庵云:起下。简威霜凛冽,衣彩绣萎蕤。钝吟云:双声。正色摧强御,刚肠嫉喔呷。常憎持禄位,不拟保妻儿。养勇期除恶,输忠在灭私。下鞲惊燕雀,当道慑狐狸。南国人无枉,东台吏不欺。本集原注:微之使东川,奏冤八十余家,诏从而平之,因分司东都。雪冤多定国,犯谏甚辛毗。造次行于是,平生志在斯。道将心共直,言与行俱危。水暗波翻覆,山藏路险巇。未为明主识,已被幸臣疑。默庵云:结上转下。钝吟云:前叙风流。无此一段,刚正是狎邪所为矣。古人云:"窗前闲咏鸳鸯句,壁上时看獬豸图。"即此意也。大家式样,应如此参究。○此论自是。然此所叙皆实迹,非故作庄语。见身分必以为诗之式样,殊不尽然,即以《逢萧九》诗论之,已自不合此式样。○诗须自然,有身分不在哓哓自鸣。潦倒人好作崖岸语,琐细题好作庄重语,皆诗家最鄙陋处。木秀遭风折,兰芳遇霰萎。千钧势易压,一柱力难搘。腾口方成痏,吹毛遂得疵。忧来吟贝锦,谪去咏江蓠。邂逅尘中遇,殷勤马上辞。贾生离魏阙,王粲向荆夷。默庵云:以下俱说江陵。水渡清源寺,山经绮里祠。心摇汉皋佩,泪堕岘山碑。本集原注:此途中所经历者也。驿路缘云际,城楼枕水湄。思乡多绕泽,望国独登陴。林晚青萧索,江平绿渺弥。钝吟云:双声。野秋鸣蟋蟀,沙冷聚鹭鹚。官舍黄茅屋,人家苦竹篱。白醪充夜酌,红粟备晨炊。寡鹤摧风翮,鳏鱼失水鬐。暗雏啼鹝旦,凉叶坠相思。本集原注:此四句兼含微之鳏居之思。一点秋灯灭,三声晓角吹。蓝衫经雨故,骢马卧霜羸。念涸谁濡沫,嫌醒自啜醨。耳垂怀伯乐,舌在感张仪。负气冲星剑,倾心向日葵。金言自销铄,玉性肯磷缁。伸屈须看蠖,穷通莫问龟。定知身是患,应用道为医。想子今如彼,嗟余独在兹。默庵云:结又醒江陵。无惊当岁杪,有梦到天涯。坐阻连襟带,行乖接履綦。润消衣上雾,香散室中芝。念远历迁贬,惊时叹别离。素书三往复,明月七盈亏。本集原注:自与微之别,经七月,三度得书。旧里非难到,余欢不易追。树依兴善老,草傍靖安衰。本集原注:微之宅在靖安坊,西近兴善寺。前事思如昨,中怀写向谁。默庵云:总结。北村寻古柏,南宅访辛夷。本集原注:开元观西北院,即隋时龙村佛堂,有古柏一株,至今存焉。微之宅中有辛夷两树,常与微之游息其下。此日徒搔首,何人共解颐?病多知夜永,年长觉秋悲。不饮长如醉,加飧永似饥。狂书一千字,因使寄微之。默庵云:代书寄微之作结。○结句太佻,学元白者忌此种。

一意衍至千言，虽李杜亦不能力余。于词但首尾妥帖，即是难事。勿概以元轻白俗忽之。○长篇作古体方翕张如意。限以声病，但有修词工夫矣。此种只备诗家一体，无烦专意为之。

东南行一百韵

本集题下有"寄通州元九侍御、澧州李十二舍人、果州崔二十二使君、开州韦大员外、庚三十二补阙、杜十四拾遗、李二十助教员外、窦七校书"五十字。元微之集和此诗，注载此题末又有"兼投吊席八舍人"七字。

钝吟云：元公云，排比声律，即沈休文云"一简两韵，轻重不同者"也。非排叙之谓。如四句一绝，亦须排比，岂但长诗？今人并不知绝句是律诗。唐宋人旧集，不经后人改定者可考。今《白集》郭武定刻本，已更其次第矣。此论甚是。然凡谐声病者即近体，不谐者即古体。绝句入律，故为律诗。其实汉以来即有绝句。概名绝句是律诗，亦未尽然。○二篇俱匀整，佳句相接，斐娓可诵。长诗不可乱，不可排。高棅排字最害事。

默庵云：先叙东南行情景，因情景追念前时，以见题之后先轻重。与前篇体势殊甚，各致其情。文章变化，因物赋形，多类此也。诗最忌自落窠臼，故变化不可少。

南去经三楚，东来过五湖。默庵云：东南行。山头看候馆，水面问征途。地远穷江界，天低接海隅。飘零同落叶，浩荡似乘桴。渐觉乡原异，深知土俗殊。默庵云：起。夷音语嘲哳，蛮态笑睢盱。水市通阛阓，烟村混舳舻。吏征鱼户税，人纳火田租。亥日饶虾蟹，寅年足虎貙。成人男作卟，事鬼女为巫。楼暗攒倡妇，堤长簇贩夫。夜船论铺赁，春酒断瓶沽。见果皆卢橘，闻禽悉鹧鸪。山歌猿独叫，野哭鸟相呼。岭微云成栈，江郊水当郛。月移翘柱鹤，风泛飐樯乌。鳌碍潮无信，鲛惊浪不虞。钝吟云：双声。鼍鸣江榻鼓，蜃气海浮图。树裂山魈穴，沙含水弩枢。喘牛犁紫芋，羸马放青菰。绣面谁家婢？鸦头几岁奴？泥中采菱芡，烧后拾樵苏。鼎腻愁烹鳖，盘腥厌脍鲈。钟仪徒恋楚，张翰浪思吴。气序凉还热,光阴旦复晡。身方逐萍梗,年欲近桑榆。渭北田园废,江西岁月徂。忆归恒惨澹,怀旧忽踟蹰。默庵云:一结便渡。自念咸秦客,常为邹鲁儒。蕴藏经国术,轻弃度关繻。赋力凌鹦鹉,词锋敌辘轳。战文重掉鞅,射策一弯弧。崔杜鞭齐下,元韦辔并驱。名声敌杨马,交分过萧朱。世务经摩揣,周行窃觊觎。风云皆会合,雨露各沾濡。共偶升平代,偏惭固陋躯。承明连夜直,建礼拂晨趋。美服颁王府,珍羞降御厨。议高通白虎,谏切伏青蒲。柏殿行陪宴,花楼走看酺。神旗张鸟兽,天籁动笙竽。九剑星芒耀,鱼龙电策驱。定场排越妓,促座进吴歈。缥缈疑仙乐,婵娟胜画图。复韵。歌鬟低翠羽,舞汗坠红珠。别选闲游伴,潜招小饮徒。一杯愁已破,三盏气弥粗。软美仇家酒,幽闲葛氏姝。十千方得斝,二八正当垆。论笑杓胡碑,谈怜巩嗫嚅。李酤尤短窦,庾醉更蔫迂。此四句究是长庆俚词。鞍马呼教住,骰盘喝遣输。急驱波卷白,连掷彩成卢。本集原注:骰盘、卷白波、莫走、鞍马,皆当时酒令。筹并频逃席,觥严别置盂。漏卮那可灌,颓玉不胜扶。入视中枢草,归乘内厩驹。醉曾冲宰相,骄不揖金吾。日近恩虽重,云高势易孤。默庵云:转。翻身落霄汉,失脚倒泥涂。博望移门籍,浔阳佐郡符。本集原注:余自太子赞善大夫出为江州司马。时情变寒暑,世利算锱铢。即日辞双阙,明朝别九衢。播迁分郡国,次第出京都。本集原注:十年春,微之移佐通州;其年秋,余出佐浔阳;明年冬,杓直出牧澧州,崔二十二出牧果州,韦大出牧开州。秦岭驰三驿,商山上二邘。本集原注:商山险道中有东、西二邘。岘阳亭寂寞,夏口路崎岖。大道全生棘,中丁尽执殳。江关未撤警,淮寇尚稽诛。本集原注:时淮西未平,路经襄、鄂二州界,所见如此。林到东西寺,山分大小姑。本集原注:东林、西林寺,在庐山北。大姑、小姑山,在庐山南彭蠡湖中。炉峰莲刻削,溢水带萦纡。本集原注:莲花峰在庐山北,溢水在江城南。何逊诗云:"溢城对溢水,溢水萦如带。"九派吞青草,本集原注:浔阳江九派,南通青草、洞庭湖。孤城覆绿芜。本集原注:南方城壁多以草覆。黄昏钟寂寂,清晓角呜呜。春色辞门柳,秋声到井梧。残芳悲鶗鴂,本集原注:音"啼决",见《楚词》。暮节感茱萸。蕊折金英菊,花飘雪片芦。波红日斜没,沙白月平铺。几见林抽笋,频惊燕引雏。岁华何倏忽,年少不须臾。眇默思千古,苍茫想八区。默庵云:转。孔穷缘底事,颜夭有何辜?龙圣犹遭醢,龟灵未免刳。穷通应已定,圣哲不能逾。况我谋身拙,逢他厄运拘。漂流从大海,锤锻任洪炉。险阻尝之矣,栖迟命也夫。沉冥消意气,穷饿耗肌肤。防瘴和残药,迎寒补旧襦。书床鸣蟋蟀,琴匣网蜘蛛。贫活如悬磬,端忧极守株。时遭客答难,数被鬼揶揄。兀兀都疑梦,昏昏半似愚。女惊朝不起,妻怪夜长吁。万里离朋执,三年隔友于。自然悲聚散,不是恨荣枯。去夏微之疟,今春席八殂。天涯书达否?泉下哭知无?本集原注:去年闻元九瘴疟,书去竟未报。今春闻席八殁。久与往还,能无痛哭!谩写诗盈轴,空盛酒满壶。只添新怅望,岂复旧欢娱?壮志因愁灭,衰容与病俱。相逢应不识,满颔白髭须。

江南喜逢萧九彻因话长安旧游戏赠五十韵

此首本集不载。

忆昔嬉游伴,多陪欢宴场。默庵云:直起。寓居同永乐,幽会共平康。师子寻前曲,声儿出内坊。花深态奴宅,竹错得怜堂。庭晚开红药,门闲荫绿杨。经过悉同巷,居处尽连墙。时世高梳髻,风流澹作妆。戴花红石竹,帔晕紫槟榔。鬓动悬蝉翼,钗垂小凤行。拂胸轻粉絮,暖手小香囊。选胜移银烛,邀欢举玉觞。炉烟凝麝气,酒色注鹅黄。急管停还奏,繁弦慢更张。雪飞回舞袖,尘起绕歌梁。旧曲翻调笑,新声打义扬。未详。多情推阿软,巧语许秋娘。风暖春将暮,星回夜未央。宴余添粉黛,坐久换衣裳。结伴归深院,分头入洞房。彩帷开翡翠,罗荐拂鸳鸯。留宿争牵袖,贪眠各占床。绿窗笼水影,红壁背灯光。索镜收花钿,邀人解袷裆。暗娇妆靥笑,私语口脂香。怕晓听钟坐,羞明映幔藏。眉残蛾翠浅,鬟解绿云长。默庵云:长安旧游,共叙二十五韵。聚散知无定,忧欢事不常。默庵云:转。离筵开夕宴,别骑促晨装。去住青门外,留连浐水旁。车行遥寄语,马驻共相望。云雨分何处?山川各异方。野行初寂寞,店宿乍恓惶。别后嫌宵永,愁来厌岁芳。几看花结子,频见露为霜。岁月何超忽,音容坐渺茫。往还书断绝,来去梦游扬。自我辞秦地,逢君客楚乡。常嗟异岐路,忽喜共舟航。默庵云:出题面。话旧堪垂泪,思乡数断肠。愁云接巫峡,泪竹近潇湘。月落江湖阔,天高节候凉。浦深烟漠漠,沙冷月苍苍。红叶江枫老,青芜驿路荒。野风吹蟋蟀,湖水浸菰蒋。帝路何由见?心期不可忘。旧游千里外,往事十年强。此四句总收前二段。春昼提壶饮,秋林摘橘尝。强歌还自感,纵酒不成狂。永夜长相忆,逢君各共伤。殷勤万里意,并写赠萧郎。结语与《代书寄微之》诗同,即字句较雅,故不碍格。

薛能七首(录一首)

牡 丹

钝吟云:牡丹诗多富艳,此却清远。文家翻新法也。咏物诗须有为而作,其次亦须自寻别径,以脱尘封。否则,不作可也。若搜求典故以为切,刻画形似以为肖;或依稀比拟以为善离、善脱,吾皆无取焉。而所谓善离、善脱者,自矜高韵,魔障尤深矣。

去年零落莫春时,泪湿红笺怨别离。钝吟云:二句领起别路,便不骇咏牡丹。常恐便同巫峡散,因何重有武陵期?默庵云:二句从去年生下。传情每向馨香得,不语还应彼此知。欲向阑边安枕席,夜深闲共说相思。默庵云:结去年。

崔国辅六首(录四首)

魏宫词

钝吟云:乐府本色。○四绝句妙极。崔公长于五言小诗。

朝日点红妆,拟上铜雀台。画眉犹未了,魏帝使人催。

怨 词

妾有罗衣裳,秦王在时作。为舞春风多,秋来不堪着。

说得新旧乘除,恰应如此。怨而不怒,风人之旨。

少年行

本集作《长乐少年行》。

遗却珊瑚鞭,白马骄不行。章台折杨柳,春日路旁情。

中流曲

归时日尚蚤,更欲向芳洲。渡口水流急,回船不自由。

孟浩然二首(录一首)

春 怨

本集注曰:一作《春意》。

钝吟云:此即诗人言怀春之意也。颔联怨而不淫,便晓得不是邪滥之女。作诗须如此。○连用二"春"字,文势便活。用意只在颔联。

闺人能画眉,妆罢出帘帷。照水空自爱,折花将遗谁?春情多逸艳,春意倍相思。愁心极杨柳,一种乱如丝。

毕竟大雅。

刘长卿六首(录五首)

扬州雨中张十七宅观妓

集无"七"字。○一作张谓诗。

夜色滞春烟,"滞"字甚佳。本集讹为"带"字,即少味。灯花拂更燃。钝吟云:好起。默庵云:雨中。残妆添石黛,艳舞落金钿。掩笑频欹扇,迎歌乍动弦。不知巫峡雨,何事海西边?

起二句极佳;中四句亦不伤雅;末二句有意开合,反落小巧,语意亦未自然。

赴润州使院留别鲍侍御

原注:六言。〇本集"赴"字上有"发越州"三字。

对水看山别离,孤舟日暮行迟。江南江北春草,独向金陵去时。妙于竟住。

北归次秋浦界青馆

"青馆",本集作"青溪馆"。

万古啼猿后,孤村客暂依。原作"孤城落日依",与"暮"字重复,从本集改。雁回彭蠡暮,初日"暮",从本集改。人向宛陵稀。钝吟云:名句。旧路青山在,余生白首归。渐知行近北,不见鹧鸪飞。

前四句"次秋浦",后四句"北归"。

登余干古城

本集"古"字下有"县"字。

孤城上与白云齐,默庵云:登城。万古萧条楚水西。官舍已空秋草绿,女墙犹在夜乌啼。所谓陵谷变也。平江渺渺来人远,落日亭亭向客低。沙鸟不知陵谷变,朝来暮去弋阳溪。落句从对面用笔。

别宕子怨

钝吟云:薛道衡作,误入。〇乐府名《昔昔盐》。

垂柳拂金堤,蘼芜叶正齐。水溢芙蓉沼,花飞桃李蹊。默庵云:首四句怨之候。采桑秦氏女,织锦窦家妻。默庵云:怨之人。关山别宕子,风月守空闺。默庵云:二句怨之故。恒敛千金笑,长垂白玉啼。乐府作"双玉啼"。盘龙随镜隐,舞凤逐云低。惊魂同野鹤,倦寝忆晨鸡。暗牖悬蛛网,空梁落燕泥。默庵云:八句怨之景状。前年过代北,今岁往辽西。一去无还意,默庵云:"无还意"妙甚。若作"无消息",则上二句顶接不紧。那能惜马蹄?

韦应物一首（删）

王维二首

送元二使安西

渭城朝雨裛轻尘，客舍青青杨柳春。默庵云："杨柳春"妙于"柳色新"多矣。劝君更尽一杯酒，西出阳关无故人。

陇头吟

长城少年游侠客，夜上戍楼看太白。陇头明月迥临关，陇上行人夜吹笛。二句两面联关，有神无迹。关西老将不胜愁，驻马听之双泪流。身经大小百余战，麾下偏裨万户侯。苏武才为典属国，节旄空尽海西头。

少年慷慨，老将蹉跎，两相对照，寓慨自深。

贾岛七首（录五首）

钝吟云：浪仙不取奇涩诗。○长江诗多奇句，然才不逮思，四字公论。依于僻涩，方见工夫。此却选其平易者。

寄远

钝吟云：拟古诗。音节纯是古诗，而幽折劖刻，自存浪仙本色。譬之米临王帖，锋铓微露，神采转增。嘉隆诸子字栉句比，学汉魏直双钩填廓耳，凡拟古须识此意。

别肠长郁纡，岂能肥肌肤？始知相结密，不及相结疏。疏别恨应少，密别恨难袪。语语剥入一层，曲折沉挚。门前南去水，中有北飞鱼。鱼飞向北海，此情复何如？钝吟云：古体。欲剪衣上襟，书作寄远书。不惜寄远书，故人今在无？顿挫入古。华山岩峣形，遥望齐平芜。别本或无此二句，遂令下句"况此"二字无根。况此数尺身，阻彼万里途。自非日月光，难以知子躯。此种是郊岛所独诣。

语语深至，尤妙于一气浑成，无斧凿之迹。○阆仙才不及东野，此诗则东野得意之笔，亦不过如此。

代旧将

旧事说如梦，谁当信老夫？战场几处在，部曲一人无。落日收病马，本集注曰："病"，一作"疲"。按：唐人拗句出句不谐，二、四平仄者，对句第三字以平声救之，乃定格也。此联"晒"字既用仄声，则此句宜是"疲"字。且"疲"字于"旧将"尤切。晴天晒阵图。犹希圣朝用，自镊白髭须。

后四句忠厚之至，不愧诗人。

春　行

去去行人远，尘随马不穷。旅情斜日后，春色早烟中。五字绝佳。流水穿空馆，闲花发故宫。旧乡千里思，池上绿杨风。

只第二句露本色，其余不减钱郎。

述　剑

十年磨一剑，两刃未曾试。默庵云："两"，今作"霜"。"两"字胜。今日把示君，谁为"为"，读去声。原作"有"字。默庵云：本集"有"作"为"。"为"更胜。○"为"字意深，"有"字意浅。"为"字是英雄壮怀，"有"字是游侠客气。不平事？

蚤秋题天台灵应寺

本集作《早秋寄题天竺灵隐寺》，以诗句证之，二本皆误，当作《早秋寄题天台灵应寺》。

钝吟云：长江体。○此书不取韩门诸公。门径不同，不以名流而依附。此古人学问不苟处。

峰前峰后寺新秋，绝顶高窗见沃州。人在定中闻蟋蟀，鹤曾栖处挂猕猴。

山钟夜渡空江水,汀月寒生古石楼。心忆挂帆身未遂,谢公此地昔年游。寄题结。

三、四剷削而自然,五、六亦好。

李廓一十六首(录三首)

镜听词

默庵云:古之镜听,犹今之瓢卦也。

钝吟云:要用俗语与题相称,乐府一体也。

匣中取镜辞灶王,罗衣掩尽明月光。昔时长著照容色,今夜潜将听消息。门前地黑人来稀,无人错道朝夕归。更深弱体冷如铁,绣带菱花怀里热。铜片铜片如有灵,愿得照见行人千里形。

佳处不减张、王。

送振武将军

叶叶归边骑,风头万里干。金装腰带重,铁缝耳衣寒。芦酒烧蓬暖,霜鸿拈箭看。黄河古城道,秋雪白漫漫。

通体俊爽,结亦壮阔。

赠商山东于岭僧

《华山志》改窜数字,伪称为陈希夷诗。

商岭东西路欲分,两间茅屋一溪云。师言耳重知师意,人是人非不欲闻。

钝吟云:商山是入关要路,人是非聒人者多矣。○从《鹖冠子》"喜此愦愦"意化出,正恨已多闻是非也。已是宋格,佳在不俚不纤。

常建一首

吊王将军

万岁通天中,王孝杰北讨契丹,军败,没于东峡石。此诗盖为孝杰作。

钝吟云：名篇。

嫖姚北伐时，深入几千里。"几"，一作"强"。"强"字胜。战余落日黄，军败鼓声死。二句警策。"死"字险而稳。常闻汉飞将，可夺单于垒。今与山鬼邻，残兵哭辽水。

刘禹锡五首（录二首）

乌衣巷

朱雀桥边野草花，乌衣巷口夕阳斜。旧时王谢堂前燕，飞入寻常百姓家。言王谢旧宅已为民居，措语特蕴藉。

石头城

山围故国周遭在，钝吟云：名句。潮打空城寂寞回。淮水东边旧时月，夜深还过女墙来。

五咏以此为第一，《乌衣巷》次之，余不及也。中山自序，亦自矜此首。

宋济二首

东邻美女歌

花暖江城斜日阴，莺啼绣户晓云深。二句景中有情。春风不道珠帘隔，传得歌声与客心。

格不甚高，妙不猥亵。

塞上闻笛

一作高适诗。

胡儿吹笛戍楼间，楼上萧条海月闲。借问梅花何处落？风吹一夜满关山。落句深远。

王建一十三首(录二首)

宫前早春

酒幔高楼一百家,宫前杨柳寺前花。内园分得温汤水,二月中旬已进瓜。

格意颇高。以为写富贵之景可,以为感恩泽之偏亦可。

江南三台词四首

原注:六言。○选第二首。

青草湖边草色,飞猿岭上猿声。万里三湘客到,有风有雨人行。

李端一首

芜城怀古

风吹城上树,草没城边路。城里月明时,精灵自来去。原集本尚有前四句,曰:"昔人登此地,丘陇已前悲。今日又非昔,春风能几时?"此本删去,文意未足。或以为简净胜原诗,非也。

耿㳇二首

秋 日

反照入闾巷,忧来与谁语?古道无人行,秋风动禾黍。

此种在当日自佳,然后来摹拟虚锋已成窠臼。夫摭实流为滞相,不得不变以清微蹈空,渐入浮丽,亦不得不救以深至。神奇腐臭,转易何常?虞山痛诋沧浪,要非无见。耳食者倚傍门墙,自矜妙悟,遂令马首之络处处可移。亦可谓桃花作饭矣。

送王润

一作戴叔伦诗。"润",一作"闰"。

相送临寒水,苍然望故关。江芜连梦泽,楚雪入商山。话我他年旧,看君此日还。因将自悲泪,一洒别离间。

一气浑成,风骨绝高。于此书为别调。

李华一首

长门怨

弱体鸳鸯荐,啼妆翡翠衾。鸦鸣秋殿晓,人静禁门深。每忆椒房宠,那堪永巷阴?日惊罗带缓,非复旧来心。

不失雅音。

钱翊七首(录一首)

送王郎中

惜别远相送,却成惆怅多。独归回首处,争那莫山河。"那"字,作"奈"字解。

李远二首(删)

卷第二

古律杂歌诗一百首(录一十九首)

钝吟云:此书第一卷至八卷,皆取一人压卷。去取多有微旨,不专在工拙也。宜取各家全集参看。

温飞卿六十一首(录九首)

温独书字,体例不一。

钝吟云:温、李诗句句有出,而文气清丽。丽而能清,方非俗艳。多看六朝书方能作之。杨、刘已后绝响矣。温、李遭逢坎坷，故词虽华艳，而寄托常深。玉溪尤比兴缠绵，性情沉挚。杨、刘续滋馆阁，皆与唱酬。徒猎温、李之字句，故菁华易竭，数见不鲜，渐为后人之所厌。欧、苏起而变之，西昆遂绝，非由于人不能作也。元人效之终不近。○七言歌行盛于梁末，至天宝而变。当日：始于汉，成就于魏。至鲍明远而变，至梁、陈而靡，至天宝而始壮。杜子美新题乐府，前无古人，自开一体。李太白则自《小雅》《楚词》，至于三祖乐府、汉人歌谣，鲍明远之遒逸，徐、庾之绮丽，并而有之，奇变忽恍，以为创格。凡一句一字皆有依据，以为仿效古人则又过于古人，真千古绝唱也。大略歌行之法，变于李、杜，后人无能出其范围矣。飞卿学太白，有其一体。视之长吉，奇峭不如，而波澜稍宽，韦君不取。小李只有一篇，又是五言，专取飞卿。第六卷选太白有歌行数篇，其奇中又奇；如《蜀道难》之类皆不取，意颇不可解。盖后人学太白有二病：一恐伤于诡谲，如孙光宪议长吉以为无理是也；二者伤于粗险。晚唐人多有此病。若自温入，则流丽平典，都无此矣。元人学飞卿歌行，渐入诗余，只为流丽处，受病平典，亦非歌行之极则。韦君微旨倘在此也。韦亦就一时习尚。集为此书，初无别裁诸家之意。此等皆冯氏凿出。

过华清宫二十二韵

默庵云：此是过华清宫，故如此起。若牧之直咏华清宫，则以"绣岭明朱殿"起矣。

钝吟云：此篇着意只在开元盛时，禄山乱后便略，与《华清》《长恨》不同。

忆昔开元日，承平事胜游。贵妃专宠幸，天子富春秋。月白霓裳殿，风干羯鼓楼。斗鸡花蔽膝，骑马玉搔头。绣縠千门妓，金鞍万户侯。薄云欹翠扇，_{集作"雀扇"}。轻雪犯貂裘。过客闻韶濩，居人识冕旒。气和春不觉，烟暖雾难收。涩浪涵瑶甃，晴阳上彩斿。卷衣轻髻懒，窥镜淡蛾羞。屏掩芙蓉帐，帘搴玳瑁钩。重瞳分渭曲，纤手指神州。御案迷萱草，天袍妒石榴。深岩藏浴凤，鲜隰媚潜虬。六句平头并联。不料邯郸虱，俄成即墨牛。默庵云：转。剑锋挥太皞,旗焰拂蚩尤。内嬖陪行在,孤臣预坐筹。瑶簪遗翡翠,霜仗驻骅骝。艳笑双飞断,香魂一哭休。钝吟云:四句稳极。蚕梅悲蜀道,高树隔昭丘。朱阁重霄近,苍崖万古愁。至今汤殿水,呜咽县前流。默庵云:四句收得住。○"至今"二字,间应"忆昔"二字,首尾完密。○收到"过华清宫"四字如画龙点睛。先有此四句,乃有此一首诗。○"不料"以下,淋漓飞动,前半为此一段蓄势,此一段又为末四句蓄势。此等亦得杜藩篱者。

送人东游

荒戍落黄叶,浩然离故关。高风汉阳渡,初日郢门山。江上几人在,天涯孤棹还。何当重相见,尊酒慰离颜。

苍苍莽莽,高调入云。温、李有此笔力,故能镕铸一切浓艳之词,无堆排之迹。学温、李者盖于根本求之。

春日野行

骑马踏烟莎,青春奈怨何。蝶翎朝粉尽,"尽",一作"重"。蝶交则粉退,作"尽"字好。鸦背夕阳多。五字警策。柳艳欺芳带,山愁萦翠蛾。别情无处说,方寸是星河。

西州词

原注:吴声。

钝吟云:犹有太白之意。其妙不减晋曲本词,不但有太白意。

悠悠复悠悠,昨日下西州。西州风色好,遥见武昌楼。武昌何郁郁,侬家定无匹。小妇被流黄,登楼抚瑶瑟。朱弦繁复轻,素手直凄清。一弹三四解,掩抑似含情。南楼登且望,西江广复平。艇子摇两桨,催过石头城。门前乌臼树,惨澹天将曙。鸂鶒飞复还,郎随早帆去。四句景中有情。回头语同伴,定复负情侬。去帆不安幅,作抵使西风。他日相寻索,莫作西州客。西州人不归,春皋年年碧。

赠弹筝人

天宝年中事玉皇，曾将新曲教宁王。钿蝉金雁皆零落，一曲伊州泪万行。

瑶瑟怨

冰簟银床梦不成，碧天如水夜云轻。雁声远过一作"向"。潇湘去，十二楼中月自明。

达摩支曲

原注：杂言。

捣麝成尘香不灭，拗莲作寸丝难绝。红泪文姬洛水春，白头苏武天山雪。君不见无愁高纬花漫漫，漳浦宴余清露寒。一旦臣僚共囚虏，欲吹羌管先泛澜。旧臣头鬓霜华盏，可惜雄心醉中老。万古春归梦不归，邺城风雨连天草。

此却悲壮，异乎他篇之靡靡。

边笳曲

原注：此后齐梁体七首。○录二首。

钝吟云：齐梁体今人不知矣。齐，即所谓永明体；梁，即所谓宫体。后人总谓之齐梁体。玉溪诗有《齐梁晴云》是也。其体于对偶之中，时有拗字，乃五言律之变而未成者。喜俪新字而乏性情，喜作艳词而乏风旨；运思甚浅，用事甚拙，乃诗道之极弊，无用知之。

朔管迎秋动，雕阴雁来盏。上郡隐黄云，天山吹白草。嘶马渡寒碛，朝阳照霜堡。江南戍客心，门外芙蓉老。结有深情。

侠客行

钝吟云：字字生动。

欲出鸿都门,阴云蔽城阙。宝剑黯如水,微红湿余血。白马夜频惊,三更灞陵雪。

纯于惨淡处取神,节短而意境甚阔。○此诗本集亦注"齐梁体"字,然终不类。疑集本误题。

顾况一十一首(录六首)

默庵云:此公诗出于太白,一转而为乐天。

悲歌六首并序

一本以"临春风"一章,接"畏花落"下为一首;以"越人翠被"一章,接"水泉遥"下为一首,文义较为完足。或《才调集》误分也。

情思发动,圣贤所不能免也。师乙陈其宜,本集"师"上有"故"字。延州审其音,理乱之所经,王化之所兴也。集本无"也"字。信无逃于声教,岂徒文采之丽?集本"丽"下有"耶"字。遂作此歌。集本"歌"下有"以悲之"三字。

钝吟云:全似鲍参军。顾有神骨,然不似鲍奇矫有气,此绵密多。

临春风,听春鸟。别时多,见时少。愁人一夜不得眠,瑶井玉绳相向晓。

语外有情。

城边路,今日耕田昔人墓。岸上沙,昔日江水今人家。今人昔人长共叹,四气相催节回换。明月皎皎入华池,白云离离渡霄汉。

我欲升天隔霄汉,我欲渡水水无桥。我欲上山山路险,我欲汲水水泉遥。

越人翠被今何夕,独立江边莎草碧。紫燕西飞欲寄书,白云何处逢来客?

新结青丝百尺绳,心在君家辘轳上。我心皎洁君不知,辘轳一转一惆怅。

此略近鲍。

何处风光惊晓幕,江南绿水通珠阁。美人二八颜如花,泣向春风畏花落。

吴融二首（删）

崔涂六首（录一首）

巴南道中

久客厌岐路,出门吟且悲。平生未到处,落日独行时。芳草不长绿,故人难重期。那堪更南渡,乡国是天涯。

卢纶七首（录二首）

晚次鄂州

云开远见汉阳城,犹是孤帆一日程。默庵云:鄂州。贾客昼眠知浪静,舟人夜语觉潮生。晚泊。三湘衰鬓逢秋色,鄂州。万里归心对月明。晚泊。旧业已随征战尽,更堪江上鼓鼙声。

送南中使寄岭外故人

见说南来处,苍梧接桂林。过秋天更暖,近海日长阴。巴路缘云出,蛮乡入洞深。信回人自老,梦到月应沉。二句沉着而深稳。或议其语未自然,亦好高之论。碧水通春色,青山寄远心。默庵云:寄故人结。炎方无久客,"无",一本作"难"。"难"字是。莫使鬓毛侵。

无名氏一十三首（录一首）

杂　词（选第一首）

劝君莫惜金缕衣,劝君须惜少年时。有花堪折直须折,莫待无花空折枝。

此杜秋娘所歌,见杜牧《杜秋》诗自注。

卷第三

古律杂歌诗一百首(录一十一首)

韦庄六十三首(录六首)

钝吟云：韦相诗声调高亮，不用晚唐人细碎苦涩工夫，是此书律诗法也。律诗但求声调，即是躯壳工夫，□□七子摹拟之弊惟剩肤词；近时□□神韵之宗，但存空响，各现□症，同一病源。○韦诗调响，亦嫌大，响即是浮声。铃铎之音不如钟镛之沉厚，其质薄也；筝琶之响，不如琴瑟之雅淡，其弦么也。凡诗气太紧峭，调太圆脆者，皆由于酝酿不深。与晚唐诸家不同。大略不宜多，才弱也。七言四韵，平平说去，迺警动人。

与东吴生相遇

原注：及第后出关作。○按：端己乾宁元年及第，即授校书郎，寻转补阙不应。出关且诗，皆不得志之词。"及"字，恐是"下"字之讹。

十年身事各如萍，白首相逢泪满缨。老去不知花有态，乱来惟觉酒多情。贫疑陋巷春偏少，贵想豪家月倍明。且对一樽开笑口，未衰应见泰阶平。

诗特深稳，结句尤为忠厚。

章台夜思

清瑟怨遥夜，绕弦风雨哀。状瑟之声如风雨。孤灯闻楚角，残月下章台。芳草已云暮，故人殊未来。乡书不可寄，秋雁又南回。

高调，晚唐所少。

台 城

江雨霏霏江草齐,六朝如梦鸟空啼。无情最是台城柳,依旧烟笼十里堤。

末二句亦是对面写法。

咸阳怀古

城边人倚夕阳楼,城上云凝万古愁。山色不知秦苑废,水声空傍汉宫流。李斯不向仓中悟,徐福应无物外游。莫怪楚吟偏断骨,野烟踪迹似东周。

此唐末伤乱之作,托其词于怀古。末二句自分明,五、六言任用非人,致有识者远遁,亦借比也。默庵以三、四句为咏咸阳,五、六句为怀古,二句即转接不来。〇胜许浑处,在五、六不蹈空。

汉 州

北依初到汉州城,郭邑楼台触目惊。松桂影中旌旆色,芰荷风里管弦声。人心不似经离乱,时运还应却太平。十日醉眠金雁驿,临岐无限脸波横。伤时危而佚乐也。语特浑厚。〇"脸波"字未雅。

杂体联锦

"联锦"字鄙。

携手重携手,夹江金线柳。江上柳能长,行人恋尊酒。尊酒意何深?为郎歌玉簪。玉簪声断续,钿轴鸣双毂。双毂去何方?隔江春树绿。树绿酒旗高,泪痕沾绣袍。袍缝紫鹅湿,重持金错刀。错刀何灿烂,使我肠千断。肠断欲何言,帘动真珠繁。真珠缀秋露,秋露沾金盘。金盘湛琼液,仙子无归迹。无迹又无言,海烟空寂寂。寂寂古城道,马嘶芳岸草。岸草接长堤,长堤人解携。解携忽已久,缅邈空回首。回首隔天河,恨唱莲塘歌。莲塘在何许?日暮西山雨。

从中即《饮马长城窟行》化出,自成别调。〇此首自佳,然效之便成恶趣。桃源再至,村落不殊矣。

李山甫八首(删)

李洞五首(删)

薛逢一首(删)

裴庭裕一首(删)

李昂一首

戚夫人楚舞歌

钝吟云:歌行自太白、飞卿外,又存此一体。○此亦似白。汉氏七言,大抵骚体、郊祀诸什,亦皆杂言。《柏梁》等诗又出伪托。其全篇成就七言者,平子《四愁诗》、魏文《燕歌行》,实肇其端。晋《白苎词》,调渐宛转,参军《行路难》,气始纵横。其后《陈安歌》《木兰诗》及《东飞伯劳》《河中之水》诗篇,最为高唱。然偶一见之,不以名家。沿及陈、隋,渐多偶句,景龙以后,遂创唐音,排比成章,宛转换韵。四杰出之以华丽,高、岑出之以朴健,王、李出之以春容,元、白出之以平易。才性不同,故面貌各异;按其节奏,实一格也。至李、杜、昌黎,始以拗句单行创开门径耳。究极论之,李、杜、昌黎,如词家苏、辛,不得不谓之高调;此种如词家周、柳,亦不得不谓之正声。李、杜、昌黎,如书家欧、颜,不得不谓之绝艺;此种如书家赵、董,亦不得竟谓之别派也。钝吟未悉源流,谓之曰又一体,又以开元中人,谓之曰似白,语皆卤莽。

定陶城中是妾家,妾年二八颜如花。闺中歌舞未终曲,天下死人如乱麻。汉王此地因征战,未出帘栊人已荐。风花菡萏落辕门,云雨徘徊入行殿。日夕悠悠非旧乡,飘飘处处逐君王。玉闱门里通归梦,银烛迎来在战场。从来顾恩不顾己,何异浮萍寄深水。逐战曾迷只轮下,随君几陷重围里。此时平楚复平齐,咸阳宫阙到关西。珠帘夕殿闻钟鼓,白日秋天忆鼓鼙。君王纵恣翻成误,吕后由来有深妒。不奈君王容鬓衰,相存相顾能几时?黄泉白骨不可报,雀钗翠羽从此辞。君楚歌兮妾楚舞,脉脉相看两心苦。曲未终兮袂更扬,君流涕兮妾断肠。已见谋臣归惠帝,徒留爱子付周昌。竟住好。

沈佺期二首(录一首)

古意呈乔补阙知之

默庵云:《古意》原是乐府,故平仄不叶。《品汇》派为律诗,故改却许多字。郭茂倩《乐府诗集》收此诗于"杂歌曲词"中,题曰《独不见》。首句作"卢家少妇郁金香",五句作"白狼河北音书断"。考白狼水在辽西,作"白狼"为是。余并与此本同,知此为旧本。

卢家少妇郁金堂,海燕双栖玳瑁梁。默庵云:"郁金堂"故粘"玳瑁梁"。若"香"字,则不相属矣。九月寒砧催下叶,默庵云:"下叶",寒砧催之也。作"木"字呆而可笑。此本《品汇》所改,意以对下句。然"木叶"可对"辽阳","征戍"如何对"寒砧"?○钝吟云:"下"字是。十年征戍忆辽阳。白驹河北军书断,丹凤城南秋夜长。谁知含愁独不见,使妾明月对流黄。默庵云:落句"谁知""使妾",文理甚明。一改"谁为""更教",便不通矣。

王泠然一首

汴河柳

隋家天子忆扬州,厌坐深宫傍海游。穿地凿山开御路,鸣箛叠鼓泛清流。流从巩北分河口,直到淮南种官柳。功成力尽人旋亡,代谢年移树空有。当时彩女侍君王,绣帐旌门对柳行。青叶交垂连幔色,白花飞度染衣香。今日摧残何用道,数里曾无一枝好。驿骑征帆损更多,山精野魅藏应老。凉风八月露为霜,日夜孤帆入帝乡。河畔时时闻木落,客中无不泪沾裳。

绝用唱叹之法,格在不高不卑间。

何扶一首(删)

汪遵一首(删)

高適一首

燕歌行 并序

开元十六年,客有御史大夫张公出塞而还者,作《燕歌行》以示適,感征戍之事,因而和焉。

汉家烟尘在东北,汉将辞家破残贼。男儿本自重横行,天子非常赐颜色。入手即矫健。摐金伐鼓下榆关,旌旆逶迤碣石间。校尉羽书飞瀚海,单于猎火照狼山。山川萧条极边土,胡骑凭陵杂风雨。战士军前半死生,美人帐下犹歌舞!大漠穷秋塞草衰,孤城落日斗兵稀。身当恩遇恒轻敌,力尽关山未解围。铁衣远戍辛勤久,玉箸应啼别离后。少妇城南欲断肠,行人蓟北空回首。边庭一作"风"。"风"字是。飘飖那可度?绝域苍茫无一作"何"。"何"字是。所有!杀气三时作阵云,寒声一夜传刁斗。相看白刃血纷纷,死节从来肯一作"岂"。"岂"字是。顾勋?君不见沙场征战苦,至今犹忆李将军。

刺边将佚乐,不恤士卒。通首序关塞之苦,只以"战士"二句、"君不见"二句点睛,运意绝高。○元白时效此格,终于不近,笔力不可强也。

孟郊一首(删)

陆龟蒙五首(删)

张籍七首(录一首)

钝吟云:水部五言多名句。○张君破题极用意,不似他人直下。

寄远客

野桥春水清,桥上送君行。钝吟云:好起。去去人应老,年年草自生。出门看远道,无路向边城。杨柳别离处,秋蝉今复鸣。

曹邺二首（删）

卷第四

古律杂歌诗一百首（录十三首）

杜牧三十三首（录九首）

题齐安城楼

呜轧江楼角一声,微阳潋潋落寒汀。不用凭阑苦回首,故乡七十五长亭。

扬州二首

炀帝雷塘土,迷藏有旧楼。谁家唱《水调》？明月满扬州。原注:炀帝开汴渠成,自作《水调》。○十字句以自然浑健为佳,非不对即为高古也。皎然《访陆鸿渐不遇》诗,吾所不取。骏马宜闲出,千金好暗游。喧阗醉年少,半脱紫茸裘。

秋风放萤苑,春草斗鸡台。金络擎雕去,鸾鬟拾翠来。蜀船红锦重,越橐水沉堆。钝吟云:如画扬州。处处皆华表,淮王奈却回。□以繁平不□处,久结之。

早 雁

金河秋半虏弦开,云外惊飞四散哀。仙掌月明孤影过,长门灯暗数声来。须知胡马纷纷在,岂逐春风一一回。莫厌潇湘少人处,水多菰米岸莓苔。后半深远,胜前半。但五句少复首句耳。

池州春日送人

本集作《池州春送前进士蒯希逸》。

芳草复芳草,断肠还断肠。自然堪下泪,何必更残阳?楚岸千万里,燕鸿三两行。有家归未得,况举别君觞。前四句自成别调,送意于末句倒点,亦别致。

江南春

本集"春"字下有"绝句"二字。

十里莺啼绿映红,水村山郭酒旗风。南朝四百八十寺,"十"字读平声。多少楼台烟雨中。

此种纯以姿调胜。

寄 人

本集作《寄扬州韩绰判官》。

青山隐隐水迢迢,秋尽江南草木凋。二十四桥明月夜,玉人何处教吹箫。

情韵极佳。

寄远三首(录第二首)

南陵水面漫悠悠,风紧云轻欲变秋。正是客心孤迥处,谁家红袖倚江楼?

此触目思归之作,非路旁情也。

秦 淮

集作《泊秦淮》。

烟笼寒水月笼沙,夜泊秦淮近酒家。商女不知亡国恨,隔江犹唱《后庭花》。

张泌一十八首(录一首)

晚次湘源县

烟郭遥闻向晚鸡,默庵云:晚次。水平舟静浪声齐。高林带雨杨梅熟,曲岸笼云谢豹啼。此句佳。二女庙荒汀树老,九疑山碧楚天低。湘南自古多离怨,莫动哀吟易惨凄。离怨从湘南写出,不落惜别语。

戴叔伦四首(录二首)

幼公是盛唐、中唐间人,五言不失风格,七言律明净响亮,已变雄深朴老之风。

秋日行

集作《早行寄朱山人放》。

山晓旅人去,天高秋气悲。明河川上没,芳草露中衰。此别又千里,少年能几时?心知剡溪路,聊且寄前期。一作"青冥剡溪路,心与谢公期",较更浑成。

潭州使院书情寄江夏贺兰副端

云雨一萧散,悠悠关复河。俱从泛舟役,近隔洞庭波。默庵云:潭州江夏。楚水去不尽,秋风今又过。无因得相见,却恨寄书多。

二诗皆气韵浑成,无细碎、雕琢之习。

宋邕一首(删)

曹唐二十四首(删)

唐诗最卑俗,以游仙诗得名,而游仙诗尤恶劣。

施肩吾二首（删）

赵光远三首（删）

孙启四首（删）

崔珏七首（删）

项斯一首（删）

司空曙三首（录一首）

峡口送友人

峡口花飞欲尽春，天涯去住泪沾巾。来时万里同为客，今日翻成送故人。

淡语有情。

卷第五

古律杂歌诗一百首（录十三首）

元稹五十七首（录二首）

钝吟云：唐人诗全作艳体自为一集者，止元、韩二家。元有启与令狐悫士，自叙其艳体之法，甚悉。○元公过于韩致光《香奁》。韩太亵，元差有骨。末篇自悔之词，亦赋家曲终奏雅也。

梦游春七十韵

钝吟云：此即《会真记》也。亦是铺叙，而步步有筋节，段段有波澜，无平衍散乱之病，亦无长庆俚词。○此是元相艳诗总序，他诗总不出此意。

昔岁梦游春，默庵云：直起。○此借寓双交事。梦游何所遇？梦入深洞中，遂果平生趣。清泠浅漫流，画舫兰篙渡。过尽万株桃，盘旋竹林路。长廊抱小楼，门牖相回互。楼下杂花丛，丛边绕鹓鹭。池光漾霞影，晓日初明煦。未敢上阶行，频移曲池步。乌龙不作声，碧玉曾相慕。渐到帘幕间，徘徊意犹惧。闲窥东西阁，奇玩参差布。隔子碧油糊，驼钩紫金镀。逡巡日渐高，影响人将寤。鹦鹉饥乱鸣，娇狌睡犹怒。帘开侍儿起，见我遥相谕。铺设绣红茵，施张钿装具。潜褰翡翠帐，瞥见珊瑚树。不辨花貌人，空惊香若雾。身回夜合偏，态敛晨霞聚。睡脸桃破风，汗妆莲委露。丛梳百叶髻，原注：百叶髻，时势头也。金蹙重台屦。原注：重台屦，踏殿样也。纰软钿头裙，原注：钿头裙，琴瑟色也。○琴瑟色，碧色也。作"琴瑟"非，杨升庵有辩。玲珑合欢袴，原注：合欢袴，夹缬名。鲜妍脂粉薄，暗淡衣裳故。最似红牡丹，雨来春欲暮。梦魂良易惊，灵境难久寓。夜夜望天河，无由重沿溯。结念心所期，返如禅顿悟。觉来八九年，不向花回顾。此即"取次花丛懒回顾"意。杂合两京春，喧阗众禽护。我到看花时，但作怀仙句。浮生转经历，道性尤坚固。近作梦仙诗，亦知劳肺腑。一梦何足云，良时事婚娶。此接叙韦氏早卒事。当年二纪初，嘉节三星度。朝藿玉佩迎，高松女萝附。韦门正全盛，出入多欢裕。甲第涨清池，鸣驺引朱辂。广榭舞蕨薿，长筵宾杂厝。青春讵几日，华实潜幽蠹。秋月照潘郎，空山怀谢傅。红楼嗟坏壁，金谷迷荒戍。石压破阑干，门摧旧梐枑。虽云觉梦殊，同是终难驻。总束有力。惊绪竟何如？棼丝不成絇。卓女白头吟，阿娇金屋赋。重璧盛姬台，青冢明妃墓。尽委穷尘骨，皆随流波注。幸有古如今，何劳缣比素。此一段波澜开拓。况余当盛时，以下又叙经历艰难，风情日减。蚤岁谐如务。诏册冠贤良，谏垣陈好恶。三十再登朝，一登还一仆。宠荣非不蚤，遭回亦云屡。直气在膏肓，氤氲日沉痼。不言意不快,快意言多忤。忤诚人所贼,性亦天之付。乍可沉为香,不能浮作瓠。诚为坚所守,未为明所措。事事身已经,营营计何误?美玉琢文珪,良金填武库。徒谓自坚贞,安知受砻铸。长丝羁野马,密网罗阴兔。物外各迢迢,谁能远相锢?时来既若飞,祸速当如骛。曩意自未精,此行何所诉。努力去江陵,笑言谁与晤?江花纵可怜,奈非心所慕。石竹逞奸黠,蔓青夸亩数。一种薄地生,浅深何足妒。荷叶水上生,团团水中住。泻水置叶中,君看不相污。默庵云:奇妙之语。

春　晚

半欲天明半未明,醉闻花气睡闻莺。狌儿撼起钟声动,一十年前晓寺情。

艳体诸绝,此为高调。

郑谷十一首(录二首)

十日菊

节去蜂愁蝶不知,晓庭还绕折残枝。自缘今日人心别,未必秋香一夜衰。

刻画中有深意,又不太着色相,故佳。

淮上与友人别

杨子江头杨柳春,杨花愁杀渡江人。数声风笛离亭晚,君向潇湘我向秦。

秦韬玉八首(删)

纪唐夫一首(删)

雍陶一首(删)

刘禹锡十二首(录六首)

钝吟云：再见。又云：不甚取梦得。梦得诗风骨颇高，与此书体例不合故也。

自朗州至京戏赠看花诸君子

钝吟云：托喻亦伤刻薄。此首不过感慨之词。再游诗则有伤忠厚，亦自露浅衷，殊乖诗品。

紫陌红尘拂面来，无人不道看花回。玄都观里桃千树，尽是刘郎去后栽。

杨柳枝词三首(录第二首、第三首)

炀帝行宫汴水滨，数株残柳不胜春。晚来风起花如雪，飞入宫墙不见人。
城外春风吹酒旗，行人挥袂日西时。长安陌上无穷树，惟有垂杨管别离。

竹枝词三首

竹枝体与他诗小别，以不质不文、似谣似谚、天籁自鸣者为佳。此调梦得所开，后人学之终不近。〇大抵多从乐府《子夜》《读曲》等脱出。

城西门前滟滪堆，年年波浪不曾摧。懊恼人心不如石，少时东去复西来。
瞿塘嘈嘈十二滩，此中道路古来难。长恨人心不如水，等闲平地起波澜。
杨柳青青江水平，闻郎江上唱歌声。东边日出西边雨，道是无晴还有晴。
借"晴"为"情"，《读曲歌》体也。

白居易八首(录二首)

钝吟云：再见。又云：此又选小律诗，却甚略。

邯郸至除夜思家

邯郸驿里逢冬至，抱膝灯前影伴身。想得家中夜深坐，还应说著远行人。

格自未高,然善以文言道俗情。○亦是对面写法。

同李十一解元忆元九

集作《同李十一醉忆元九》。"解"字盖"醉"字之讹,又衍一"元"字。

花时同醉破春愁,醉折花枝当酒筹。忽忆故人天际去,计程今日到梁州。住得恰好。

武元衡二首(录一首)

送张谏议赴阙

诏书前日下丹霄,头戴儒冠脱皂貂。笛怨柳营二字俗艳。烟漠漠,云愁江馆雨萧萧。鹓鸿得路争先翥,松桧凌霜贵后凋。秋谷极赏此二句,然以为渔洋一生道不出,则门户之见,无与于诗。归去朝端如有问,玉关门外老班超。

卷　下

卷第六

古律杂歌诗一百首（录三十八首）

钝吟云：此书多以一家压卷。此卷太白后，又有李玉溪。此有微意，读者参之。此似有意，然以太白居第六，又是何意？

李白二十八首（录一十九首）

钝吟云：序言李、杜、元、白，今选太白，不选子美，杜不可选也？杜亦非不可选，但与此书门径不合耳。此语未免听声之见。选李亦只就此书体裁而已，非以去取为工拙也。诸家皆然，不独太白，如此论方是公心。

长干行二首

默庵云：此等诗俱元气所陶冶，未可以大历后诗法论之。

钝吟云：句句有本。此种诗，又不如此论。

妾发初覆额，折花门前剧。郎骑竹马来，绕床弄青梅。同居长干里，两小无嫌猜。十四为君妇，羞颜未尝开。低头向暗壁，千唤不一回。十五始展眉，愿同尘与灰。常存抱柱信，岂上望夫台。十六君远行，瞿塘滟滪堆。五月不可触，猿声天上哀。门前旧行迹，一一生绿苔。苔深不能扫，落叶秋风蚤。八月蝴蝶来，"来"，一作"黄"，"黄"字是。杨升庵有辩。双飞西园草。感此伤妾心，坐见红颜老。兴象之妙，不可言传。此太白独有千古处，其一切豪放之词，犹可以客气伪冒之？蚤晚下三巴，预将书报家。相迎不道远，直至长风沙。

忆妾深闺里,烟尘不曾识。嫁与长干人,沙头候风色。五月南风兴,思君下巴陵。八月西风起,想君发扬子。去来悲如何?见少别离多。湘潭几日到?妾梦越风波。昨夜狂风度,吹折江头树。渺渺暗无边,行人在何处?此真太白语。好乘浮云骢,佳期兰渚东。鸳鸯绿蒲上,翡翠锦屏中。自怜十五余,颜色桃李红。李不可言"红"。当从别本作"如花红"。那作商人妇,愁水复愁风。此首一作李益诗。然益他作不至此。

古风三首(录第一首、第三首)

"古风"二卷,取此三首,不可解。

泣与亲友别,欲语再三咽。勖君青松心,努力保霜雪。世路多险艰,白日欺红颜。分手各千里,去去何时还?

燕赵有秀色,绮楼青云端。眉目艳皎月,一笑倾城欢。常恐碧草晚,坐泣秋风寒。纤手怨玉琴,清晨起长叹。焉得偶君子,共乘双飞鸾?此寓遇合之感,怨而不怒,思而不淫。视义山《无题》诸作,直是神思不同,不但面目有别。

长相思

日色已尽花含烟,月明欲来愁不眠。开口有神。赵瑟初停凤凰柱,蜀琴欲奏鸳鸯弦。此曲有意无人传,节奏天成,不容凑泊。愿随春风寄燕然。忆君迢迢隔青天。昔日横波目,今为流泪泉。不信妾肠断,归来看取明镜前。

乌夜啼

默庵云:此太白本色。此语最是。后人以粗豪学太白,失之远矣。

黄云城边乌欲栖,归飞哑哑枝上啼。机中织锦秦川女,碧纱如烟隔窗语。停梭怅然忆远人,独宿孤一作"空","空"字是。房泪如雨。

不深不浅,妙造自然。

白头吟

　　默庵云：天际鸾吟，非复人间凡响。

　　锦水东流碧，波荡双鸳鸯。雄飞汉宫树，雌弄秦草芳。相如去蜀谒武皇，赤车驷马生辉光。一朝再览《大人》作，万寿当作"乘"。忽欲凌云翔。闻道阿娇失恩宠，千金买赋要君王。相如不忆贫贱日，官高金多聘私室。茂陵姝子皆见求，文君欢爱从此毕。泪如双泉水，行堕紫罗襟。五起鸡三唱，清晨《白头吟》。长吁不整绿云鬟，仰诉青天哀怨深。城崩杞梁妻，谁道土无心？东流不作西归水，落花辞枝羞故林。头上玉燕钗，是妾嫁时物。赠君表相思，罗袖幸时拂。莫卷龙须席，从他生网丝。且留琥珀枕，还有梦来时。一往缠绵，风人本旨，较原诗决绝之言胜之万万矣。此在性情学问，非徒恃仙才。鹔鹴裘在锦屏上，自君一挂无由披。妾有秦楼镜，照心胜照井。愿持照新人，双对可怜影。覆水却收不满杯，相如还谢文君回。古来得意不相负，只今惟有青陵台。本集载此篇曰："锦水东北流，波荡双鸳鸯。雄巢汉宫树，雌弄秦草芳。宁同万死碎绮翼，不忍云间两分张。此时阿娇正娇妒，独坐长门愁日暮。但愿君恩顾妾深，岂惜黄金买词赋？相如作赋得黄金，丈夫好新多异心。一朝将聘茂陵女，文君因赠《白头吟》。东流不作西归水，落花辞条羞故林。兔丝本无情，随风任颠倒。谁使女萝枝，而来强萦抱。两草犹一心，人心不如草。莫卷龙须席，从他生网丝。且留琥珀枕，或有梦来时。覆水再收岂满杯，弃妾一去难重回。古来得意不相负，只今惟见青陵台。"与此迥异。然"此时"四句突出无绪，亦闲文蔓衍。"一朝"二句，出《白头吟》，字太率，当以此本为是。惟"相如还谢文君回"句，不如"弃妾"句之顺，适宜从集本。

大堤曲

　　汉水横襄阳，花开大堤暖。佳期大堤下，泪向南云满。春风复无情，吹我魂梦乱。不见眼中人，天长音信断。

久别离

　　别来几春未还家？玉窗五见樱桃花。况有锦字书，开缄使人嗟。此肠断，本集"此"字上误衍一"至"字,宜从此本。彼心绝。云鬟绿鬓罢梳结,愁如回飙乱白雪。去年寄书报阳台,今年寄书重相催。东风兮东风,为我吹行云使西来。待来竟不来,落花寂寂委青苔。言盛年不再也。语特蕴藉。

宫中行乐三首

本集连下五首,总题曰《宫中行》。案:词八首。题下注曰:奉诏作。

卢橘为秦树,蒲桃出汉宫。烟花宜落日,丝管醉春风。笛奏龙鸣水,箫吟凤下空。君王多乐事,何必向回中? 默庵云:紧结宫中。

寒雪梅中尽,春风柳上归。宫莺娇欲醉,檐燕语还飞。迟日明歌席,新花艳舞衣。晚来移彩仗,行乐好一作"泥"。"泥"去声。光辉。

水渌南薰殿,花红北阙楼。莺歌闻太液,凤吹绕瀛洲。素女鸣珠佩,天人弄彩球。今朝风日好,宜入未央游。

别是天人姿泽。虽了无深意,而使人流连不置。此种惟太白能之,温、李效之,终不近。

紫宫乐五首

默庵云:澄沈、宋而清之,仍是沈、宋之体,但天姿超逸,觉气韵生动耳。"澄"字、"清"字,亦不的。沈、宋原不浓浊。弥见新丽。后人有此丽词,无此鲜色,人人熟诵而光景常新,此种乃以才论,不由学问所成。○真正阴铿,但面目较和缓。阴铿实不及太白。"往往似阴铿",子美一时兴到语耳。

钝吟云:此法庾信、阴铿也。○杜学庾得其老健,李学庾得其清新。○犹带梁陈旧习。梁陈如金碧界画,此如高手写生,设色处具有活趣,钝吟但以字句论耳。

小小生金屋,盈盈在紫微。山花插宝髻,石竹绣罗衣。每出深宫里,常随步辇归。只愁歌舞散,化作彩云飞。结用巫山事,无迹。

玉树春归日,金宫乐事多。后庭朝未入,轻辇夜相过。笑出花间语,娇来烛下歌。莫教明月去,留著醉姮娥。

柳色黄金嫩,梨花白雪香。玉楼巢翡翠,珠殿锁鸳鸯。选妓随雕辇,征歌出洞房。宫中谁第一?飞燕在朝阳。

绣户香风暖,纱窗曙色新。宫花争笑日,池草暗生春。绿树闻歌鸟,青楼见舞人。昭阳桃李月,罗绮自相亲。

今日明光里,还须结伴游。春风开紫殿,天乐下珠楼。艳舞全知巧,娇歌半欲羞。更怜花月夜,宫女笑藏钩。

会别离

此诗元结《箧中集》作孟云卿诗,题曰:"《今别离》,次山选友朋之作。"不应有误。知《才调集》误作太白,又以"今"字近草书"会"字,讹为《会别离》也。

默庵云:绚烂之极,但见平淡。此犹误以为太白作。《箧中集》只取平淡为宗,谓之质而实绮,淡而实腴,则可矣。

结发生别离,相思复相保。五字,一篇之骨。如何日已远?五变庭中草。渺渺天海途,悠悠汉江岛。但恐不出门,出门无远道。道远行寄难,家贫衣复单。严风吹雨雪,晨起鼻何酸?人生各有志,岂不怀所安?分明天上日,生死誓同欢。《箧中集》作"观",是。

相逢行

默庵云:秋月扬辉,云来生彩,岂曰人工?

朝骑五花马,谒帝出银台。秀色谁家子?云车珠箔开。金鞭遥指点,玉勒近迟回。夹毂相借问,知从天上来。邀入青绮门,当歌共衔杯。衔杯映歌扇,似月云中见。相见不得亲,不如不相见。相见情已深,未语可知心。胡为返空闺?孤眠愁锦衾。锦衾与罗帏,缠绵会有时。春风正澹荡,暮雨来何迟?愿因三青鸟,更报长相思。原本此下有:"光景不待人,须臾发成丝。当年失行乐,老去徒伤悲。持此道密意,无令旷佳期。"冯氏注曰:"一本无此六句。"按:此六句实为蛇足,本集亦无之,今从集本。

李商隐四十首(录十首)

义山诗在飞卿上,高处有逼老杜者。选本多不尽所长,此尤选其不佳者。

默庵云:此公诗多不可解。所谓见其诗如见西施,不必知名而后美也。此语似是而非,世无不解而知其工者。二冯但以字句秾丽赏之,实不知其比兴深微,自有根柢。

钝吟云:选玉溪次谪仙后,乃是重他,非以太白压之也。○义山自谓:"杜诗韩文。"王荆公言:"学杜当自义山入。"余初得荆公此论,心谓不然。后读《山谷集》,粗硬槎牙,殊不耐看。始知荆公此言,正以救江西派之病也。若从义山入,便都无此病。义山诗不善学之,亦有浮艳之病,有晦曲之病,有刻薄纤佻之病。○山谷用事琐碎,更甚于昆体。然温、李、杨、刘用事,皆有古法;比物连类,妥贴深稳。山谷疏硬,如食生物未化,如吴人作汉语,读书不熟之病。杨、刘非温、李之比。山谷只求奇太过,非坐读书不熟。○昆体诸人甚有壮伟可敬处,沈、宋不过也。以壮伟论温、李,未是;以壮伟论沈、宋,亦未是。此皆皮相之言。大抵二冯只于字句用工夫,不求作者源本。

齐宫词

钝吟云:咏史俱妙,在不议论。亦有议论而佳者,不以一例概之。大抵要抑扬唱叹,弦外有音,不得作十成死句,如周昙、胡曾一流。

永寿兵来夜不扃,金莲无复印中庭。梁台歌管三更罢,犹自风摇九子铃。

春 雨

此因春雨而感怀,非咏春雨。

怅卧新春白夹衣,白门寥落意多违。下六句从此句生出。红楼隔雨相望冷,珠箔飘灯独自归。远路应怜春畹晚,残宵犹得梦依稀。四句所谓"寥落"。玉珰缄札何由达?此所谓"意多违"。万里云罗一雁飞。

促 漏

促漏遥钟动静闻,报章重叠杳难分。舞鸾镜匣收残黛,睡鸭香炉换夕薰。归去定知还向月,梦来何处更为云?南塘渐暖蒲堪结,两两鸳鸯护水纹。五、六跌宕,七、八对面,结有味。

高廷礼以为深宫怨女之词,于五、六句有碍;姚旅露书以为悼亡之词,于第二句尤未安。只作有怀不遂诗解之,词意为顺。

独居有怀

麝重愁风逼,罗疏畏月侵。怨魂迷恐断,娇喘字不雅。细疑沉。数结芙蓉带,频抽翡翠簪。柔情终未达,集误作"远",从此为是。遥妒已先深。上下转轴。浦冷鸳鸯去,园空蛱蝶寻。蜡花长递泪,筝柱镇移心。觅使嵩云暮,回头灞岸阴。只闻凉叶院,露井近寒砧。

代赠二首(录第一首)

楼上黄昏欲望休,玉梯横绝月如钩。芭蕉不展丁香结,同向春风各自愁。

宫 辞

君恩如水向东流,得宠忧移失宠愁。莫向尊前奏花落,凉风只在殿西头。

水天闲话旧事

钝吟云:此题集本误也。集误入《楚宫》绝句后。

月姊曾逢下彩蟾,默庵云:俱说旧事。倾城消息隔重帘。下俱从此三字生出。

已闻佩响知腰细,更辨弦声觉指纤。暮雨自归山悄悄,秋河不动夜厌厌。王昌且在墙东住,未必金堂得免嫌。不曰及乱,而曰未必免嫌,敦厚之旨。

汉宫词

钝吟云:刺好仙事虚无,而贤才不得志也。露若能医消渴,犹可希冀延年,何不赐相如一杯试之？刺求仙无益也。钝吟此解,上下画为两橛,殊失语妙。○讽刺清婉。

青雀西飞竟未回,君王长在集灵台。侍臣最有相如渴,不赐金茎露一杯。

留赠畏之

本集原注:时将赴职梓潼遇韩朝回三首。

默庵云:是赠同年,所以意深味旨。俗本改作《无题》诗,误甚。改作《无题》固妄,然实是失去赠韩诗二首,又失去此二首之题,误连为一。默庵强为作解,甚谬。程午桥又祖其说,愈用穿凿。此或可因前首"侍女吹笙"句,云代作闺情为戏。第二首"潇湘岸上"之语,与韩何涉？

待得郎来月已低,寒暄不道醉如泥。五更又欲向何处？骑马出门乌夜啼。

离亭赋得折杨柳二首(录第二首)

含烟惹露每依依,万绪千条拂落晖。为报行人休尽折,半留相送半迎归。

第一首太竭情,此方有致。

李涉十五首(录五首)

钝吟云:此君诸篇,亦是太白之余。绝句自佳。

再宿武关

远别秦城万里游,乱山高下出商州。关门不锁寒溪水,一夜潺潺送客愁。

只愁人一夜不眠耳,说来蕴藉。

竹枝词四首

　　荆门滩急水潺潺,两岸猿啼烟满山。渡头年少应官去,月落西陵望不还。

　　巫峡云开神女祠,绿潭红树影参差。不劳当作"下牢"。戍口初相问,无义滩头剩别离。

　　石壁千重树万重,白云斜掩碧芙蓉。昭君溪上年年月,独自婵娟色最浓。

　　十二峰头月欲低,空潆滩上子规啼。孤舟一夜东归客,泣向春风忆建溪。

四首皆梦得之亚,殆欲乱真。此首尤不减《龙标》。

唐彦谦十七首(录四首)

　　钝吟云:此君全法飞卿,时有玉溪之体,皆西昆所祖也。

寄难八

　　钝吟云:"难"姓僻,妄人改为"韩"字,不可从。

　　上巳接寒食,莺花寥落辰。微微泼火雨,草草踏青人。凉似三秋景,清无九陌尘。伯舆同病者,对此合伤神。

春　阴

　　一寸回肠百虑侵,旅愁危涕两争禁。天涯已有销魂别,楼上宁无拥鼻吟。感事不关河里笛,伤心应倍雍门琴。春云更觉愁于我,闲盖低村作暝阴。前六句无一字露"春阴",而句句是"春阴"意境。末二句乃倒点,奇绝。

春　残

　　景为春时短,愁随别夜长。暂棋宁号隐,轻醉不成乡。已是宋人用法。风雨曾通夕,莓苔有众芳。花落则在莓苔上矣。落花如便去,楼上即河梁。

虽未深微,然非俗艳。

小　院

小院无人夜,烟斜月转明。清宵易惆怅,不必有离情。

真情新语,此乃妙于言情。

卷第七

古律杂歌诗一百首(录一十三首)

钝吟云:此卷无压卷,李玉溪已在前也。此等究是强生附会。

李宣古一首(删)

王涣十三首(删)

岑参四首(录三首)

苜蓿峰寄家人

苜蓿峰边逢立春,葫芦河上泪沾巾。闺中只是空相忆,不见沙场愁杀人。

逢入京使

故园东望路漫漫,双袖龙钟泪不干。马上相逢无纸笔,凭君传语报平安。

春　梦

洞房昨夜春风起,遥忆美人湘江水。枕上片时春梦中,行尽江南数千里。

妙语可思,嘉州难得此情致语。

贾曾一首（删）

许浑二十首（录一首）

钝吟云：此人亦堪压卷。《丁卯》诗最俗最涩，所谓许浑诗、李远赋，不如不作。唐人已自厌薄之，不但方虚谷崇尚江西派，始排之也。冯氏喜与江西为难，遂并用晦而庇之，务与相反，不为公论。然调哑，与此书不合。○工夫亦太细。浑诗病在滑调浮声，如马首之络，处处可用。不病于哑，又病于填用熟调，自落窠白。正是工夫粗处，非太细也。○选用晦诗，去取不可解。不可解处不止此，故余谓此书只一时随手排成。

塞下曲

夜战桑干雪，默庵云：集本"雪"作"北"，不如"雪"字佳。若"桑干北"，则塞外矣。○唐时奚界至墨斗岭，今广仁岭也。契丹界白狼河，今老花木伦也。皆距蓟门二百余里。则桑干北，正是塞下，不必改为"雪"字。默庵盖未详考。秦兵半不归。朝来有乡信，犹自寄征衣。

此首却浑健，即"犹是深闺梦里人"意。

油蔚一首（删）

张祜六首（删）

来鹏二首（删）

施肩吾四首（删）

刘得仁一首（删）

高骈四首(删)

李端一首(删)

赵嘏十一首(录三首)

长安秋望

云物凄清拂曙流,_{默庵云：秋。}汉家宫阙动高秋。_{默庵云：长安。}残星几点雁横塞,长笛一声人倚楼。_{默庵云：望。}紫艳半开篱菊静,红衣落尽渚莲愁。鲈鱼正美不归去,空戴南冠学楚囚。

前四句长安秋望之景,后四句长安秋望之感。

汾上宴别

默庵云：松美紧峭,佳处在此四字。薄处狭处,亦在此四字。四十字备之。

云物如故乡,山川知异路。年来未归客,马上春色暮。一尊花下酒,残日水西树。不待管弦终,摇鞭背花去。

曲江春望怀江南故人

杜若洲边人未归,_{通首从此句生出。}水寒烟暖想柴扉。_{默庵云：春怀。}故园何处风吹柳,一雁南来雪满衣。_{暗入,怀人无迹。}目极思随原草遍,_{默庵云：春望怀人。}浪高书到海门稀。_{默庵云：江南。}此时愁望情多少,_{默庵云：望。}万里春流绕钓矶。_{默庵云：春怀江南。}

朱绛一首(删)

姚伦一首(删)

刘方平二首(录一首)

秋夜泛舟

林塘夜泛舟,虫响荻飕飕。万影皆因月,千声各为秋。三、四清脱,然前人浑厚之气至此变尽矣。○或谓"千声"顶第二句,"万影"似乎落空,亦是未密处。然泛舟夜游必是月夜,此二句盖分顶也。岁华空复晚,乡思不堪愁。西北浮云外,伊川何处流?

陈羽一首(删)

薛能三首(删)

李郢一首(删)

薛逢二首(录一首)

汉武宫词

武帝清斋夜筑坛,自斟明水醮仙官。殿前童女移香案,庭际金人捧露盘。绛节有时还入梦,碧桃何处更骖鸾?茂陵烟雨埋冠剑,石马无声蔓草寒。

意亦犹人,语自沉着。

崔涂一首(删)

项斯一首(删)

崔峒一首(删)

李宣远一首

塞下作

秋日并州路,黄榆落故关。孤城吹角罢,数骑射雕还。三、四黯淡,如在目前。帐幕遥临水,牛羊自下山。征人正垂泪,烽火起云间。

陶翰二首(删)

温宪三首(录一首)

春 鸠

村南微雨新,平绿净无尘。散睡桑条暖,闲鸣屋脊春。远闻和晓梦,相应在诸邻。行乐花时节,追飞见亦频。

多用烘染之笔。

李频六首(删)

王驾一首

古 意

夫戍萧关妾在吴,西风吹妾妾忧夫。一行书信千行泪,寒到君边衣到无?

淡语浑成。

于鹄三首(录一首)

送客游塞

若到并州北,谁人不忆家?斗入有力,运格甚别。塞深无去伴,路尽有平沙。碛冷惟逢雁,天春不见花。莫随边将意,垂老事轻车。

徐寅一首(删)

卷第八

古律杂歌诗一百首(录二十六首)

罗隐十七首(录七首)

偶 怀

集作《中元甲子以辛丑驾幸蜀四首》,此其第四首。《全唐诗》注曰:第四首,一本题曰《偶怀》,盖即指此。疑韦氏讳而改之。

白丁攘臂犯长安,翠辇苍黄路屈盘。丹凤有怀云外远,此"丹凤"指丹凤阙。玉龙无主渡头寒。此用玉龙子事。静思贵族谋身易,危惜文皇创业难。不将不侯何计是?七句从五、六生下。钓鱼船上泪阑干。

桃 花

本集注曰:一作《杏花》。

暖触衣襟漠漠香,间梅梅与桃花不相见。遮柳不胜芳。数枝艳拂文君酒,半里红歆宋玉墙。此句胜于出句。盖"红歆"含得"窥"字意,"艳拂"与"文君酒"不连。尽日无人疑怨望,有时经雨乍凄凉。旧山山下还如此,回首东风一断肠。

中元夜泊淮口

木叶迎飙水面平,偶停孤棹已三更。秋凉雾露侵灯下,夜静鱼龙逼岸行。二句状出清寒萧寂之景。欹枕正牵题柱思,此句嫌笨。隔楼谁转绕梁声?锦帆天子狂魂魄,默庵云:淮口结。应过扬州看月明。默庵云:中元。○结有所刺。

登夏州城楼

钝吟云：并不椎琢，慷慨可爱。○夏州在边，故云"万里山川唐土地"。是赫连勃勃所都，故云"千年魂魄晋英雄"。

寒城猎猎戍旗风，默庵云：城。独倚危阑怅望中。默庵云：登楼。万里山川唐土地，千年魂魄晋英雄。默庵云：从"怅望"落下。离心不忍听边马，往事应须问塞鸿。好脱儒冠从校尉，一枝长戟六钧弓。

绵谷回寄蔡氏昆仲

本集作《魏城逢故人》，与诗意不相应，似误。

一年两度锦城游，默庵云：绵谷回。前值东风后值秋。芳草有情皆碍马，好云无处不遮楼。山将别恨和心断，水带离声入梦流。今日不堪回首望，淡烟乔木隔绵州。后四句寄蔡氏昆仲。○情韵绝佳。

忆夏口

默庵云：八句俱洗"忆"字。

汉江渡口兰为舟，汉江城下多酒楼。夏口。芳年不得尽一醉，别梦有时还重游。忆。襟带可怜吞楚塞，默庵云：夏口。风烟只好去声。狎江鸥。忆。月明更想曾行处，着一"更"字，便令上六句俱有"忆"字。吹笛桥边木叶秋。

金陵夜泊

冷烟轻淡一作"霭"。傍衰丛，此夕秦淮驻断蓬。默庵云：金陵夜泊。栖雁远惊沽酒火，乱鸦高避落帆风。地销王气波声急，山带秋阴树影空。六代精灵人不见，思量应在月明中。默庵云：夜。

李颀一首(删)

崔颢一首

黄鹤楼

钝吟云：气势阔宕。二字确评。"宕"字尤妙。

昔人已乘白云去，"白云"，应从别本作"黄鹤"。此地空余黄鹤楼。黄鹤一去不复返，白云千载空悠悠。晴川历历汉阳树，春草萋萋鹦鹉洲。日暮乡关何处是？烟波江上使人愁。

气势自是巨手，必以为唐人七律第一，则明人主持之过。诗不宜如此论。

于武陵九首(录一首)

劝 酒

劝君金屈卮，满酌不须辞。花发多风雨，人生足别离。

即杜《秋歌》意。

李涉一首(删)

戎昱四首(录三首)

中秋感怀

八月更漏长，愁人起常早。闭门寂无事，满院生秋草。昨宵北窗梦，梦入荆南道。远客归去来，在家贫亦好。默庵云：感怀结。

闻 笛

入夜思归切，先着此句好。笛声寒更哀。愁人不愿听，自到枕前来。默庵云：

闻。风起塞云断,夜深关月开。平明独惆怅,默庵云:紧结入夜。飞尽一庭梅。

客堂秋夕

隔窗萤影灭复流,北风微雨虚堂秋。虫声竟夜默庵云:秋。引乡泪,默庵云:客。蟋蟀秋。何自知人愁?客。四时不得一日乐,以此方知客游恶。客。寂寂江城无所闻,梧桐叶上偏萧索。默庵云:秋夕。

韩琮六首(录一首)

暮春浐水送别

绿暗红稀出凤城,暮云楼阁古今情。行人莫听宫前水,流尽年光是此声。

李德裕一首(删)

高蟾二首(删)

高适二首(录一首)

封丘作

我本渔樵孟诸野,一生自是悠悠者。乍可狂歌草泽中,宁堪作吏风尘下。只言小邑无所为,公门百事皆有期。有顿挫便不径直。歌行最忌剽而不留,平而不振。拜迎官长心欲破,鞭挞黎庶令人悲。悲来向家问妻子,举家尽笑今如此。生事应须南亩田,世情付与东流水。四句跌宕有力,转折无痕。梦想旧山安在哉?回应起句,完密。为衔君命日迟回。乃知梅福徒为尔,转忆陶潜归去来。

朱庆馀一首(删)

曹松三首(删)

钱起一首

阙下赠裴舍人

春城紫陌晓阴阴,二月黄鹂飞上林。兴也。○本集"二月"句在"春城"句前,觉有兴象。盖后人以失粘改之,唐人原不忌失粘。长乐钟声花外尽,钝吟云:名句。龙池柳色雨中深。阙下。阳和不散穷途恨,霄汉长悬捧日心。献赋十年犹未遇,羞将白发对华簪。赠裴舍人。

罗邺九首(录一首)

芳 草

废苑墙南残雨中,似袍颜色正蒙茸。微香暗惹游人步,远绿才分斗雉踪。三楚渡头长恨见,五侯门外却难逢。年年纵有春风便,马迹车轮一万重。

所录邺诗多粗俗,此首差可。前四句虽卑,后四句自沉着。

章碣一首(删)

王昌龄三首(录二首)

长信愁

本集作《长信秋词》。

奉帚平明秋殿开,默庵云:"秋"字映带"团扇",妙极。《品汇》改作"金",可笑。殿开,且将团扇共徘徊。玉颜不及寒鸦色,犹带昭阳日影来。

闺 怨

闺中少妇不曾愁,春日凝妆上翠楼。忽见陌头杨柳色,悔教夫婿觅封侯。

李嘉祐四首(录一首)

赠别严士元

春风倚棹阖闾城,水国春寒阴复晴。细雨湿衣看不见,闲花落地听无声。日斜江上孤帆影,草绿湖南万里情。东道倘逢相识问,青袍今已误儒生。

> 虽涉平调尚不庸肤。中唐人诗,清婉中自有雅致。近时流派,有独标神韵为宗者,名为宗法盛唐,实与大历十子之类气息相通。盖大历追盛唐而不及,故规模虽在,而深厚不及。开元神韵一派,亦追盛唐而不及,故涵咏既深,而气格遂成大历。所谓取法乎上,仅得乎中也。若徒依傍门墙,求盛唐于近人之剩馥,吾不知其流入何等矣!

郑准四首(删)

祖咏一首

七 夕

> 此题最为尘劫,寓情则肤,翻案则腐。古人俱已道完,今更无着手处。如此之类,惟应以不作为高。
>
> 钝吟云:古甚。古在气味,不以貌求。

闺女求天女,更阑意未阑。玉庭开粉席,罗袖捧金盘。向月穿针易,临风整线难。不知谁得巧?明旦试相看。原作"试看看",考《全唐诗》改。

吉师老四首(删)

卢弼七首(录四首)

答李秀才边庭四时怨

> 七律三首殊靡靡。此四首,居然开、宝之音。

春

春风昨夜到榆关,故国烟花想已残。此即张敬忠"即今河畔冰开日,正是长安花落时"意。别本"春风"作"春衣",非。且碍第二首语意。少妇不知归未得,朝朝应上望夫山。

夏

卢龙塞外草初肥,乳雁平芜晓不飞。乡国近来音信断,至今犹自着寒衣。

秋

八月霜飞柳变黄,蓬根吹断雁南翔。陇头流水关山月,泣上龙堆望故乡。

冬

朔风吹雪透刀瘢,饮马长城窟更寒。半夜火来知有敌,一时齐保贺兰山。

后二首尤胜前二首。

窦巩一首(删)

韩偓五首(录一首)

寄邻庄道侣

闻说经旬不启关,药窗谁伴醉开颜?夜来雪压前村竹,剩见溪南数尺山。言不见其人也。

杜荀鹤八首(录一首)

春宫怨

默庵云:奇妙在落句,得力在颔联。

早被婵娟误,欲妆临镜慵。承恩不在貌,教妾若为容。默庵云:怨。风暖鸟声碎,日高花影重。默庵云:春宫。年年越溪女,相忆采芙蓉。

张乔二首(删)

崔鲁一首(删)

卷第九

古律杂歌诗一百首(录十九首)

刘商一首(删)

长孙佐辅二首(删)

朱放二首(录一首)

江上送别

浦边新见柳摇时，北客相逢只自悲。惆怅空知思后会，艰难不敢料前期。行看汉月愁征战，共折江花怨别离。向夕孤城分首处，寂寥横笛为君吹。

王表二首(删)

张安石二首(删)

张谔一首

还　京

一作《广陵送别宋员外佐越、郑舍人还京》。以诗语考之，良是。盖

《才调集》脱误也。

朱绂临秦望,宋员外佐越。皇华赴洛桥。郑舍人还京。文章南渡越,书奏北归朝。二句分承。树入江云尽,城衔海月遥。钝吟云:名句。○广陵。秋风将客思,川上晚萧萧。送。

于溃三首(删)

胡曾九首(删)

李群玉二首(删)

顾非熊一首

秋日陕州道中作

孤客秋风里,驱车出陕西。关河午时路,村落一声鸡。树势标秦远,天形到岳低。谁知我名姓？来往自栖栖。

袁不约二首(删)

吴商皓八首(录一首)

秋塘晓望

钟尽疏桐散曙鸦,晓。故山烟树隔天涯。望。西风一夜秋塘晓,零落几多红藕花。秋塘。

梁锽一首(删)

贺知章一首(删)

此诗运意遣词与开、宝时人皆不类,颇疑非季真作。刘采春女唱此诗事,殆当时好事者饰之,韦氏不察也。又《折杨柳》虽乐府旧题,而翻为《柳枝》则盛于中唐刘、白。季真时未有此名,韦氏题曰《柳枝词》亦误。

张蠙四首(录二首)

钱塘夜宴留别郡守

四方骚动一州安,夜列樽罍伴客欢。觱栗调高山阁迥,虾蟆更促海城寒。用语道健,晚唐所难。屏间佩响藏歌妓,幕外刀光立从官。二句欠工夫。沉醉不愁归棹远,晓风吹上子陵滩。结亦脱洒。

长安春望

明时不敢卧烟霞,又见秦城换物华。默庵云:题。残雪未消双凤阙,新春已发五侯家。甘贫只拟长缄酒,忍病犹期强采花。故国别来桑柘尽,十年兵践海西涯。

刘象七首(录三首)

早春池亭独游三首

春意送残腊,春情融小洲。蒲茸才簇岸,柳颊已遮楼。便有杯觞兴,可摅羁旅愁。凫鹥亦相狎,尽日戏清流。此首以凫鹥相狎,暗点独游。

清流环绿筱,蝉联而下,是子建《赠白马王》格。清景媚虹桥。莺刷初迁羽,莎拳拟拆苗。细砂摧暖岸,淑景动和飙。倍忆同袍侣,相欢倒一瓢。此首以"倍忆同袍",明点独游。

一瓢欢自足,一日兴偏多。幽意人先赏,疏丛蝶未过。知音新句苦,窥沼醉颜酡。万虑从相拟,今朝欲奈何?此首畅所独游之意。

三首皆略近武功,然闲雅无粗俗之气,则非武功所及。

戴司颜二首(删)

沈彬一首(删)

李贺一首(删)

严维一首

秋夜船行

扁舟时属暝,月上有余辉。海燕燕不夜飞,应是"雁"字之讹。秋还去,渔人夜不归。中流何寂寂,孤棹也依依。一点前村火,谁家未掩扉。

韩翃一首

寒 食

春城无处不飞花,原作"开花",考本集改。"飞"字活,"开"字死。寒食东风御柳斜。日暮汉宫传蜡烛,青烟散入五侯家。

言外寓贫贱之感,与龙标"昨夜风开露井桃"一首,同一运意。

熊皎一首(删)

张乔三首(录一首)

送友人归宜春

落花兼柳絮,无处不纷纷。起笔有兴象。远道空归去,观末句"秋期更送"及此句"空"字,其友盖下第而归。流莺独自闻。野桥喧碓水,山郭入楼云。故里南陵曲,秋期更送君。

陈陶一首（删）

张谓一首

杜侍御送贡物戏赠

铜柱朱崖道路难,伏波横海旧登坛。越人自贡珊瑚树,汉使何劳獬豸冠？疲马山中愁日晚,孤舟江上畏春寒。由来此货称难得,多恐君王不忍看。

题有"戏"字,故不嫌直遂。

郑常一首

寄常逸人

羡君无外事,日与世情违。默庵云:逸。地僻人难到,溪深鸟自飞。对法好。儒衣荷叶老,野饭药苗肥。默庵云:逸人。畴昔江湖意,而今忆共归。默庵云:寄字结,又不脱逸人。

崔峒一首（删）

李洞一首（删）

李端一首

巫山高

《巫山高》本汉铙歌曲,齐梁变为五言;唐人谐以声律,遂专用以咏神女,非其本也。其他如《骢马行》《关山月》等,率皆此例。虽乖拟始之意,亦可见乐府失传,古人已不袭其貌,个人无事效颦。

默庵云:四十字,累累如贯珠,泠泠如叩玉;初澄开、宝而紧之,诗体如是。"紧"字最确,然边幅少狭亦在此。此自时会使然,究是不及开、宝处。以为诗体如是,则所见陋矣。

巫山十二重,皆在碧虚中。回合云藏日,霏微雨带风。用"云""雨"事,字无痕。猿声寒过涧,树色暮连空。愁向高唐去,清秋见楚宫。

江为一首(删)

裴度一首

中书即事

钝吟云:气貌宏厚,真大人君子之文。

有意效承平,无功益圣明。默庵云:非中书不称。灰心缘忍事,霜鬓为论兵。道直身还在,恩深命转轻。盐梅非拟议,葵藿是平生。白日长悬照,苍蝇谩发声。默庵云:即事。○此句终嫌露骨。嵩阳旧田地,终使谢归耕。

此等诗直是气象不同,不以文字论。

陈上美一首(删)

姚合七首(删)

杨牢一首(删)

王昌龄二首(录一首)

塞上行

秦时明月汉时关,默庵云:大约边塞之截然为两界限,实始于秦,则塞上之月可称秦时矣。原无深意,何不可解?万里长征人未还。但使龙城飞将在,不教胡马度阴山。

明人以为唐绝第一,亦未见必然。

于鹄二首(删)

陈羽一首(删)

僧贯休三首(录一首)

夜夜曲

蟋蟀切切风骚骚,芙蓉喷香蟾蜍高。孤灯耿耿征妇劳,更深扑落金错刀。

僧尚颜二首(删)

僧护国一首(删)

僧栖白二首(删)

僧无可二首(删)

僧清江一首(删)

僧法照一首(删)

僧太易二首(删)

僧惟审一首(删)

僧沧浩一首(删)

僧皎然二首（录一首）

钝吟云：大手自然不同。唐诗僧以齐己为第一。皎然名虽过之，实不及也。推为大手，似未细看《白莲集》。

酬崔御史见赠

买得东山后，逢君小隐时。五湖游未足，柏树迹如遗。"五湖""柏树"，借对法。儒服何妨道，禅心不废诗。一从居士说，长破小乘疑。

清而不薄。○已开宋格。

僧无本二首（删）

卷第十

古律杂歌诗一百首（录六首）

张夫人二首（删）

刘媛一首（删）

女道士李冶九首（录二首）

唐女子诗，无出季兰右者，高处欲出大历上。

送阎伯均往江州

一作《送韩揆之江西》。

相招折杨柳，一作"相看指杨柳"，较胜此句。别恨转依依。万里西江水，孤舟何处归？湓城潮不到，夏口信应稀。唯有随阳雁，年年来去飞。

送阎二十六赴剡县

流水阊门外，孤舟日复西。离情遍芳草，无处不凄凄。妾梦经吴苑，君行到剡溪。归来重相访，莫学阮郎迷。

刘云一首（删）

鲍君徽一首（删）

崔仲容二首（删）

张文姬二首（录一首）

原注：鲍参军妻。

溪口云

溶溶溪口云，才向溪中吐。不复归溪中，还作溪中雨。
妙造自然。

女道士元淳二首（删）

蒋蕴二首（删）

崔公远一首（删）

女道士鱼玄机九首（删）

张窈窕二首(删)

张琰二首(删)

赵氏二首(删)

程长文三首(删)

梁琼三首(删)

廉氏二首(删)

薛涛三首(录一首)

送友人

水国蒹葭夜有霜,默庵云:名句。月寒山色共苍苍。谁言千里自今夕？离梦杳如关路长。

姚月华二首(删)

裴羽仙二首(删)

刘瑶三首(删)

常浩二首(删)

葛鸦儿一首(删)

薛媛一首（删）

盼盼一首（删）

崔莺莺一首（删）

无名氏三十七首（录二首）

三五七言诗

此首吴氏钞本在第二卷，题曰《秋思》。

秋风清，秋月明。落叶聚还散，寒鸦栖复惊。相思相见知何日，此时此夜难为情。

杂诗十首（录第五首）

无定河边暮角声，赫连台畔旅人情。函关归路千余里，一夕秋风白发生。

此首独为高调，余皆靡靡之音。

《律髓》之诗，大历以后之诗法也。大略有是题，即有是诗。起伏照映，不差毫发。大历以前，则如元气之化生，赋物成形而已。自然化生之中，亦有不差毫发处。但无雕镂钩带痕耳，卤莽者不得借口。今人初不知文章之法，谓诗可作八句读。或一首取一句，或一句取一二字，互相神圣，岂不可哀！此真切中膏肓语。此处一差，愈工愈谬。曾读《律髓》，以此法读之，今纯以此法读此诗，信笔书此。钝吟老人识。

删正方虚谷瀛奎律髓

〔元〕方回 撰
〔清〕纪昀 删正

编校说明

《删正方虚谷瀛奎律髓》以镜烟堂本为底本,以李庆甲《瀛奎律髓汇评》(上海古籍出版社1986年版)为参校本。

原　序

"瀛"者何？十八学士登瀛洲也。"奎"者何？五星聚奎也。"律"者何？五、七言之近体也。"髓"者何？非得皮得骨之谓也。斯登也，斯聚也，而后八代、五季之文弊革也。文之精者为诗，诗之精者为律。此语未是，古体岂诗之粗者？所选，诗格也。所注，诗话也。学者求之髓，由是可得也。方回者谁？家于歙，尝守睦，其字万里也。

至元癸未良月旦日，紫阳虚谷居士方回撰

卷 一

登览类

五言二十首(录九首)

度荆门望楚

陈子昂

遥遥去巫峡,望望下章台。巴国山川尽,荆门烟雾开。连用四地名不觉堆垛,笔力足以运之也;亦由"度"字、"望"字叙得分明,使境界有虚实远近。城分苍野外,树断白云隈。今日狂歌客,谁知入楚来。

陈拾遗子昂,唐之诗祖也。不但《感遇》诗三十八首为古体之祖,其律诗亦近体之祖。律体虽成于沈、宋,而绵密居多。变而遒上,拾遗实有振起之功。此论有见。

临洞庭湖

孟浩然

本集作《望洞庭湖赠张相公》,此题盖后人所删,遂使后四句无着。

八月湖水平,涵虚混太清。气蒸云梦泽,波撼岳阳城。四句望洞庭湖。欲济无舟楫,端居耻圣明。坐看垂钓者,徒有羡鱼情。四句赠张相公,只以望洞庭湖托意,不露干乞之痕。

登岳阳楼

杜工部

昔闻洞庭水,今上岳阳楼。吴楚东南坼,乾坤日夜浮。亲朋无一字,老病有孤舟。戎马关山北,凭轩涕泗流。冯氏曰:因登楼而望洞庭,乃云"昔闻洞庭水,今上岳阳楼",是倒入法。三、四乃目之所见,此时心之所思已不在岳阳矣,故直接"亲朋""老病"云云。落句总收上七句,笔力千钧。

中两联,前言景,后言情,乃诗之一体也。天水渺茫,孤身徙倚,百端交集,触目伤怀。"亲朋"二句即从上二句生出,非截然言景言情,如晚唐定法也。此说未是,冯氏说乃得之。

凡圈处是句中眼。原本圈"坼"字、"浮"字。炼字是诗家一法,专标此种为极,则遂开竟陵纤仄之宗。

登牛头山亭子

杜工部

路出双林上,亭窥万井中。江城孤照日,山谷远含风。兵革身将老,关河信不通。犹残数行泪,忍对百花丛。"忍"字作"强忍"解,"犹残"二字紧承上二句来,言如此乱离,泪已洒尽,此时惟剩数行强忍不下耳。用笔曲折之至。冯氏作"不忍"解,神味减矣。

牛头山在梓州郪县西南二里,高一里,《寰宇记》谓楼阁烟花为一方之冠。

秋登宣城谢朓北楼

李太白

江城如画里,山晓望晴空。两水夹明镜,双桥落彩虹。人烟寒橘柚,秋色老梧桐。谁念北楼上,临风忆谢公。

此诗起句似晚唐,晚唐无此自然脱洒。中二联言景而豪壮,此种自由气韵不同,不但取其豪壮。嘉隆七子仅有豪壮之词。则晚唐所无也。

胜果寺
僧处默

路自中峰上,盘回出薜萝。通首皆凭高望远之景。二句乃一篇之诗眼。到江吴地尽,隔岸越山多。古木蘙青霭,遥天浸白波。下方城郭近,钟磬杂笙歌。冯氏曰:落句与承吉《金山寺》诗同格,而语意转胜。

　　寺在钱塘,故有"吴地""越山"之联。或以田庄牙人讥之,似不害写物之妙。宋人诗话,多有刻意求瑕,迂曲鲜通处。此论最公。后山缩为一句"吴越到江分",高矣。譬之"共君一夜话,胜读十年书",山谷缩为一句曰"话胜十年书"是也。因书诸此,以见诗法之无穷。

登快哉亭
陈后山

城与清江曲,泉流乱石间。夕阳初隐地,暮霭已依山。"依"字欠工夫,不如用李义山诗作"沉"字。度鸟欲何向,奔云亦自闲。登临兴不尽,稚子故须还。

　　亭在徐州城东南隅提刑废廨。熙宁末,李邦直持宪节,构亭城隅之上,郡守苏子瞻名曰"快哉",唐人薛能阳春亭故址也。子由时在彭城,亦同邦直赋诗。任渊注此诗,谓亭在黄州,不知此诗属何处,盖川人不见中原图志。予读《贺铸集》,得其说。任渊所谓亭在黄州者,乃东坡为清河张梦得命名,子由作记,非徐州之快哉亭也。予选此诗,惧学者读处默、张祜诗,知工巧而不知超悟,如"度鸟""奔云"之句,有无穷之味。全篇劲健清瘦,尾句尤幽邃。尾句却有做作态,不为佳处。

渡　江

陈简斋

江南非不好,楚客自生哀。摇楫天平渡,迎人树欲来。雨余吴岫立,日照海门开。虽异中原险,方隅亦壮哉。末二句恨其形势尚可为,而几不能守也,正应起二句。冯氏诘其不见"生哀"意,非。

此谓渡浙江也。简斋绍兴初避地广南,赴召出闽入越。行在时寓会稽过钱塘。

登多景楼

晁君成

楼上无穷景,楼前正落晖。开轩跨寥廓,览物极纤微。冯氏曰:日光照耀,往往不能极目,落日时则纤悉俱见矣。二句承"落晖"来,故妙。云被孤峰出,潮平两桨飞。东溟看月上,西渡认僧归。木落吴天远,江寒越舶稀。鱼龙邻海窟,鸡犬隔淮圻。冯氏曰:全是乐天江州诸诗,目之所见,则成一联,似乎语无伦次,不知题是"多景楼"故也。草色迷千古,波声荡四围。此下原本有"废兴怀霸业,融结想天机。浩浩群流会,沉沉百怪依"四句。冯氏讥其笨,良是。且"草色"二句已包此意,不必更衍,删去觉更道紧。元结选《箧中集》有此例。登临真伟观,回首重歔欷。

七言二十首（录十首）

登黄鹤楼

崔颢

昔人已乘黄鹤去,此地空余黄鹤楼。黄鹤一去不复返,白云千载空悠悠。晴川历历汉阳树,芳草萋萋鹦鹉洲。日暮乡关何处是?烟波江上使人愁。

此诗前四句不拘对偶,气势雄大。偶尔得之,自成绝调。然不可无一,不可有二。再一临摹,即成窠臼。

登 楼

杜工部

花近高楼伤客心,万方多难此登临。锦江春色来天地,玉垒浮云变古今。北极朝廷终不改,西山寇盗莫相侵。可怜后主还祠庙,日暮聊为《梁甫吟》。冯氏曰:后六句皆从第二句生出。

"锦江""玉垒"一联,景中寓情,后联却明说破。道理如此,岂徒模写江山而已哉?模写江山,古人不废。专于点缀风光,流连物色,毫无真意以贯之,遂为马首之络,而风斯下矣。剽窃盛唐者多有此病。

阁 夜

杜工部

岁暮阴阳催短景,天涯霜雪霁寒宵。五更鼓角声悲壮,三峡星河影动摇。此二句只写现景,宋人诗话穿凿可笑。野哭千家闻战伐,夷歌几处起渔樵?卧龙跃马终黄土,人事音书漫寂寥。前六句凌跨一切,末二句费解。凡费解即非第一等诗。

登大茅山顶

王介甫

一峰高出众山巅,疑隔尘沙道里千。俯视云烟来不极,仰攀萝茑去无前。四句"登"字、"顶"字,俱写得出。人间已换嘉平帝,地下谁通句曲天?陈迹是非今草莽,纷纷流俗尚师仙。四句切茅山生情,方非浮响。宋人以议论为诗,渐流粗犷,故冯氏有史论之讥。然古人亦不废议论,但不太着相耳。此诗纯以指点出之,尚不至于史论。

建康句容县茅山,初名句曲山,象形也。汉时三茅君来居,曰茅盈、茅固、茅衷,俱得道。先是秦始皇三十一年,更名腊曰"嘉平",《史》注引《太原真人茅盈内纪》,谓:"始皇帝三十一年九月庚子,盈曾祖父蒙,乃于华山之中,乘云驾龙,白日升天。先是其邑谣歌曰:'神仙得者茅初成,驾龙上升入泰清。时下玄洲戏赤城,继世而往在我盈。帝若学之腊嘉平。'"此段原本讹脱,今据《史记集解》校正。故始皇改是名。介甫此诗不信神仙之说,故有后四句。

平山堂

王介甫

城北横冈走翠虬,一堂高视两三州。雁湖注曰:谓扬州、润州、真州也。淮岑日对朱栏出,江岫云齐碧瓦浮。墟落耕桑公恺悌,杯觞谈笑客风流。不知岘首登临处,壮观当时有此不?"壮观",原本作"谁睹",从本集改。末二句词意并竭,调亦微滑。

庆历八年二月,欧公以起居舍人知制诰守扬州,作是堂于蜀冈之大明寺,江南诸山拱列檐下,故名曰"平山堂"。"淮岑""江岫"皆言山也;"日出对朱栏""云浮齐碧瓦",则所谓平山,而"堂"字又在其中也,其精如此。五、六亦闲雅。

陪润州裴如晦学士游金山回作

杨公济

试上蓬莱第几洲?长云漠漠鸟飞愁。"鸟飞愁"言江之阔远,鸟飞尚愁不度耳。海山乱点当轩出,江水中分绕槛流。天远楼台横北固,夜深灯火见扬州。随手带起,"回"字无痕。回船却望金陵月,独倚牙旗坐浪头。"游"字、"回"字俱分明,语亦道上,惟陪裴学士意未周到。

前辈诗话或讥此五、六为庄宅牙人语,其实自是佳句。公济"灯火见扬州",介甫"沙岸似西兴",细味公济尤胜,尤切题,非外来也。

甘露上方

杨公济

沧江万景对朱栏,白鸟群飞去复还。云捧楼台出天上,风飘钟磬落人间。二句与韩偓《中秋禁直》诗略同,而意境迥别。银河倒泻分双月,锦水西来转几山?今古冥冥难借问,且持玉爵破愁颜。冯氏讥"玉爵"字太苛,诗不宜如此。论杜公"酒尽沙头双玉瓶",亦非实事。

欧阳公有云:"卧读杨蟠一千首,乞渠秋月与春风。"公济诗葩藻流丽,与王平甫相似。"云捧楼台出天上",佳句也,下句亦称。下句自然,胜上句。

和寇十一晚登白门

陈后山

重门杰观屹相望,表里山河自一方。登白门。小市张灯归意动,轻衫当户晚风长。清出"晚"字。孤臣白首逢新政,游子青春见故乡。二句措语深至,诗人之笔。富贵本非吾辈事,江湖安得便相忘。冯氏曰:"相望""相忘",太犯。

白门在徐州,亦曰白下,地近狭邪。寇国宝,后山乡人,屡引白下事戏之。"小市""轻衫"之句,亦所以寓戏也。元符庚辰三月,以徽庙登极,湔涤南迁诸人,故有云"白首逢新政"。词意深婉,岂徒诗而已哉?如许浑《登凌歊台》"湘潭云净莫山出,巴蜀雪消春水来",不过砌叠形模;而晚唐家以为句法,今不敢取。盖老杜自有此等句,但不如是之太偶而不活耳。许浑诗体卑而味短,虚谷排之最公。冯氏以门户之见曲庇之,至以浑比金而黄、陈比铁,其乖谬殆不足辩。

登岳阳楼

陈简斋

洞庭之东江水西,帘旌不动夕阳迟。"帘旌不动"乃楼上闲寂之景。冯氏以为上下不接,非是。登临吴蜀横分地,徙倚湖山欲暮时。万里来游还望远,三年多难更凭危。白头吊古风霜里,老木沧波无限悲。意境宏深,直逼工部。

简斋《登岳阳楼》凡三诗,又有《巴丘书事》一诗,皆悲壮激烈。如:"晚木声酣洞庭野,晴天影抱岳阳楼。四年风露侵游子,十月江湖吐乱洲。"又如:"乾坤万事集双鬓,臣子一谪今五年。"近逼山谷,远诣老杜。今全取此首,乃建炎中避地时诗也。白乐天有此楼诗云:"春岸绿时连梦泽,夕波红处近长安。"下一句好,上一句涉妆点。上一句亦不装点,冯氏驳之最是。

过扬子江

杨诚斋

只有清霜冻太空,更无半点荻花风。天开云雾东南碧,日射波涛上下红。千古英雄鸿去外,六朝形胜雪晴中。二句极雄阔,冯氏抹之,未喻其故。携瓶自汲江心水,要试煎茶第一功。二句言人代不留,江山空在,悟纷纷扰扰之无益,且汲水煎茶,领略现在耳。承上二句说下,用意颇深。而出语近率□,读之似不相接。押"功"字亦欠稳,故为冯氏讥。

杨诚斋诗,一官一集,每一集必一变。此《朝天续集》诗也。其子长孺举似于范石湖、尤梁溪,二公以为诚斋诗又变,而诚斋谓不自知。诗不变不进。此本二诗,今选其一。中两联俱爽快,且诗格尤高。

朝省类

五言十四首（录二首）

酬苏味道夏晚寓直省中

沈佺期

并命登仙阁，通宵直礼闱。大官供宿膳，侍史护朝衣。卷幔天河入，开窗月露微。小池残暑退，高树早凉归。冠剑无时释，轩车待漏飞。明朝题汉柱，三署有光辉。

寄左省杜拾遗

岑参

联步趋丹陛，分曹限紫薇。晓随天仗入，暮惹御香归。二句写出旅进旅退之状，语浅意深。白发悲花落，青云羡鸟飞。圣朝无阙事，自觉谏书稀。五、六句托意深微，末二句语尤婉至。圣朝既以为无阙，则谏书不得不稀矣。非颂语，乃愤语也。或乃缕陈天宝阙事驳此句，殆不足与言诗。

岑参为右补阙，属中书省，故云"分曹限紫薇"。

七言二十四首（录三首）

紫宸殿退朝口号

杜工部

户外昭容紫袖垂，双瞻御座引朝仪。香飘合殿春风转，花覆千官淑景移。情景宛然，远胜"旌旗日暖"十四字。昼漏稀闻高阁报，天颜有喜近臣知。宫中每出归东省，会送夔龙集凤池。

中秋禁直

韩致光

"光"当作"尧"。

星斗疏明禁漏残,紫泥封后独凭阑。露和玉屑金盘冷,月射珠光贝阙寒。天衬楼台笼苑外,风吹歌管下云端。长卿只为《长门赋》,未识君臣际会难。致尧诗或俚或纤,此独深稳。

次韵蒋颖叔、钱穆父从驾景灵宫

苏东坡

归来病鹤记城闉,旧踏松枝雨露新。半白不羞垂领发,软红犹恋属车尘。雨收九陌丰登后,日丽三元下降辰。粗识君王为民意,不才何以助精禋。不必新奇,自然老健。

此元祐七年壬申南郊时事。

怀古类

五言三十二首（录九首）

白帝怀古

陈子昂

日落沧江晚,停桡问土风。"问土风"三字领下四句。城临巴子国,台没汉王宫。荒服犹周甸,深山尚禹功。岩悬青壁断,地险碧流通。古木生云际,归帆出雾中。川途去无限,客思坐何穷？刊本误作"客坐思何穷"。

律诗自徐陵、庾信以来,亹亹尚工,然犹时拗平仄。唐太宗诗多见《初学记》中,渐成近体,亦未脱陈、隋间气习。至沈佺期、宋之问而律诗整整矣。陈子昂《感遇》古诗三十八首,极为朱文公所称。"国初盛文章,子昂始高蹈。"韩昌黎已极推之。天下皆知其能为古诗,一扫南北绮靡,殊不知律诗极精。

岘山怀古

陈子昂

秣马临荒甸,登高览旧都。犹悲堕泪碣,尚想卧龙图。城邑遥分楚,山川半入吴。丘陵徒自出,贤圣已凋枯。野树苍烟断,津楼晚气孤。谁知万里客,怀古正踟蹰。

此老杜以前律诗,悲壮感慨,即无纤巧砌凳。"丘陵徒自出"一句,疑有误字。《穆天子传·西王母为天子》谣曰:"白云在天,丘岭自出。"此句乃此语,非误字也。

金陵怀古

刘宾客

潮落冶城渚,日斜征虏亭。蔡洲新草绿,幕府旧烟青。起四似乎平对,实则以三句"新草"剔出四句"旧烟",即从四句转出下半首。运法最密,毫无起承转合之痕。兴废由人事,山川空地形。此虽习语,然用于金陵最警切。所谓龙盘虎踞,帝王之都也。《后庭花》一曲,幽怨不堪听。《后庭》一曲,乃推南朝亡国之由,申明五、六。虚谷以为但寓悲怆,未尽其意。

每读刘宾客诗,似乎百十选一以传诸世者,言言精确。前四句用四地名,而以"潮""日""草""烟"附之。第五句乃一篇之断案也,然后应之曰"山川空地形"。而末句乃寓悲怆,其妙如此。

送康绍归建邺

周贺

南朝秋色满,君去意如何?起有远神。帝业空城在,民田坏冢多。月圆台独上,栗绽寺频过。"栗绽"二字,究竟凑泊。篱下西江水,相思见白波。贺诗远胜姚合。

武侯庙古柏

李商隐

蜀相阶前柏,龙蛇捧閟宫。阴成外江畔,老向惠陵东。大树思冯异,《甘棠》忆召公。叶凋湘燕雨,枝折海鹏风。雨凋叶、风折枝耳,添出"湘燕""海鹏",殊无取义。西昆专效此种,亦不善学义山矣。玉垒经纶远,金刀历数终。谁将《出师表》,一为问昭融?

五、六善用事,"玉垒""金刀"之偶尤工。末句候考。杜诗"契合动昭融"。说者曰:"昭融,天也。"然未解天何以名昭融。注义山者,亦引杜此句,别无所出。

长安道中怅然作三首

宋景文

三辅古风烟,征骖怅未前。山园蓬颗外,宫室黍离边。树老经唐日,碑残刻汉年。便须真陨涕,不待雍门弦。

兴亡作今古,事往始堪悲。宫破黄山在,城空北斗移。走冈寒兔隐,啼戍暮鸦饥。灞岸重回首,惟余王粲诗。

城阙今安在?关河昔所凭。种祠秦故畤,抔土汉诸陵。苑树圆排荠,楼云淡引缯。南山不改色,千古恨相仍。

景文自真定移守成都,过长安有此诗,皆工妙,逼唐人。昆体诸公,景文最有风骨,胜于杨、刘。

与夏侯绎、张唐民游蜀冈大明寺

梅圣俞

秋叶已多蠹,古碑看更荒。废城无马入,破冢有狐藏。寒日稍清迥,群山分莽苍。田夫指白水,此下是雷塘。颇有冲淡之致,不嫌其薄。末二句倒点,亦别致。

七言七十八首(录三首)

西塞山怀古

刘禹锡

王濬楼船下益州,金陵王气黯然收。千寻铁锁沉江底,一片降幡出石头。人世几回伤往事,山形依旧枕寒流。前四句但说得吴。第五句七字括过六朝,是为简练;第六句一笔折到西塞山,是为圆熟。今逢四海为家日,故垒萧萧芦荻秋。

筹笔驿

李商隐

鱼鸟犹疑畏简书,风云长为护储胥。徒令上将挥神笔,终见降王走传车。管乐有才真不忝,今《义山集》作"终不忝",误。关张无命欲何如?他年锦里经祠庙,《梁甫》吟成恨有余。起二句斗然一扬,三、四句斗然一抑,不伦不类,几于首尾衡决。然后以五句解明起二句,以六句解明三、四句,机衡绝奇,以意中先有此一解,故敢如此落笔也。末二句言当时经其祠庙,尚有余恨,况今日亲见行兵之地哉?亦如一倍法。通篇无一钝置语。

题润州妙善寺前石羊

罗　隐

原注:传云,吴主孙权与蜀主刘备尝置此会云。

紫髯桑盖此沉吟,"桑盖"二字,文意未通。狠石犹存事可寻。汉鼎未安聊把手,楚醪虽满肯同心?"楚醪"二字亦添出。英雄已往时难问,苔藓何知日渐深?对去微妙。还有市廛沽酒客,雀喧鸠聚话蹄涔。末句讥时无英雄,僭窃纷纷也。

此诗《昭谏集》中第一。今京口北石犹存,诗牌亦无恙云。

风土类

五言四十二首(录七首)

送杨长史济赴果州

王右丞

褒斜不容幰,之子去何之?鸟道一千里,猿声十二时。官桥祭酒客,山木女郎祠。别后同明月,君应听子规。一片神骨。

送梓州李使君

王右丞

万壑树参天,千山响杜鹃。山中一夜雨,树杪百重泉。汉女输橦布,巴人讼芋田。文翁翻教授,不敢倚先贤。末二句不可解。

送人入蜀

李　远

蜀客本多愁,今君是胜游。碧藏云外树,红露驿边楼。杜宇呼名语,巴江学字流。不知烟雨外,何处梦刀州?

"呼名""学字"一联精切。巴江实学字,杜宇却不呼名,此亦是未检处,然不害其句之佳。

送董卿知台州

张　蠙

九陌除书出,寻僧问海城。家从中路挈,吏隔数州迎。夜蚌侵灯影,春禽杂橹声。开图知异迹,思想石桥行。结未自然。

第五句极新。尚不及六句之自然。

余姚陈寺丞

梅圣俞

试邑来勾越,风烟复上游。江潮自迎客,山月亦随舟。海货通闾市,渔歌入县楼。弦琴无外事,坐见浦帆收。

鲁山山行

梅圣俞

适与野情惬,千山高复低。好峰随处改,幽径独行迷。霜落熊升树,林空鹿饮溪。人家在何许?云外一声鸡。

王介甫最工唐体,苦于对偶太精,而不脱洒。圣俞此诗尾句自然。"熊""鹿"一联人皆称其工,然前联尤幽而有味。

送周都官通判湖州

王半山

绿水乌程地,青山顾渚滨。酒醪犹美好,茶荈正芳新。聚泛樽前月,分班焙上春。仁风已及俗,乐事始关身。橘柚供南贡,槐枫望北辰。知君白羽扇,归日未生尘。

"乌程酒""顾渚茶",湖州风景也。酒与古不殊,茶于今适春。"犹"字、"正"字已佳,可以聚而泛,可以分而班,亦乐事也。然必仁风先及物,而后身可乐,故"已"字、"始"字尤妙。"南贡""北辰",又勉之以心在王室,归而致吾君可也。诗律精密如此,他人太工则近弱,惟荆公独能工而不萎云。荆公五律胜七律。

七言三十首（录五首）

登柳州城楼寄漳汀封连四州

柳子厚

城上高楼接大荒，海天愁思正茫茫。起二句意境阔远，通篇情景俱包得起。惊风乱飐芙蓉水，密雨斜侵薜荔墙。此二句说者以为比体，然是赋中之比，不露痕迹。岭树重遮千里目，《鼓吹》注曰：一本作"云驶去如千里马"。殊不成语。江流曲似九回肠。共来百越文身地，犹自音书滞一乡。

韩太为抚州，韩晔为池州，陈谏为封州，刘禹锡为连州。

柳州寄丈人周韶州

柳子厚

越绝孤城千万峰，空斋不语坐高舂。印文生绿经旬合，砚匣留尘尽日封。梅岭寒烟藏翡翠，桂江秋水露鲷鳙。丈人本自忘机事，为想年来憔悴容。

得卢衡州书因以诗寄

柳子厚

临蒸且莫叹炎方，为报秋来雁几行。林邑东回山似戟，牂牁南下水如汤。蒹葭淅沥含秋露，橘柚玲珑透夕阳。此句最佳。非是白蘋洲畔客，还将远意问潇湘。

柳州峒氓

柳子厚

郡城南下接通津，异服殊音不可亲。青箬裹盐归洞客，绿荷包饭趁墟人。二语如画。鹅毛御腊缝山罽，鸡骨占年拜水神。愁向公庭问重译，欲投章甫作文身。

戏答元珍

欧阳永叔

春风疑不到天涯,二月山城未见花。起得超忽。残雪压枝犹有橘,冻雷惊笋欲抽芽。夜闻归雁生乡思,病入新年感物华。曾是洛阳花下客,野芳虽晚不须嗟。

此夷陵作,欧公自谓得意。

升平类

五言六首（录五首）

宫中行乐词

李太白

原注：八首取五。

小小生金屋,盈盈在紫微。山花插宝髻,石竹绣罗衣。每出深宫里,常随步辇归。只愁歌舞散,化作彩云飞。结用巫山事,无迹。

柳色黄金嫩,梨花白雪香。玉楼巢翡翠,金殿锁鸳鸯。选妓随雕辇,征歌出洞房。宫中谁第一？飞燕在昭阳。

玉树春归日,金宫乐事多。后庭朝未入,轻辇夜相过。笑出花间语,娇来竹下歌。莫教明月去,留着醉嫦娥。

寒雪梅中尽,春风柳上归。宫莺娇欲醉,檐燕语还飞。迟日明歌席,新花艳舞衣。晚来移彩仗,行乐泥光辉。

水绿南薰殿,花红北阙楼。莺歌开太液,凤吹绕瀛洲。素女鸣珠佩,天人弄彩球。今朝风日好,宜入未央游。五首秾丽之中别余神韵,觉后来宫词诸作,无非翦彩为花。

七言四十五首（录六首）

禁林春直

李文正

疏帘摇曳日辉辉，直阁深严半掩扉。一院有花春昼永，八方无事诏书稀。三、四句气象广大，太和之意盎然。此故不在语言文字间。树头百啭莺莺语，梁上新来燕燕飞。岂合此身居此地，妨贤尸禄自知非。

兄长莒公赴镇道出西苑，作诗有："长杨猎近寒熊吼，太液歌余瑞鹄飞。"语惊迈，予辄拟作一篇

宋景文

宝楼斜倚阙西天，北转楼阴压素涟。白雪久残梁复道，黄头间守汉楼船。尘轻未损朝来雾，树暖才容腊外烟。珥节不妨饶怅恋，待歌鱼藻记他年。此诗置沈、宋集中，殆不可辨。

"黄头间守汉楼船"，"间"作"空"，诗话谓经改定。

寒食假中作

宋景文

九门烟树蔽春廛，小雨初晴泼火前。草色引开盘马地，箫声催暖卖饧天。萦丝早絮轻无着，弄袖和风细可怜。鳌署侍臣贪出沐，珉糜珠馅愧颁宣。二诗皆昆体，而不碍气骨之雄浑。诗亦安可以一格拘？

三、四风味特甚，足见升平。五、六尤润。

上巳游金明池

王立之

游丝堕絮惹行人，酒肆歌楼驻画轮。凤管遏回云冉冉，龙舟冲破浪粼粼。

日斜黄伞归驰道,风约青帘认别津。何尝非应制体？而句外妙有远神。王平甫诗亦曰："仗归金阙浮云外,人望池台落日边。"同一用意,而语之工拙远矣。朝野欢娱真有象,壶中要看四时春。

上元喜呈贡父

王介甫

车马纷纷白昼同,万家灯火暖春风。别开阊阖壶天外,特起蓬莱陆海中。尽取繁华供侠少,只分牢落与衰翁。五句束上,六句转下,机轴最整齐生动。不知太乙游何处,定把青藜独照公。末二句用事精切。后六句皆以虚字装头,微嫌其弱。

贺车驾幸秘书省二首(录第一首)

吕东莱

麟台高柳识雕舆,共记中兴幸省初。黄道再传天子跸,青编重入史臣书。需云下际君恩盛,晨露高张乐节舒。若写鸿猷参《大雅》,定非周鼓颂畋渔。

"畋渔"善用韵。妙于不腐。

宦情类

五言四十三首(录二首)

除棣学

陈后山

老作诸侯客,贫为一饱谋。折腰真耐辱,捧檄敢轻投。妙于真至,不强作身分语,而身分弥高。早作千年调,前四句抑到尽情,此处定须振拔一笔,方有波折。中怀万斛愁。暮年随手尽,心事计盟鸥。

致仕述怀二首（录第一首）

陆放翁

弹冠绍兴末，解组庆元中。滟滪危途过，邯郸幻境空。闲传相牛法，醉唤斗鸡翁。冲雨归来晚，山花满笠红。收得脱洒，若作旷语则套。

七言三十八首（录五首）

寄李儋元锡

韦苏州

去年花里逢君别，今日花开又一年。世事茫茫难自料，春愁黯黯独成眠。此句近似闲情。身多疾病思田里，邑有流亡愧俸钱。闻道欲来相问讯，西楼望月几回圆？七律非苏州所长，然虽薄而气韵不俗，胸次本高故也。

朱文公盛称此诗五、六好，以唐人仕宦多夸美州宅风土，此独谓"身多疾病""邑有流亡"，贤矣。诗不必故作迂语，然亦忌识趣卑猥。此评极有见地，而冯氏不许之。盖冯氏以《才调集》为主，而上溯鼻祖于齐、梁，故所见止于如是。

书　怀

韦苏州

自小难收疏懒性，人间万事总无功。别从仙客求方法，曾到僧家问苦空。老大登朝如梦里，贫穷作话是村中。真语妙于不俚。未能即便休官去，惭愧南山采药翁。

书怀寄刘五二首（录第二首）

杨文公

世事悠悠未遽央，虚名真意两相忘。休夸失马曾归塞，未省牵牛解服箱。四客高风惊楚汉，《五君》新咏弃山王。秋来安有渔樵梦？多在箕峰颍水傍。

五、六甚佳，昆体未尝不美。各有佳处，各有不佳处。论甘忌辛，是丹非素，皆门户之见，无与于诗。

和范三登淮亭

张宛丘

身如客雁寄汀州，北望休登王粲楼。起句最佳。残雪腊风惊岁晚，早梅新柳动春愁。免遭斤斧甘无用，敢向波涛较善游。奔走尘埃欲归去，勒移恐作故山羞。

"游"字押得甚新。冯氏讥"游"字误用，云当作"洇"。然《毛诗》已作此"游"字。

明发南屏

杨诚斋

新晴在在野花香，过雨迢迢沙路长。两度立朝今结局，一生行客老还乡。犹嫌数骑传书札，剩喜千山入肺肠。到得江头上船处，莫将白发照沧浪。字字深稳，无诚斋粗犷潦倒之习。

诚斋平生实三度立朝，此乃秘少出知筠州时诗也。第六句绝妙。

风怀类

五言十二首（录二首）

新　春

刘方平

南陌春风早，东邻曙色斜。一花开楚国，双燕入卢家。眠罢梳云髻，妆成上锦车。谁知如昔日，更浣越溪纱。言富贵之余，不复追忆贫贱事。

艳女词

杨巨源

露井桃花发,双双燕并飞。此句兴也。美人姿态里,春色上罗衣。二句不着"艳"字而艳极。自爱频开镜,时羞欲掩扉。心知行路客,遥惹五香归。

七言二十四首(录一首)

倚 醉

韩致光

倚醉无端寻旧约,却怜惆怅转难胜。静中楼阁春深雨,远处帘栊夜半灯。三、四有情有景,绝妙艳词,何必绘画横陈,得罪风雅?虚谷讥致光《五更》诗太猥太亵,未为不是。冯氏乃曰不猥亵不尽兴,何哉?抱柱立时风细细,绕廊行处思腾腾。分明窗下闻裁剪,敲遍阑干唤不膺。

宴集类

五言十首(录二首)

送高判官和唐店夜饮

梅圣俞

露宿勤王客,相从月下来。黄流何日涨?绿酒暂时开。风定灯花烂,天高斗柄回。醉言多脱略,吾党不须猜。"酒类"亦选此诗。评曰:"末句之意又高于渊明。"盖此诗尾句就渊明,但恐多谬误,"君当恕醉人"句翻案耳,非谓都官胜陶也。冯氏诋之未是。

第五遒劲,第六宏壮。

春晏宴北园

宋景文

天意歇余芳,人间日始长。落花风观阁,睡鸭雨池塘。稍倦持螯手,犹残蓝尾觞。"蓝"当作"婪"。春归无所预,羁客自回肠。

三、四峭丽。成都时诗。

七言十三首(并删)

老寿类

七言八首(并删)

春日类

五言六十首(录二十一首)

和晋陵丞早春游望

杜审言

独有宦游人,偏惊物候新。云霞出海曙,梅柳度江春。淑气催黄鸟,晴光转绿蘋。忽闻歌古调,归思欲沾巾。结缴"和"字亦密。

律诗初变,大率中四句言景,尾句乃以情缴之。起句喝得响亮。起二句撇过一层,落笔擒题乃紧,取势乃遒,不但求声调响亮。

次北固山下

王湾

客路青山外,行舟绿水前。潮平两岸阔,风正一帆悬。海日生残夜,江春入旧年。乡书何处达？归雁洛阳边。

　　唐人芮挺章天宝三载编次《国秀集》，《唐书·艺文志》、宋《崇文总目》中无之。元祐三年戊辰，刘景文得之鬻古书者，以传曾彦和；曾以传之贺方回，题云《次北固山下作》，于王湾下注曰："洛阳尉。"而天宝十一载殷璠编次《河岳英灵集》取湾诗八首，此为第六，题曰《江南意》。诗亦不同，前四句曰："南国多新意，东行伺早天。潮平两岸失，"失"字作意，"阔"字自然。沈宗伯定为"失"字，似不必。风正一帆悬。"世之所称"海日""江春"一联同外，尾句不同，曰："从来观气象，惟向此中偏。"二句最拙。似不若《国秀》之浑全，兼殷璠语亦不成文理，可笑云。

晚春严少尹诸公见过

王右丞

松菊荒三径，图书共五车。烹葵邀上客，看竹到贫家。雀乳先春草，莺啼过落花。自怜黄发暮，一倍惜年华。

　　三、四唐人不曾犯重，极新。第六句尤妙。

春山夜月

于良史

春山多胜事，赏玩夜忘归。掬水月在手，弄花香满衣。兴来无远近，欲去惜芳菲。二句胜三、四句。南望鸣钟处，楼台深翠微。颇有新味。

　　"掬水""弄花"一联恐是偶然道着。先得一句，又凑一句，乃成全篇。于六句缓慢之中安顿此联，亦作家也。

江南春

张司业

江南杨柳春，日暖地无尘。渡口过新雨，夜来生白蘋。三、四自然，其妙在老杜"红入""青归"一联之上。晴沙鸣乳雁,芳树醉游人。向晚青山下,谁家祭水神？结稍偏枯而薄弱。冯云:"结得远。"未省所云。

思新,不拘对偶,可喜。

春　日
李咸用

浩荡东风里,徘徊无所亲。危城三面水,古木一边春。衰世难行道,花时不称贫。滔滔天下者,何处问通津？

"古木一边春"极好,"衰世难行道"太浅露。以一句好,不容弃也。

酬刘员外见寄
严　维

苏耽佐郡时,近出白云司。药补清羸疾,窗吟绝妙词。柳塘春水漫,花坞夕阳迟。欲识怀君意,朝朝问楫师。

五、六全于"漫"字上、"迟"字上用工。"漫"本从水,刊本误从心,便与"迟"字合掌,亦令本句少味。

春日野望
李　中

野外登临望,苍苍烟景昏。暖风医病草,甘雨洗荒村。云散天边影,潮回岛上痕。故人不可见,倚杖役吟魂。末三字劣。

第三句新异,第四句淡而有味。

早　春
司空图

伤心仍客处,病起却花朝。草嫩侵沙短,冰轻着雨消。刻画之至,不失自然。

不似姚武功诗,愈雕琢愈成粗野。风光知可爱,客鬓不相饶。早晚丹丘伴,飞书肯见招。

起句十字四折。此公有《一鸣集》,自夸其诗句之得意者五言,观此亦可知也。

春日登楼怀归

寇莱公

高楼聊引望,杳杳一川平。野水无人渡,孤舟尽日横。实本苏州"野渡无人舟自横"句,然不觉其衍。荒村生断霭,古寺语流莺。旧业遥清渭,沉思忽自惊。

莱公诗学晚唐,九僧体相似。"野水无人渡,孤舟尽日横"之联,说者以为兆相业,只看诗景自好,下二句尤流丽。

春 寒

梅圣俞

春昼自阴阴,云容薄更深。蝶寒方敛翅,花冷不开心。三、四寓意深微,诗人之笔。亚树青帘动,依山片雨临。"临"字板拙。未尝辜景物,多病不能寻。

梅诗淡而实丽,虽用工而不力。诗未有不用工者。功深则兴象超妙,痕迹自融耳。酝酿不及古人,而剽其腔调以自托,犹禅家所谓"顽空"也。

小圃春日

林和靖

岸帻倚微风,柴篱春色中。草长团粉蝶,林暖坠青虫。载酒为谁子?移花独乃翁。于陵偕隐事,清尚未相同。

中四句工不可言。

半山春晚即事

王半山

春风取花去，"风"字，李雁湖本误作"晚"。酬我以清阴。翳翳陂塘静，交交园屋深。雁湖注曰："'翳翳''交交'，皆言清阴也。"床敷每小息，"床敷"字出《宝积经》，详雁湖注。杖履或幽寻。惟有北山鸟，经过遗好音。

半山诗工密圆妥，不事奇险。惟此"春风取花去"之联，乃出奇也。"取"字本纤，赖"酬"字一救耳。余皆淡静有味。

即　事

王半山

径暖草如积，山晴花更繁。纵横一川水，高下数家村。静憩鸠鸣午，"鸠"一作"鸡"，雁湖据唐诗定为"鸡"字，然"鸠"字较胜。荒寻犬吠昏。归来向人说，疑是武陵源。

诗话载云："自谓武陵源不好，韵中别无韵也。"东坡尝亲书此诗。中四句并佳，而三、四句尤胜。

欲　归

王半山

水漾青天暖，沙吹白日阴。塞垣春错莫，行路老侵寻。绿稍还幽草，红应动故林。半山又有"绿搅寒芜出，红争暖树归"句，"搅"字险而纤，不及此二句自然。留连一杯酒，满眼欲归心。此不减杜。

雁湖注谓简斋"红绿扶春上远林"亦似此佳。

将次洺州憩漳上

王半山

漠漠春风里,茸茸绿未齐。平田鸦散啄,深树马迎嘶。地入河流曲,天随日去低。高城已在眼,聊复解轻赍。

雁湖注谓:"田之平衍,鸦乃散啄。马喜嘉荫,望树而嘶。此二句甚妙,可画。"雁湖别注云:"公多有使北诗,而本传、年谱皆不载。尝出疆,独温公《朔记》云云。"今《欲归》至此三诗,皆送契丹使时所作。

春　日

王半山

冉冉春行暮,菲菲物竞华。莺犹求旧友,燕不背贫家。此句最警,并上句常语亦增色。室有贤人酒,门无长者车。全用杜句,太现成。醉眠聊自适,归梦到天涯。

此唐人得意诗,恐误入半山集中,而雁湖亦为之注。姑存诸此,候考。亦太臆断。

暮　春

王半山

春期行晼晚,春意剩芳菲。曲水应修禊,披香未试衣。雨花红半堕,烟树碧相依。怅望梦中地,王孙底不归?半山七诗俱高雅。

"梦中"之"梦",当是用作平声。《左传》:"楚云梦地曰梦中。"

早　春

陈后山

度腊不成雪,迎年遽得春。冰开还旧绿,冯谓:"冰乍开,水尚欠绿。"然"绿"字自本唐人《东风解冻》诗,不必如此索瘢。鱼喜跃修鳞。柳及年年发,愁随日日新。老怀吾自异,不是故违人。冯氏又谓:"六句凑甚。落句只结得'愁随日日新',未稳足。"不知"柳发"句乃总承上四句,引入"愁新"语,本侧注面下,单以"愁新"为结,正是诗法。

极瘦有骨,尽力无痕。细看之,句中有眼。

和仲良春晚即事

杨诚斋

贫难聘欢伯,病敢跨连钱。梦岂花边到?春俄雨里迁。一犁关五秉,百箔候三眠。只有书生拙,穷年垦纸田。末二句正应起二句。冯云首尾不相顾,未喻其说。

零陵丞时诗。仲良者,永州司法张材,山东人。"连钱""纸田",用韵好胜之过。"一犁""五秉","百箔""三眠",凑合亦佳。但恐少年作未自然,学诗者不可不由此入也,五首取一。此评最平允,虚谷亦尽有分明处。

初春杂兴

陆放翁

水长鸥初泛,山寒茗未芽。深林闻社鼓,落日照渔家。渡远呼船久,桥倾取路斜。二句新而不碎。客愁慵远眺,不是怯风沙。

八句皆佳,而三、四尤古远。

七言五十二首(录十一首[①])

曲江陪郑八丈南史饮

杜工部

雀啄江头黄柳花,鸂鶒鸂鶒满晴沙。自知白发非春事,且尽芳樽恋物华。近侍只今难浪迹,此身那得更无家?丈人才力犹强健,岂傍青门学种瓜。一气

---

① 实录十二首。

旋转,清而不薄。此种最难学。

此诗中四句不言景,皆止言情。后山得其法,故多瘦健者,此也。

春　尽
韩致光

惜春连日醉昏昏,醒后衣裳见酒痕。细水浮花归别涧,本集"浮"作"漾","涧"作"浦"。断云含雨入孤村。对句胜于出句。人间易得芳时恨,地迥难招自古魂。惭愧流莺相厚意,清晨犹为到西园。后半篇极沉着,不类致光他作之佻。

暮春山行田家歇马
李　郢

雨湿菰蒲斜日明,茅厨煮茧掉车声。青蛇上竹一种色,黄蝶隔溪无限情。何处渔樵将远饷?故园田土忆春耕。千峰霭霭水潺潺,羸马此中愁独行。

此诗一笔写成,山行天趣,言言新美而无作为。第三句尤奇谲也。第三句却不甚佳,以在吴体不妨耳。冯氏讥之良是。

西湖春日
王平甫

争得才如杜牧之,试来湖上辄题诗。春烟寺院敲茶鼓,夕照楼台卓酒旗。浓吐杂芳薰崿嵼,湿飞双翠破涟漪。人间幸有蓑兼笠,且上渔舟作钓师。

三、四峭响,五、六最工,尾句高甚。

郊行即事
程明道

芳原绿野恣行时,春入遥山碧四围。兴逐乱红穿柳港,困临流水坐苔矶。莫辞盏酒十分醉,只恐风花一片飞。况是清明好天气,不妨游衍莫忘归。"莫"

字即"暮"字。《说文》:"莫从日,在草中。"俗书加"日"字于下。

学见圣域,诗其余事也。或问:此可与浴沂意趣看否?曰:诗且看诗,不必太深太凿。此见高于宋人。宋诗话多有太深太凿之病。

正月二十日往岐亭,潘、古、郭三人送余于女王城东禅庄院

苏东坡

十日春寒不出门,不知江柳已摇村。稍闻决决流冰谷,尽放青青没烧痕。数亩荒田留我住,半瓶浊酒待君温。去年今日关山路,细雨梅花正断魂。

坡诗不可以律缚,善用事者无不妙。他语意天然者,如此尽十分好。

正月二十日与潘、郭二生出郊寻春,
忽记去年是日同到女王城作诗乃和前韵

苏东坡

东风未肯入东门,走马还寻旧岁村。人似秋鸿来有信,事如春梦了无痕。江城白酒三杯酽,野老红颜一笑温。已约年年为此会,故人不用赋《招魂》。

东坡初贬黄州之年,即"细雨梅花""关山断魂"之时也。次年正月二十日往岐亭,见陈慥季常,是以为女王城之诗。又次年正月二十日与潘邠老等寻春,是以有"事如春梦了无痕"之诗。又次年正月三日尚在黄州,复出东门,仍和此韵云:"乱山环合水侵门,身在淮南尽处村。五亩渐成终老计,九重新扫旧巢痕。"谓元丰官制行,罢废祖宗馆职,立秘书省,以正字校书郎等为差除资序,而储士之意浅矣。观此等语,岂惟可以考大贤之出处,抑亦可见时事之更张,仁庙之所以遗燕安于后世者,何其盛!熙、丰之政所以大有可恨者,何其顿衰!坡下句云:"岂惟惯见沙鸥喜,已觉来多钓石温。"又可痛。坡翁一谪数年,甘心于渔樵而忘返也。"新扫旧巢痕"事,陆放翁为施宿注坡时作序,记所对范至能语,学者可自检观。

次韵张恕春暮

苏子由

只言城市无佳处,亦有江湖几度游。好雨晴时三月暮,啼莺到后百花休。三、四感慨殊深,而出以蕴藉。老猿好饮常联臂,野马依人自络头。不肯低回池上醉,试看生灭水中沤。

春日郊外

唐子西

城中未省有春光,城外榆槐已半黄。山好更宜余积雪,水生看欲到垂杨。莺边日暖如人语,草际风光作药香。疑此江头有佳句,为君寻取却茫茫。

  此诗句句工致。"水生看欲到垂杨"绝奇,尾句即简斋所谓"忽有好诗生眼底,安排句法已难寻"也。东坡"春江有佳句,我醉堕渺茫",亦此意。

睡起至园中

陆放翁

春风忽已到天涯,老子犹能领物华。浅碧细倾家酿酒,小红初试手栽花。野人易与输肝肺,此句寓感至深,胜于对句。俗话谁能挂齿牙？更欲世间同省事,勾回蚁战放蜂衙。

  两联俱新美。

病足累日不出庵门折花自娱

陆放翁

频报园花照眼明,蹒跚正废下堂行。拥衾又听五更雨,屈指元无三日晴。三、四暗言花将尽矣,非横插,亦非空写。不奈病何抛酒盏,粗知春在赖莺声。一枝自浸铜瓶水,喜与年光未隔生。

第六句妙甚。

寒食

韩仲止

晓色犹蒙淡淡烟,花间行过小溪边。人家寒食常晴日,野老春游近午天。吹尽海棠无步障,开成山柳有堆绵。二句稍笨。呼儿觅友寻邻伴,看却村农又下田。

三、四不用工而极其工。合入"节序类"中,附之"春日"亦无不可。

此书分类最猥琐。同时"江湖"人戴石屏、"四灵"皆云此老淡之作。

夏日类

五言二十九首(录三首)

五月十日

韩仲止

片月生林白,沿流涧亦明。幽人方独夜,山寺有微行。前四句风格颇高。野处偏宜夏,贫家不厌晴。意谓无田可耕,不比农家之望雨,故不厌晴耳。用意颇晦,故冯氏讥其凑。薰风吹老鬓,腐草见飞萤。末句有物,皆能化人。独不能之感,非凑景作收。

五、六新美,然三、四亦幽淡。五、六不及三、四。

夏日怀友

徐致中

流水阶除静,孤眠得自由。月生林欲晓,"欲"字作"似"字解。雨过夜如秋。远忆荷花浦,谁怜杜若洲。良宵恐无梦,有梦即俱游。冯氏曰:落句应"孤眠"。

第四句好,盖是夏夜诗,细味之,十字皆好。

夏夜同灵晖有作奉寄赵二丈

徐致中

斋居惟少睡,露坐得论文。凉夜清如水,明河白似云。宿禽翻树觉,幽磬渡溪闻。欲识他乡思,斯时共忆君。中唐风味。

五、六工。

七言二十首(录二首)

夏日三首(录第一首)

张宛丘

长夏村墟风日清,檐牙燕雀已生成。"燕雀生成"语本工部。蝶衣晒粉花枝午,蛛网添丝屋角晴。三、四新楚。落落疏帘邀月影,"月"字与上文不贯。嘈嘈虚枕纳溪声。久判两鬓如霜雪,直欲樵渔过此生。冯氏曰:结宽。

夏日杂兴

张宛丘

蔬圃茅斋三亩余,溪光山影动浮虚。病妻老去惟寻药,稚子年来解爱书。中散无堪心放荡,冯唐已老兴萧疏。全真养素安吾分,敢谓轩裳不我如?和平之音,雅人深致。此自杂兴诗,冯氏诋其"不见夏日",太拘。

亦自然有味。

卷　二

秋日类

五言六十首（录十四首）

悲　秋

杜工部

凉风动万里，群盗尚纵横。家远传书日，秋来为客情。愁窥高鸟过，老逐众人行。两句合看，方见其妙。始欲投三峡，何由见两京？

此诗不胜悲叹，五、六尤哀壮激烈。

秋日暑退，赠白乐天

刘梦得

暑服宜秋着，清琴入夜弹。人情皆向菊，风意欲摧兰。岁稔贫心泰，天凉病体安。相逢取次第，却甚少年欢。

三、四已佳，五、六十分佳绝。五、六常语，三、四寄托深微，胜五、六。此处虚谷多未解。

池　上

白乐天

袅袅凉风动，凄凄寒露零。兰衰花始白，荷破叶犹青。独立栖沙鹤，双飞照水萤。若为寥落境，仍值酒初醒。浅而不俗。

第四句最新。

秋寄贾岛

僧无可

暗虫分暮色,默坐思西林。听雨寒更尽,开门落叶深。昔因京邑病,并起洞庭心。亦是吾兄事,迟回直至今。

听雨彻夜,既而开门,乃是落叶如雨,此体极少而绝佳。"微阳下乔木,远烧入秋山"亦然。陈后山"辉辉垂重露,点点缀流萤",谓柏枝垂露若缀萤。然一句指事,一句设譬,诗中之奇变者也。此解亦通。然作雨后落叶,亦未始不佳也。惟后山二语确是如此解。

新秋雨后

僧齐己

夜雨洗河汉,诗怀觉有灵。"觉有灵"三字凑。篱声新蟋蟀,草影老蜻蜓。静引闲机发,凉吹远思醒。逍遥向谁说?时泥漆园经。

齐己,潭州人。与贯休并有声,同师石霜。二僧诗,唐之尤晚者。此诗起句自然,第六句尤好。究竟三、四句好。

原上秋草

僧古怀

"草"字有误,当是"原上早秋"。

秋来深径里,老病眼慵开。户外行人绝,林间朔吹回。乱蛩鸣古堑,残日照荒台。唯有他山约,相亲入望来。

第六句深得秋意。

山 中

释秘演

结茅临水石,淡寂益闲吟。久雨寒蝉少,空山落叶深。危楼乘月上,远寺听钟寻。昨得江僧信,期来此息心。

此石曼卿至交山东演也,欧阳公为其诗集序。中四句锻而成,却足前后起末句。九僧亦多如此。此诗置九僧中不可辨。

落 叶

潘逍遥

片片落复落,园林渐向空。几番经夜雨,一半是秋风。静拥莎阶下,闲堆藓径中。二句太率。岩松与岩桧,宁共此时同。

潘闻出处,予著《名僧诗话》已详见。《落叶》合入"着题"诗,今附"秋日类"中。三、四有议论,五、六只是体贴,尾句却有出脱。不如此,非活法也。

渭上秋夕闲望

潘逍遥

秋夕满秦川,登临渭水边。残阳初过雨,何树不鸣蝉?风格自高。极浦涵秋月,孤帆没远烟。渔人空老尽,谁似太公贤?冯钝吟曰:结句呆。

五、六清淡。尾句必合如此,乃有转换。冯默庵曰:落句急出题,非转换也。

暮秋闲望

魏仲先

水阁闲登望,郊原欲刈禾。坏檐巢燕少,积雨病蝉多。砧隔寒溪捣,钟随晓吹过。扁舟何日去？江上负烟蓑。

中四句皆工，第四句尤好。

杂　诗

唐子西

兀兀且如此，出门安所之？手香柑熟后，发脱草枯时。精力看书觉，情怀举盏知。真语，不嫌其朴。炎州无过雁，二子在天涯。

水过渔村湿，沙宽牧地平。片云明外暗，斜日雨边晴。山转秋光曲，川长暝色横。瘴乡人自乐，耕钓各浮生。冯氏曰："渔""牧""耕钓"犯，"光""色"又犯，"明""暗""暝色"又犯。余谓"渔村""牧地"指其地，"耕钓"则指其人，语本相应，不得谓之犯。"云""日"在天，"山""川"在地，各自为景，亦不得谓之犯。《律髓》可议之诗甚多，此种尚不必吹索。

子西惠州《杂诗》凡二十首，佳句甚多。此二诗尤切于秋，而"山转秋光曲"一联，尤古今绝唱。

秋夜纪怀

陆放翁

北斗垂苍莽，明河浮太清。风林一叶下，露草百虫鸣。病入新凉减，诗从半睡成。还思散关路，炬火驿前迎。

中四句皆工。

秋　晚

滕元秀

械械霜风劲，骎骎物象凋。屡迁怜蟋蟀，一败笑芭蕉。"蟋蟀"自寓，"芭蕉"殆有所刺。林叶疏逾响，山云薄易消。虽无远行役，对此亦何聊。

元秀《秋晚》十首，今选其一。此"屡迁""一败"之句，为绝妙"江西体"也。

七言三十首(录十首)

秋 夜

杜工部

露下天高秋气清,空山独夜旅魂惊。疏灯自照孤帆宿,新月犹悬双杵鸣。南菊再逢人卧病,北书不至雁无情。步檐倚杖看牛斗,银汉遥应接凤城。

黄 草

杜工部

黄草峡西船不归,赤甲山下行人稀。秦中驿使无消息,蜀道兵戈有是非。万里秋风吹锦水,谁家别泪湿罗衣?莫愁剑阁终堪据,闻道松州已被围。

吹 笛

杜工部

吹笛秋山风月清,谁家巧作断肠声?风飘律吕相和切,月傍关山几处明?"风""月"分承,法本云卿《龙池篇》。胡骑中宵堪北走,武陵一曲想南征。二句妙切时事,不比昆体之排比故实。故乡《杨柳》今摇落,何得愁中却尽生?

慷慨悲怨,自是一种风味。李太白谓"江城五月落《梅花》",此亦以指《杨柳》,盖笛中有此二曲也。《吹笛》本是"着题",今以附之"秋类"。入"秋类"无理。

七月一日题终明府水楼(录第二首)

杜工部

宓子弹琴宰邑日,终军弃𦈡英妙时。承家节操尚不泯,为政风流今在兹。可怜宾客尽倾盖,何处老翁来赋诗?楚江巫峡半云雨,清簟疏帘看弈棋。末二句古今共赏,五、六句笔意亦崚崎,前四句则常语耳。

长安晚秋

赵嘏

《才调集》作《长安秋望》,为是。

云物凄凉拂曙流,汉家宫阙动高秋。残星几点雁横塞,长笛一声人倚楼。紫艳半开篱菊静,红衣落尽渚莲愁。鲈鱼正美不归去,空戴南冠学楚囚。

以三、四佳,呼"赵倚楼"。

始闻秋风

赵嘏

题有脱字,当云"始闻秋风寄某人"。观首、末四句可见。

昔看黄菊与君别,今听玄蝉我独回。五夜飕飗枕前觉,一年颜状镜中来。马思边草拳毛动,雕盻青云倦眼开。天地肃清堪四望,为君扶病上高台。此诗又见《刘中山集》,以诗格考之,归刘为是。

江亭晚望

赵嘏

碧江凉冷雁来疏,闲望江云思有余。秋馆池亭荷叶歇,野人篱落豆花初。无愁自得仙翁术,多病能忘《太史书》。闻说故园香稻熟,片帆归去就鲈鱼。已开剑南一派。

三、四明秀。

秋日客思

陈简斋

南北东西俱我乡,聊从地主借绳床。诸公共得何侯力,远客新抄陆氏方。

老去事多藜杖在,夜来秋到叶声长。蓬莱可托无因至,试觅人间千仞冈。

"共得何侯力",以指新进。"新抄陆氏方",以怜迁客。此简斋南渡时避乱襄、汉时所作,借用陆氏集方以形容多病耳。虚谷坐实迁客,上下文遂不相接,宜为冯氏之所讥。汉《何武》、唐《陆贽传》可考。此诗家用事之妙。五、六尤佳。

舍北行饭书触目

陆放翁

落雁昏鸦集远洲,青林红树拥平畴。意行舍北三叉路,闲看桥西一片秋。三、四自然脱洒。少妇破烟撑去艇,丫童横笛唤归牛。形容野景无余思,自怪痴顽不解愁。

风雨中诵潘邠老诗

韩仲止

满城风雨近重阳,独上吴山看大江。老眼昏花忘远近,壮心轩豁任行藏。从来野色供吟兴,是处秋光合断肠。今古骚人乃如许,暮潮声卷入苍茫。

此诗悲壮激烈。第一句用潘邠老句,若第二句押不倒则馁矣。此第二句虽是借韵,轩豁痛快,不可言喻。三、四非后生晚进胸次,至第六句则入神矣,至第八句则感极而无遗矣。世称"韩涧泉",名下无虚士。乃庆元戊午诗也。

冬日类

五言三十四首(录十八首)

刈稻了咏怀

杜工部

稻获空云水,川平对石门。寒风疏草木,旭日散鸡豚。野哭初闻战,樵歌稍出村。无家问消息,作客信乾坤。

三、四乃诗家句法。必合如此,下字则健峭。冯氏曰:老杜岂以一字为高? 其说良是。然诗家实有炼字法,不自虚谷捏出,但不应以此为宗耳。后四句,亦惟老杜能道之也。

碧涧别墅喜皇侍郎相访

刘长卿

荒村带返照,落叶乱纷纷。古路无行客,寒山独见君。起四句一气流转。野桥经雨断,涧水向田分。二句言路险难行,起末二句非琐屑写景之比。不为怜同病,何人到白云?

冬夕寄清龙寺源公

僧无可

敛屦入寒竹,安禅过漏声。高杉残子落,深井冻痕生。罢磬风枝动,悬灯雪屋明。何当招我宿,乘月上方行。

三、四极天下之清苦。荆公选误作郎士元,非也。

雪晴晚望

贾浪仙

倚杖望松雪,溪云几万重?樵人归白屋,寒日下危峰。野火烧岗草,断烟生石松。却回山寺路,闻打暮天钟。

晚唐诗多先锻景联、颔联,乃成首尾以足之。此作似乎一句唱起,直说至底者。

岁　晚

王半山

题应是《秋晚》，后人以诗有"岁晚"字改题就之耳。不知诗"岁晚"乃言年老。前六句实皆秋景也。

月映林塘澹，风含笑语凉。集作"天涵笑语凉"，雁湖注曰：当作"风含"。此从李本。俯窥怜绿净，小立伫幽香。携幼寻新菂，扶衰上野航。延缘久未已，岁晚惜流光。

《漫叟诗话》谓荆公定林后诗，精深华妙，此作自以比灵运。

次韵朱昌叔岁暮

王介甫

城云漏日晚，树冻裹春深。椮密鱼难暖，巢危鹤更阴。横风高弡弩，此种似古体句格入五律，不甚谐雅。残溜细鸣琴。岁换儿童喜，还伤老大心。刻意求新，愈于滑调。

"漏"字、"裹"字，诗眼；"深"字尤好。雁湖注曰："深"字在"裹"上起义。积柴水中取鱼，曰"椮"，所感切。此亦雁湖注云"木类篇"。

寒　意

郑亨仲

岭南霜不结，风劲是霜时。日落晚花瘦，山空流水悲。起句未见其佳。三、四幽淡有味。栖鸦寻树早，冻蚁下窗迟。季子家何在，衣单知不知？

北山郑刚中，字亨仲，婺女人。南渡前探花，后至四川宣抚，有方略，秦桧忌之，谪殁封州。冬日诗起句最佳，"风劲"即知其为"霜时"，而实不结霜。《北山集》佳句甚多，予已别为之跋，陈简斋尝同窗云。

舍北摇落景物殊佳，偶作五首

陆放翁

今年冬候晚，仲月始微霜。野日明枫叶，江风断雁行。穷途多籍躏，老景易悲伤。自笑诗情懒，萧然旧锦囊。

路拥新霜叶，溪余旧涨沙。栖乌初满树，归鸭各知家。世事元堪笑，吾生固有涯。南村闻酒熟，试遣小童赊。

小聚鸥沙北，横林蟹舍东。船头眠醉叟，牛背立村童。日落云全碧，霜余叶半红。穷鳞与倦翼，终胜在池笼。

屋角成金字，溪流作縠纹。斜通小桥路，半掩夕阳门。孤艇冲烟过，疏钟隔坞闻。杜门非独病，实是厌纷纷。

草径人稀到，柴扉手自开。林疏鸦小泊，溪浅鹭频来。檐角除瓜蔓，墙隅副芋魁。东邻腊肉至，一笑举新醅。五诗虽非高唱，然俱妥适。

放翁所谓笔端有口，新冬野景，搜抉无遗。"屋角成金字"，本出《北史·斛律金传》，如用此事，则此句未稳。似乎别有取义者，俟考。以对"溪流作縠纹"，亦奇。

残　腊

陆放翁

残腊无多日，吾生又一年。林塘明夕照，墟落淡春烟。山色危栏角，梅花绿酒边。岁时元自好，老病独凄然。

五、六壮丽。此冲淡，非壮丽也。

冬日感兴十韵

陆放翁

原注：戊午。

雨雾天昏噎,陂湖地阻深。蔽空鸦作阵,暗路棘成林。_{起四句比时事之昏乱。}有客风埃里,频年老病侵。梦魂来二竖,相法欠三壬。旧愤开孤剑,新愁感断砧。唐衢惟痛哭,庄舄正悲吟。瘦跨秋门马,寒生夜店衾。但思全旧璧,敢冀访遗簪?楼上苍茫眼,灯前破碎心。长谣倾浊酒,慷慨厌层阴。"层阴"亦是比。

"三壬""二竖""秋门""夜店""旧璧""遗簪",皆工之又工。此诗不应如此论。

和翁灵舒冬日书事三首

徐道晖

石缝敲冰水,凌寒自煮茶。梅迟思闰月,枫远误春花。贫喜苗新长,吟怜鬓已华。城中寻小屋,岁晚欲移家。

"思"字、"误"字,当是推敲不一乃得之。

秀句出寒饿,从人笑我清。步溪波逐影,吟竹鸟鹰声。酒里安天运,春边见物情。耕桑犹罄橐,何事可营生?

十日南山雪,今朝又北风。烧冲岩石断,梅映野堂空。难语伤时事,无成愧老翁。一生吟思味,独喜与君同。结出"和"字,完密。

一　室

宋谦父

一室冷如冰,梅花相对清。残年日易晚,夹雪雨难晴。身计茧千绪,世纷棋一枰。曲生差解事,谈笑破愁城。

壶山宋自逊,字谦父,本婺女人。父子兄弟皆能诗,而谦父名颇著,贾似道贿以二十万楮,结屋南昌。诗篇篇一体,无变态。此诗三、四好,五、六涉烂套也。学宋诗者当避此种。他如"酒熟浑家醉,诗成逐字评",亦佳,但近俗耳。直是不佳,不止于俗。

七言二十首(录三首)

野　望

杜工部

西山白雪三奇戍,南浦清江万里桥。海内风尘诸弟隔,天涯涕泪一身遥。惟将迟暮供多病,未有涓埃答圣朝。跨马出郊时极目,不堪人事日萧条。

两《野望》诗,地不同而同是冬日,故选入。此格律高耸,意气悲壮,唐人无能及之者。

次韵乐文卿故园

陈简斋

故园归计堕虚空,啼鸟惊心处处同。四壁一身长客梦,百忧双鬓更春风。梅花不是人间白,日色争如酒面红。且复高吟置余事,此生能费几诗筒。

此诗似新春冬末之作。

和李上舍冬日书事

韩子苍

北风吹日昼多阴,日暮拥阶黄叶深。倦鹊绕枝翻冻影,飞鸿摩月堕孤音。推愁不去如相觅,与老无期稍见侵。顾籍微官少年事,病来那复一分心?

三、四极工,五、六前辈有此语,但锻得又佳耳。

晨朝类

五言三十二首(录八首)

早渡蒲关

唐明皇

钟鼓严更曙,山河野望通。鸣銮下蒲坂,飞盖入秦中。地险关逾壮,天平镇尚雄。春来津树合,月落戍楼空。马色分朝景,鸡声逐晓风。所希常道泰,非复候缥同。气脉自厚。

晓望

杜工部

白帝更声尽,阳台晓色分。高峰寒上日,叠岭宿霾云。地坼江帆隐,天清木叶闻。荆扉对麋鹿,应共尔为群。

五、六以"坼"字、"隐"字、"清"字、"闻"字为眼,此诗之最紧处。炼字亦诗家所不废,病在"最紧"二字,似此外别无诗法者,宜为冯氏所讥。

将晓二首(录第一首)

杜工部

石城除击柝,铁锁欲开关。鼓角悲荒塞,星河落晓山。巴人常小梗,蜀使动无还。垂老孤帆色,飘飘犯百蛮。此诗二首,一首言时事,一首言自身,乃章法也。然前篇尾句已包得第二首意,故不妨删取。

前一诗中四句,两言晓景,两言时事;后一诗中四句,两言晓景,两言身事。拘者欲句句言晓,即不通矣。此评最分晓。

客　亭

杜工部

秋窗犹曙色,木落更天风。日出寒山外,江流宿雾中。圣朝无弃物,老病已成翁。多少残生事,飘零任转蓬。

王右丞诗云:"江流天地外,山色有无中。"此诗三、四以写秋晓,亦足以敌右丞之壮。然其佳处,乃在五、六有感慨。感慨不难,难于浑厚不激耳。入他人手,有多少愤愤不平语。两句言景,两句言情,诗必如此,则净洁而顿挫也。两景两情,诗之一体,善作者规矩在手,造化生心,有何情景之可分? 况限以两句,如此两句如彼哉! 以此标为定法,所见甚陋,冯氏讥之当矣。

商山早行

温飞卿(庭筠)

晨起动征铎,客行悲故乡。鸡声茅店月,人迹板桥霜。槲叶落山路,枳花明驿墙。因思杜陵梦,凫雁满回塘。五、六弱。七、八复,衍第二句,皆是微瑕,分别观之。

三、四极佳。

早春寄朱放

郭　良

"春"字与诗语不符,当是误刻。《戴叔伦集》载此诗题曰《早行寄朱山人放》。

山晓旅人去,天高秋气悲。明河川上没,芳草露中衰。此别又千里,少年能几时? 心知剡溪路,聊且寄前期。末二句《戴集》作:"青冥剡溪路,心与谢公期。"格意殊高。

次韵方万里雨夜雪意

赵宾旸

吴孟举曰：当入"冬日类"。

芋火房阴处，翛然类懒残。雨欺梅影瘦，风助竹声寒。拥衱衣全薄，哦诗字欲安。儿童疑有雪，频起穴窗看。四灵一派。

予丁丑之冬，在桐江赋《雨夜雪意》诗云："汹涌风如战，萧骚雨欲残。遥峰应有雪，半夜不胜寒。吾道孤灯在，人寰几枕安？何当眩银海，清晓倚楼看。"鲁齐赵君与东，字宾旸，和予此诗。"哦诗字欲安"，佳句也。尾句亦活动，胜予所倡。宾旸嘉定十五年壬午生，今年六十有二，宗学上舍改官。

早 行

刘后村

店妪明灯送，前村认未真。山头云似雪，陌上树如人。渐觉高星少，才分远烧新。何烦看堠子？来往暗知津。言疲于道途已久。

《南岳一藁》第七诗。三、四可观，盖少作也。后村诗最庸劣，不称其名，观此评则虚谷亦厌之。

七言十三首（录四首）

早 发

罗邺

一点灯残鲁酒醒，已携孤剑事离程。愁看飞雪闻鸡唱，独向长空背雁行。白草近关微有路，"路"字依虚谷改。浊河连底冻无声。此中来往本迢递，况是羸躯客塞城。

第六句好。第五句"露"字疑当作"路"，先已言雪故也。

新城道中

苏东坡

东风知我欲山行,吹断檐间积雨声。岭上晴云披絮帽,树头初日挂铜钲。野桃含笑竹篱短,溪柳自摇沙水清。西崦人家应最乐,煮芹烧笋饷春耕。

东坡为杭倅时诗。熙宁六年癸丑二月,循行属县,由富阳至新城有此作。起句十四字妙,五、六亦佳,但三、四颇拙耳。此评最确,冯氏独不然之,盖有意求瑕,不为公论。"铜钲""絮帽",可谓之雅字乎哉?所谓武库森然,不无利钝,学者当自细参而默会。虽山谷少年诗亦有不甚佳者,不可为前辈隐讳也。凡读古人书皆当知此意,虽少陵亦有绝可笑诗。坡是年三十八岁。晁无咎之父端友令新城,故和篇有云:"小雨足时茶户喜,乱山深处长官清。"此乃佳句。

东流道中

王景文

山高树多日出迟,食时雾露且氛霏。马蹄已踏两邮舍,人家渐开双竹扉。冬青匝地野蜂乱,荞麦满园山雀飞。明朝大江载吾去,万里天风吹客衣。

雪山王质,字景文,东鲁人。过江寓居兴国,绍兴庚辰进士。此诗乃吴体而遒美。

六月归途

徐致中

星明残点数峰晴,夜静微闻水有声。六月行人须早起,一天凉露湿衣轻。宦情每向途中薄,诗句多于马上成。故里诸公应念我,稻花香里计归程。

第四句良是,第六句亦佳。不如五句之真至。

暮夜类

五言五十首（录二十四首）

晚次乐乡县

陈子昂

故乡杳无际，日暮且孤征。川原迷旧国，道路入边城。野戍荒烟断，深山古木平。如何此时恨，嗷嗷夜猿鸣。

> 盛唐律诗浑大，格高语壮。晚唐下细工夫，作小结裹，所以异也。学者详之。此种语极有见地。何其他处持论无一不与此相反也？

日 暮

杜工部

牛羊下来夕，各已闭柴门。风月自清夜，江山非故园。石泉流暗壁，草露滴秋根。头白灯明里，何须花烬繁？

倦 夜

杜工部

竹凉侵卧内，野月满庭隅。重露成涓滴，稀星乍有无。二句体物入微。暗飞萤自照，水宿鸟相呼。二句寓飘零之感。万事干戈里，空悲清夜徂。

村 夜

杜工部

萧萧风色暮，江头人不行。村舂雨外急，邻火夜深明。胡羯何多难？渔樵寄此生。中原有兄弟，万里正含情。

旅夜书怀

杜工部

细草微风岸,危樯独夜舟。星垂平野阔,月涌大江流。名岂文章著?官应老病休。飘飘何所似?天地一沙鸥。可当雄浑之品。

老杜夕、暝、晚、夜五言律近二十首。选此八首洁净精致者,多是中两句言景物,两句言情。若四句皆言景物,则必有情思贯其间,痛愤哀怨之意多,舒徐和易之调少。以老杜之为人,纯乎忠襟义气,而所遇之时,丧乱不已,宜其然也。

野 望

杜工部

清秋望不极,迢递起层阴。远水兼天净,孤城隐雾深。叶稀风更落,山迥日初沉。独鹤归何晚?昏鸦已满林。

此亦老杜暮夜诗,而题中惟指郊野,各极遒健悲惨,不可不选。前诗分明道乱离,后诗结末四句,有叹时感事、助贤恶不肖之意焉。

酬梦得穷秋夜坐即事见寄

白乐天

焰细灯将尽,声遥漏正长。老人秋向火,小女夜缝裳。菊悴篱经雨,萍销水得霜。今冬暖寒酒,已拟共君尝。

三、四有情味。

南塘暝兴

曹松

水色昏犹白,霞光暗渐无。风荷摇破扇,波月动连珠。蟋蟀啼相应,鸳鸯宿不孤。小僮频报夜,归步尚踟蹰。前后六句皆佳。第三句粗野,第四句尤俗;不得以工部借口,工部此句本不佳。

西陵夜居

吴　融

寒潮落远汀,暝色入柴扃。漏永沉沉静,灯孤的的青。林风移宿鸟,池雨定流萤。尽夕成愁绝,啼螀莫近庭。

五、六绝妙,两字眼用工。晚唐实有此种诗法,不得病虚谷穿凿,独怪其不拘何代何人诗,概以此法论之耳。

夕　阳

僧宇昭

向夕江天迥,微微接水平。带帆归极浦,随客上荒城。云外僧看落,山西鸟过明。何人对幽怨,苒苒败莎并。

宇昭,九僧之一,江东人。《夕阳》,着题诗也。中四句皆工。

秋夜集李式西斋

赵叔灵

泽国秋光澹,诗家夜会清。雨余逢月色,风静得琴声。小径幽虫绝,寒阶落叶并。尝余不拟睡,自起绕池行。

太宗朝诗人多学晚唐。此诗三、四系一句法,五、六是偶。"偶"字未详。

城隅晚意

宋景文

寥寥天意晚,稍觉井间闲。水落呈全屿,云生失半山。牛羊樵路暗,灯火客舟还。暝思输凫鹄,归飞沆漭间。

三、四工巧。

晚游九曲院

陈后山

冷落丛祠晚,回斜峡路赊。平荷留夜雨,惊鸟过邻家。云暗重重树,风开旋旋花。病身无俗事,待得后归鸦。

此钱塘九曲院也。后山游吴时在三十岁以前,元丰五年壬戌诗。

后湖晚出

陈后山

水净偏明眼,城荒可当山。青林无尽意,白鸟有余闲。身致江湖上,名成伯季间。冯氏谓六句费解,亦接不下。余谓费解有之,却无接不下处。盖颓然自放,傲然自负,觉合同辈数子外,眼前无可语者,惟看鸦去雁还耳。语似不接,意实相贯,不得以《才调集》板法绳之。目随归雁尽,坐待暮鸦还。

"沧江万古流不尽,白鸟双飞意自闲。"东坡赏欧公诗,谓敌老杜。后山三、四一联,尤简而有味。不致身于庙堂,而致身于江湖之上。"名成伯季间",谓在苏门六君子中,亚于黄而高于晁、张也。

晚　坐

陈后山

柳弱留春色,梅寒酿雪花。溪明数积石,月过恋平沙。病减还增药,年侵却累家。后归栖未定,不但只昏鸦。

六句下六字为眼,尾句尤高古。

寒　夜

陈后山

留滞常思动,艰虞却悔来。寒灯挑不焰,残火拨成灰。冻水滴还歇,风帘卷复开。孰知文有忌,"孰",古"熟"字。工部《垂老别》:"孰知是死别,且复伤其生。"注者谓即"熟"字是也。文有忌,盖即唐人诗谶之说。情至自生哀。

此赴棣州教授诗。起句十字,士大夫之常态。

宿济河

陈后山

烛暗人初寂,寒生夜向深。潜鱼聚沙窟,坠鸟滑霜林。稍作他年计,初回万里心。还家只有梦,更着晓寒侵。

句句有眼,字字无瑕,尾句尤深幽。

宿合清口

陈后山

风叶初疑雨,晴窗误作明。穿林出去鸟,举棹有来声。深渚鱼犹得,寒沙雁自惊。二句对照寓意。卧家还就道,身计岂苍生?

此亦赴棣州教时作。起句十字,尽客夜之妙。末句叹喟出处无补苍生,远矣。

和西斋

张宛丘

山色供开镜,溪光照掩扉。暗虫先夜响,荾叶近秋飞。灌垄晴蔬出,开笼暮鹤归。鸣琴坐朗月,轻露点秋衣。

冬　夜

张宛丘

岁晚转无趣,席门谁驻车?涧泉分当井,山叶扫供厨。谋拙从人笑,身闲读我书。幸知霜霰晚,时得灌园蔬。

三、四亦自然。"从人笑""读我书",各有出处,非杜撰。

小舟过吉泽效王右丞

陆放翁

泽国霜露晚,孤汀烟火微。本去官道远,自然人迹稀。木落山尽出,钟鸣僧独归。渔家闲似我,未夕闭柴扉。前六句俱似,末二句逗入晚唐。

五、六可谓得句。

冷泉夜坐

赵师秀

众境碧沉沉,前峰月正临。楼钟晴听响,池水夜观深。清净非人世,虚空见佛心。却寻来处宿,风起古松林。四灵诗之意境宽阔者。

三、四下一字是眼,中一字是眼之来脉。作诗当如此秤停。

访端叔提干

葛无怀

水趁潮头上,山随柁尾行。大江中夜满,双橹半空鸣。雁冷来无几,鸥清睡不成。平生师友地,此夕最关情。前四句气脉绝大,五、六亦镂刻不俗。"雁冷""鸥清"借寓萧条孤寂之意,即隐隐牵动所怀之人。于六义为比中有兴,故末二句可以直接访晁。骤看之似乎不接,其实转折在无字句中。

三、四有盛唐风味。

月夜书怀

陈止斋

送客门初掩,收书室更虚。新篁高过瓦,凉月下临除。妇病才扶杖,儿馋或馈鱼。今朝吾已过,莫问夜何如。

尾句高不可言。

七言十一首(录六首)

暮归

杜工部

霜黄碧梧白鹤栖,城上击柝复乌啼。客子入门月皎皎,谁家捣练风凄凄?南渡桂水阙舟楫,北归秦川多鼓鼙。年过半百不称意,明日看云还杖藜。

自是一种骨格、风调,又自是一种悲壮、哀惨。

返照

杜工部

楚王宫北正黄昏,白帝城西过雨痕。返照入江翻石壁,顶第一句。归云拥树失山村。顶第二句。衰年肺病惟高枕,绝塞愁时早闭门。不可久留豺虎乱,南方实有未招魂。

想必先得三、四,故以"返照"命题。此以四灵、九僧诗法论少陵,古人无此作法。"翻"字、"失"字,诗眼也。

和周廉彦

张宛丘

天光不动晚云垂,芳草初长衬马蹄。新月已生飞鸟外,落霞更在夕阳西。花开有客时携酒,门冷无车出畏泥。修禊洛滨期一醉,天津春浪绿浮堤。何等姿韵,诗岂必以楂枒怪丑为高?

三、四不见着力,自然浑成。

夜泊宁陵

韩子苍

汴水日驰三百里,扁舟东下更开帆。且辞杞国风微北,夜泊宁陵月正南。老树挟霜鸣窣窣,寒花垂露落毿毿。茫然不悟身何处,水色天光共蔚蓝。

"扁舟东下更开帆",此是诗家合当下的句。只一句中有进步,犹云"同是行人更分首"也。五、六亦工。

夜　坐

吕居仁

所至留连不计程,两年坚卧厌南征。荒城日短溪山静,野寺人稀鹳雀鸣。药裹向人闲自好,文书到眼病犹明。较量定力差精进,夜夜蒲团坐五更。江西诗之雅饬者。

秋夜偶书

赵师秀

此生谩与蠹鱼同,白发难收纸上功。辅嗣《易》行无汉学,玄晖诗变有唐风。伤所学不合时趣,诗特蕴藉。盖说经至辅嗣而妙,然义理胜而训故荒。炼句至玄晖而工,然雕琢起而浑朴散,宋末实有此弊。紫芝此语亦可云婉而章矣。夜长灯烬挑频落,秋老虫声听不穷。多少故人天禄贵,犹将寂寞叹扬雄。末二句深婉有味。

三、四有议论,却不可以晚唐诗一例看。若如此推去尽高。

节序类

五言五十四首(录十七首)

冬至后

张宛丘

水国过冬至,风光春已生。梅如相见喜,雁有欲归声。老去书全懒,闲中酒愈倾。穷通付吾道,不复问君平。

张文潜诗,予所师也。杨诚斋谓肥仙诗自然,不事雕镌得之矣。文潜两谪黄州,此殆黄州时诗。三、四绝佳。大概文潜诗,中四句多一串用景,似此一联景一联情,尤净洁可观。周伯弢定四实、四虚,前后虚实为法。要之,本亦无定法也。无定法之论最圆。

腊日晚步

张宛丘

喜觉阳和近,山园策杖行。草应知地暖,柳欲向人轻。残雪通春信,鸣禽报晓晴。田间未成计,搔首问春耕。

此题三首,今选其一。"柳欲向人轻",最佳句也。二句并佳。"残雪通春信","通"字绝妙。第一首警联云:"愁思供多病,风光欲近人。"亦佳。

腊日二首

张宛丘

日暖村村路,人家迭迭迎。婚姻须岁暮,酒醴幸年登。箫鼓儿童集,衣裳妇女矜。入景、入情。敢辞鸡黍费,农事及春兴。

击柝山城闭,疏灯夜店扃。疾风鸣夜谷,晴水动浮星。霜翼归何晚,邻机织未停。短歌聊自放,愁绝更谁听。

此题六首,今选其二。"衣裳妇女秖",此一韵绝妙。"晴水动浮星",此一句绝妙。第二首一联云"雪意千山静,天形一雁高",尤佳。"迎"字许借韵也。直是落韵,不得云许。

除夜宿石头驿

戴叔伦(幼公)

旅馆谁相问?寒灯独可亲。一年将尽夜,万里未归人。寥落悲前事,支离笑此身。愁颜与衰鬓,明日又逢春。

此诗全不说景,意足辞洁。

除　夕

唐子西

患难思年改,龙钟惜岁徂。关河先垄远,天地小臣孤。吾道凭温酒,时情付拥炉。南荒足妖怪,此日漫桃符。通体似杜。

唐庚,字子西,眉山人。年十七见知东坡,为张天觉丞相牵连,谪居惠州。此诗三、四似老杜,故取之。然子西诗大率精致。

除夜对酒赠少章

陈后山

岁晚身何托?灯前客未空。半生忧患里,一梦有无中。发短愁催白,颜衰酒借红。我歌君起舞,潦倒略相同。神力完足。

五、六一联,当时盛称其工,见《渔隐丛话》。

除　夜

陈简斋

畴昔追欢事,如今病不能。等闲生白发,耐久是青灯。此句沉着有味。海内春还满,江南砚不冰。此句偏枯,不称出句。题诗饯残岁,钟鼓报晨兴。

"海内春还满",此一句壮甚。

新年作

宋之问

乡心新岁切,天畔独潸然。老至居人下,春归在客先。诗至此,渐以心思相胜,非复从前堆砌之习矣。妙于巧密而浑成,故为大雅。岭猿同旦暮,江柳共风烟。已似长沙傅,从今又几年?

三、四费无限思索乃得之,否则有感而自得。此甘苦语。

元 日

陈后山

老境难为节,寒梢未得春。一官兼利害,百虑孰疏亲。积雪无归路,扶行有醉人。此句对面写法,如此乃活而有味。望乡仍受岁,回首向松筠。字字镂刻,却自浑成。

读后山诗,若以色见,以声音求,是行邪道,不见如来。全是骨,全是味,不可与拈花簇叶者相较量也。后山未必至此,然读古人诗不可不知此意。

人 日

唐子西

人日伤心极,天时触目新。残梅诗兴晚,细草梦魂春。对句微妙,胜出句。挑菜年年俗,飞蓬处处身。蟆颐频语及,仿佛见东津。

以"人日"对"天时",虽近在目前,子细看甚工。东坡以"人日"对"鬼门",亦佳。见此卷后。冯氏曰:"诗太工则伤格。专作巧对,亦是一病。"

正月十五日

苏味道

火树银花合，星桥铁锁开。暗尘随马去，明月逐人来。自然有味。游妓皆秾李，行歌尽《落梅》。金吾不禁夜，冯氏曰："禁"，别本作"惜"，"惜"妙于"禁"。余谓此亦无大关系，如专以此种为妙，其僻更甚于"江西"。玉漏莫相催。

味道，武后时人，诗律已如此健快。古今元宵诗少，五言好者殆无出此篇矣。

奉和晦日幸昆明池应制

宋之问

春豫灵池会，沧波帐殿开。舟凌石鲸渡，槎拂斗牛回。节晦蓂全落，春迟柳暗催。象溟看浴景，烧劫辨沉灰。镐饮周文乐，汾歌汉武才。不愁明月尽，自有夜珠来。此用汉武帝幸昆明池大鱼献珠报恩事，见《三辅黄图》。虚谷解殊谬。

"节晦蓂全落"，未见得是正月三十日。急着"春迟柳暗催"一句，足其意。池象溟海而观浴日，既已壮丽，又引胡僧劫灰事为偶，则尤精切，可谓极天下之工矣。"镐饮""汾歌"一联，王禹玉袭为《上元应制》诗，殊不知之问已先用矣。尾句尤佳。

壬辰寒食

王半山

客思似杨柳，春风千万条。更倾寒食泪，欲涨冶城潮。起四句恣逸之甚。巾发雪争出，镜颜朱早凋。未知轩冕乐，但欲老渔樵。结嫌径直。

道中寒食二首

陈简斋

飞絮春犹冷，离家食更寒。冯氏抹此三字，然三字实本少陵。能供几岁月，不办了悲欢。剌史蒲萄酒，此用"蒲萄酒"换凉州事。先生苜蓿盘。一官违壮节，百虑集征鞍。

斗粟淹吾驾，浮云笑此生。有诗酬岁月，无梦到功名。客里逢归雁，愁边有乱莺。杨花不解事，更作倚风轻。二诗俱深稳。

清 明

陆放翁

气候三吴异，清明乃尔寒！老增丘墓感，贫苦道途难。燕子家家入，梨花树树残。一春回首尽，怀抱若为宽。

三、四凄怆，第七句最好，景联亦平熟。病在平熟。

七言六十九首（录十三首）

腊 日

张宛丘

腊日开门雪满山，愁阴短景岁将阑。江梅飘落香元在，汀雁飞鸣意已还。三句即王元之"霜摧风败，芝兰之性终香"意，以自警也。四句即薛道衡"人归落雁后"意，更以对面写法，蕴藉其词。佳节再逢身幸健，一樽相属鬓生斑。明光起草真荣事，寂寂衡门我且闲。

除 夜

陈简斋

城中爆竹已残更，朔吹翻江意未平。多事鬓毛随节换，尽情灯火向人明。

比量旧岁聊堪喜,流转殊方又可惊。明日岳阳楼上去,岛烟湖雾看春生。_{清而不薄,润而不滑,结二句尤闲淡有味。}

壬戌岁除作,明朝六十岁矣

曾茶山

禅榻萧然丈室空,薰销火冷闭门中。光阴大似烛见跋,学问只如船逆风。_{此种是江西派惯调,不宜效之。}一岁临分惊老大,五更相守笑儿童。休言四十明朝过,_{"四十明朝过",工部句也。}看取霜髯六十翁。_{茶山诗之不恶者。}

庚辰岁人日作

苏东坡

原注云:时闻黄河已复北流,老臣旧数论此,今斯言乃验。

老去仍栖隔海村,梦中时见作诗孙。天涯已惯经人日,归路犹欣过鬼门。三策已应思贾让,孤忠终未赦虞翻。典衣剩买河源米,屈指新蒭作上元。

不用长愁挂月村,槟榔生子竹生孙。新巢语燕还窥砚,旧雨来人不到门。春水芦根看鹤立,夕阳枫叶见鸦翻。此生念念随泡影,莫认家山作本元。_{此种诗只看其老健处,不以字字句句求之。}

前辈论诗文,谓子美夔州后诗,东坡岭外文,老笔愈胜少作,而中年亦未若晚年也。此诗元符三年东坡年六十五谪居儋耳所作。"人日""鬼门"之对固工。两篇首尾雄浑,不敢删落。存此则知选诗之意,不拘节序也。明年建中靖国元年辛巳七月,东坡北还,卒于常州云。海南人日,燕已来巢,亦异事。

小寒食舟中作

杜工部

佳辰强饮食犹寒,隐几萧条戴鹖冠。春水船如天上坐,老年花似雾中看。

娟娟戏蝶过闲幔,片片轻鸥下急湍。二句言物皆自得,以反照下文。云白山青万余里,愁看直北是长安。

"强饮"一本作"强起","愁看"一本作"看云","是长安"一本作"至长安"。沈佺期《钓竿篇》云:"人如天上坐,鱼似镜中悬。"公加以斤斧,一变而妙矣。小寒日,前一日也。黄本注谓:"大历五年潭州作。"是年庚戌,公年五十有九矣。是夏卒于衡之耒阳,吕汲公谓卒于岳阳,未知孰是。此子美老笔也。

寒日只旬日闻风雨不已

曾茶山

年光胡不少留连,熟食清明又眼前。敢望深宫传蜡烛,可堪小市禁炊烟。满城风雨无杯酒,故国松楸欠纸钱。五、六自佳。老病心情冷时节,只将书策替幽禅。

上巳晚泊龟山作

贺方回

薄暮东风不满帆,迟迟未忍去淮南。故园犹在北山北,佳节可怜三月三。兰叶自供游女佩,芸编聊对故人谈。洛桥车骑相望客,曾为吴儿几许惭。

三、四好。"北山北"本是凑对,然凑得却好,偶一为之不妨。

上 巳

刘后村

樱笋登盘节物新,一筇踏遍九州春。似曾山阴访修竹,不记水边观丽人。豪饮自怜非少日,俊游亦恐是前身。暮归尚有清狂态,乱插山花满角巾。后村难得此娴雅之篇。

绍定五年壬辰诗,后村年四十六,闲居莆中,所以言"俊游亦恐是前身",皆思旧事也。

登 高

杜工部

风急天高猿啸哀,渚清沙白鸟飞回。无边落木萧萧下,不尽长江滚滚来。万里悲秋长作客,百年多病独登台。艰难苦恨繁霜鬓,潦倒新停浊酒杯。归愚论此诗:"末二句词意并竭。"信然。

九日蓝田崔氏庄

杜工部

老去悲秋强自宽,兴来今日尽君欢。羞将短发还吹帽,笑倩傍人为正冠。"冠""帽"正犯,前人已议之。蓝水远从千涧落,玉山高并两峰寒。明年此会知谁健?醉把茱萸子细看。一说"看"谓看蓝水、玉山,非看茱萸也。亦曰有理,不同穿凿。

九日寄秦觏

陈后山

疾风回雨水明霞,沙步丛祠欲暮鸦。九日清樽欺白发,十年为客负黄花。登高怀远心如在,向老逢辰意有加。淮海少年天下士,独能无地落乌纱。

"无地落乌纱",极佳。孟嘉犹有一桓温客之,秦并无之也。此解无理。后山诗意谓:当此佳辰,老子兴尚不浅,秦之少年豪俊,岂无一地为登高之宴乎?惜己之不得共游也。语既歇,后意又暗含,故虚谷泥"独能"二字,误评。

九日登天湖以"菊花须插满头归"分韵赋诗,得"归"字

朱文公

去岁潇湘重九时,满城风雨客思归。故山此日还佳节,黄菊清樽更晚晖。短发无多休落帽,长风不断且吹衣。"落帽"有典,"吹衣"无典,然不觉其偏枯,且似

对句转胜者。此故可思。相看下视人寰小,只合从今老翠微。

此乾道四年戊子也,文公去年访南轩于长沙,故有此起句。予尝谓文公诗深得后山三昧,而世人不识。且如"故山此日还佳节,黄菊清樽更晚晖"。上八字各自为对,一瘦对一肥,愈更觉好。盖法度如此,虚实互换,非信口、信手之比也。山谷、简斋皆有此格。此诗后四句尤意气阔远。时以去年冬除枢密院编修官,犹待缺于家。

晴雨类

五言九十五首（录二十一首）

途中遇晴

孟浩然

已失巴陵雨,仍逢蜀坂泥。天开斜景遍,山出晚云低。余湿犹沾草,残流尚入溪。今宵有明月,乡思远凄凄。

三、四壮浪,二字不确。五、六细润,形容雨晴妙甚。

对　雨

杜工部

莽莽天涯雨,江边独立时。不愁巴道路,恐湿汉旌旗。此等语他人不能作。非惟无此笔力,亦无此胸怀。雪岭防秋急,绳桥战胜迟。西戎甥舅礼,未敢背恩私。

春夜喜雨

杜工部

好雨知时节,当春乃发生。随风潜入夜,润物细无声。野径云俱黑,江船火独明。晓看红湿处,花重锦官城。"随风"二句虽细润,中、晚人刻意或及之。后四句传神之笔,则非余子所可到。

赋暮雨送李胄

韦苏州

楚江微雨里,建业暮钟时。漠漠帆来重,冥冥鸟去迟。海门深不见,浦树远含滋。相送情无限,沾襟比散丝。细切。

三、四绝妙,天下诵之。

梅 雨

柳子厚

梅实迎时雨,苍茫值晚春。愁深楚猿夜,梦断越鸡晨。海雾连南极,江云暗北津。素衣今尽化,非为洛阳尘。原注:谓衣生醭也。

春夜闻雨

梅圣俞

风味正不寝,"风味"二字费解,冯氏讥之良是。骤来寒气增。檐斜滴野箨,窗缺摆春灯。孺子睡中语,行人归未能。前溪波暗长,定已没滩棱。

三、四工,余皆有味。

雨 中

张宛丘

手种阶前树,今朝亦有花。春阴寒食节,陋巷逐臣家。三、四高唱,不减唐贤。欲酌消愁酒,先浇破睡茶。游人归踏雨,里巷晚喧哗。

肥仙诗自然,杨诚斋之评不虚也。

连雨书事四首(录第一首、第三首、第四首)

陈简斋

九月逢连雨,萧萧稳送秋。龙公无乃倦,客子不胜愁。云气昏城壁,钟声咽寺楼。_{从工部"钟鼓报新晴"意对面化出。}年年授衣节,牢落向他州。

寒入新蒭价,_{此句不可解,疑有误字。}连天两眼愁。生涯赤藤杖,契分黑貂裘。_{冯氏讥"貂裘"太早,然此不过借言客况耳。论诗不宜如此泥。}乌鹊无言暮,蓬蒿满意秋。同时不同味,世事极悠悠。

白菊生新紫,黄芜失旧青。俱含岁晚怅,并入夜深听。梦寐连萧瑟,更筹乱晦冥。云移过吴越,应为洗余腥。_{诸篇目沉着有味。惟第二首"风伯安卧""云师少飨"语太狞狰,"老雁贪去"字亦未稳,故删之。}

当是宣和庚子时。

雨

陈简斋

沙岸残春雨,茅檐古镇官。一时花带泪,万里客凭栏。日晚蔷薇重,楼高燕子寒。惜无陶谢手,尽日破忧端。_{中四句并佳。}

春 雨

陈简斋

花尽春犹冷,羁心只自惊。孤莺啼永昼,细雨湿高城。_{三、四细腻。}扰扰成何事,悠悠送此生。蛛丝闪夕霁,随处有诗情。_{七、八句微入"武功体",然尚不碍。}

岸 帻

陈简斋

岸帻立清晓,山头生薄阴。乱云交翠壁,细雨湿青林。时改客心动,鸟啼春意深。微近涩体，然而有味。穷乡百不理，时得一闲吟。

晚晴野望

陈简斋

洞庭微雨后，凉气入纶巾。水底归云乱，芦蘴返照新。遥汀横薄暮，独鸟度长津。兵甲无归日，江湖送老身。悠悠只倚杖，悄悄自伤神。天意苍茫里，村醪亦醉人。结意沉挚。

所圈句法，诗家高处。原本圈"兵甲"二句。

道 中

陈简斋

雨势收还急，溪流直又斜。迢迢傍山路，漠漠满村花。破水双鸥影，掀泥百草芽。川原有高下，随处着人家。有自然萧散之意。

晚 步

陈简斋

畎亩意不适，出门聊散忧。雨余山欲近，春半水争流。众籁夕还作，孤怀行转幽。溪西篁竹乱，微径杂归牛。

雨 思

陈简斋

小阁当乔木，清溪抱竹林。寒声日暮起，客思雨中深。行李妨幽事，阑干试独临。终然游子意，非复昔人心。

雨　中

陈简斋

北客霜侵鬓,南州雨送年。未闻兵革定,从使岁时迁。古泽生春霭,高空落暮鸢。山川含万古,郁郁在樽前。此首近杜。

悯　雨

曾茶山

梅子黄初遍,秧针绿未抽。若无三日雨,那复一年秋。薄晚看天意,今宵破客愁。不眠听竹树,还有好音不？浅而不率。

秋雨排闷十韵

曾茶山

此诗今载《放翁集》中,题茶山恐误。

今夏久无雨,从秋却少晴。空蒙迷远望,萧瑟送寒声。衣润香偏着,书蒸蠹欲生。坏檐闻瓦堕,涨水见堤平。沟溢池鱼出,天低塞雁征。萤飞明暗庑,蛙闹杂疏更。药酿时须焙,舟闲任自横。未忧荒楚菊,直恐败吴粳。二句从老杜"不愁巴道路"一联化出,语极斤两,不见摹拟之痕。夜永灯相守,愁深酒细倾。浮云会消散,鼓笛赛西成。

雨　夜

曾茶山

一雨遂通夕,安眠失百忧。窗扉淡欲晓,枕簟冷生秋。画烛争棋道,金樽数酒筹。二句即下所云"锦城梦"也。依然锦城梦,忘却在南州。

起句健,后四句又豪放。

七言四十首（录六首）

赋得秋雨

晏元献

点滴行云覆苑墙,飘萧微影度回塘。秦声未觉朱弦润,楚梦先知薤叶凉。野水有波增澹碧,霜林无韵湿疏黄。萤稀燕寂高窗暮,正是西风玉漏长。结二句逼真玉溪。

　　此亦昆体。盖当时相尚如此。昆体有意味者原佳。惟一种厚粉浓朱,但砌典故者可厌。

雨 晴

陈简斋

天缺西南江面清,纤云不动小滩横。墙头语鹊衣犹湿,楼外残雷气未平。尽取微凉供稳睡,急搜奇句报新晴。此种自是宋调,故冯氏痛诋之。然诗原不拘一格,诗之工拙高下,亦不尽系于此,但看大体如何耳。今宵绝胜无人共,卧看星河尽意明。

雨后至城外

吕居仁

日日思归未就归,只今行露已沾衣。江村过雨蓬麻乱,野水连天鹳鹤飞。尘务却嫌经意少,故人新更得书稀。鹿门纵隐犹多事,苦向人前说是非。

自七月二十五日大雨三日,秋苗以苏,喜雨有作

曾茶山

一夕骄阳转作霖,梦回凉冷润衣襟。不愁屋漏床床湿,且喜溪流岸岸深。千里稻花应秀色,五更桐叶最知音。无田似我犹欣舞,何况田家望岁心？一气

圆转，毫无江西生硬之状，结意亦深稳圆足。

三、四已佳，五、六又下得"应"字、"最"字，有精神。

雨

陆放翁

家近蓬莱白玉京，草堂登望不胜清。一本作"情"，误。初惊野色昏昏至，已见波纹细细生。残醉顿消迎乱点，微吟渐觉入寒声。只愁今夕虚檐滴，又对青灯梦不成。

工而润。

二月十日喜雨呈季纯教授去非尉曹

赵章泉

沧浪一夜起鸣雷，雨阵因之续续来。虚字不佳。所病农家成久旱，未论花事有新开。书生狂妄常忧国，此句最深微。圣代飘零岂弃才？儒馆尉曹俱国士，好为诗赋咏康哉。前后意似不相属，然三、四句已透到忧国之意。五、六句申明己之不合时宜。七、八句戏以迎合时局勉二人。纯是寓愤之作，以喜雨为题耳。此在当日必有本事。

三、四奇瘦，五、六古典。此公诗惟有骨，全无肉。

茶 类

五言十三首（并删）

七言八首（录一首）

汲江煎茶

苏东坡

活火仍须活水烹，自临钓石汲深清。杨诚斋解此二句分为七层，太琐碎。诗不必如此说。大瓢贮月归春瓮,小杓分江入夜瓶。雪乳已翻煎处脚,松风忽作泻时声。枯肠未易禁三碗,卧数荒城长短更。《博物志》曰:"饮真茶令人少眠。"结句用此意。

酒 类

五言十九首(并删)

七言十六首(录六首)

太守徐君猷通守孟亨之皆不饮酒,诗以戏之云

苏东坡

孟嘉嗜酒桓温笑,徐邈狂言孟德疑。公独未知其趣耳,臣今时复一中之。风流自有高人识,通介宁随薄俗移。二子有灵应拊掌,吾孙还有独醒时。戏笔不以正论,存之以备一格。

全用孟、徐二人饮酒事。

醉 中

陈简斋

醉中今古兴亡事,诗里江湖摇落时。两手尚堪杯酒用,寸心唯是鬓毛知。稽山拥郭东西去,禹穴生云朝暮奇。万里南征无赋笔,茫茫远望不胜悲。

此以"醉中"为题耳。三、四绝妙,余意感慨深矣。

对 酒

陈简斋

陈留春色撩诗思,一日搜肠一百回。燕子初归风不定,桃花欲动雨频来。二句寓慨。人间多待须微禄,梦里相逢记此杯。白竹扉前容醉舞,烟波渺渺欠

高台。

简斋诗,响得自是别。

家酿红酒美甚,戏作
曾茶山

曲生奇丽乃如许,酒母秾华当若何?向人自作醉时面,遣我宁不苍颜酡。得非琥珀所成就,更有丹砂相荡磨。可怜老杜不对汝,但爱引颈舟前鹅。兴酣落笔,风调自佳。

六日云重有雪意,独酌
陆放翁

遍游薮泽一渔舠,历尽风霜只缊袍。天为念贫偏与健,人因见懒误称高。此种是真正宋调。然究是诗中一种,不得以外道目之。地连海溆涛声近,云冒山椒雪意豪。偶得芳樽须痛饮,凉州那得直蒲萄。

三、四善斡旋,有味。

对 酒
陆放翁

老子不堪尘世劳,且当痛饮读《离骚》。此身幸已免虎口,有手但能持蟹螯。牛角挂书何足问?虎头食肉亦非豪。复一"虎"字,古人不甚拘此,然西子捧心,不得谓之非病。天寒欲与人同醉,安得长江化浊醪?亦复姿逸。结即子美"广厦"、乐天"大裘"之意。

卷 三

梅花类

五言六十二首（录九首）

庭梅咏

张子寿

芳意何能早？孤荣亦自危。更怜花蒂弱，不受岁寒移。朝雪那相妒，阴风已屡吹。馨香虽尚尔，飘荡复谁知？纯是寓意。

此见《曲江集》第五卷。详咏诗意，盖为李林甫所陷，先罢相，又坐举周子谅为御史，贬荆州长史。此荆州诗也。

山路见梅，感而作

钱 起

莫言山路僻，还被好风催。行客凄凉过，村篱冷落开。晚溪寒水照，晴日数蜂来。五、六最佳。重听江南酒，何因把一杯？

刊本误以"蜂"为"峰"，必是"蜂"字无疑。梅发虽则尚寒，然晴日既暖，必有蜂采香，但不多耳，予每亲见之。

十月中旬至扶风见梅花

李义山

原本误作"十一月"，考本集改。

匝路亭亭艳,非时冉冉香。点明十月。素娥惟与月,青女不饶霜。赠远虚盈手,伤离适断肠。为谁成早秀？不待作年芳。仍以十月结。寓意略似曲江。

义山之诗,入宋流为昆体。此语分明,或称义山为昆体,误。此谓梅花最宜月,不畏霜耳。添用"素娥""青女"四字,则谓月若私之而独怜,霜若挫之而莫屈者,亦奇。诗意谓"素娥"不过照之以月,"青女"实能摧之以霜。喻爱己者无补,妒已者可畏也。虚谷解未得其旨。

梅　花

梅圣俞

似畏群芳妒,先春发故林。曾无莺蝶恋,空被雪霜侵。不道东风远,应悲上苑深。南枝已零落,羌笛寄余音。

偶折梅数枝置案上盎中,芬然遂开

张宛丘

偶别霜林陋,来蒙玉案登。"陋"字未稳,"玉案"字凑"登"字,亦抑,不妥帖。清香侵砚水,寒影伴书灯。见我粲初笑,赠人慵未能。此用陆凯事,懒于酬应,故曰"慵未能"。将何伴高洁,清晓诵《黄庭》。结案上密。

"见我粲初笑,赠人慵未能",更有味。以诵《黄庭》为梅伴,则两俱高洁矣。

感梅忆王立之

晁叔用

王子已仙去,梅花空自新。江山余此物,海岱失斯人。宾客他乡老,园林几度春。城南载酒地,生死一沾巾。笔笔老洁。

晁叔用,名冲之,自号具茨。有集。入江西派。王立之,名直方,居汴南。父棫,字才元,高资。元祐中,延致名士唱和,为苏、黄作顿有亭。吕居仁亦以其诗入派。此诗才学后山,更有老杜遗风。

岭 梅

曾茶山

蛮烟无处洗,梅蕊不胜清。顾我已头白,见渠犹眼明。三、四无一字切梅,而神味恰似,觉他花不足以当之。折来知韵胜,落去得愁生。坐入江南梦,园林雪正晴。

此茶山将诣桂林时诗,有二绝连此诗后,云《桂林梅花盛开有怀信守程伯禹》,故知之。

梅 花

尤延之

冷艳天然白,寒香分外清。稍惊春色早,又唤客愁生。待索巡檐笑,嫌闻出塞声。园林多少树,见尔眼偏明。结与茶山同意。

此八句诗,却如浑脱铸成。本只是烂熟说话,而无手段者,自不能撮虚空也。

严先辈诗送红梅次韵

赵昌文

尽道梅花白,能红又一奇。浑疑丹换骨,不是酒侵肌。看此敷腴色,思侬少壮时。盛年虽不再,犹拟岁寒知。后四句不即不离,玲珑巧妙。而冯氏一概涂抹之,未喻其意。

七言一百四十八首(录七首)

和裴迪发蜀州东亭送客逢早梅相忆见寄

杜工部

东阁官梅动诗兴,还如何逊在扬州。此时对雪遥相忆,送客逢春可自由?

幸不折来伤岁暮,若为看去乱乡愁。江边一树垂垂发,朝夕催人自白头。

老杜诗,自入蜀后又别,夔州又别,后至湖南又别。此诗脱去体贴,于不甚对偶之中,寓无穷婉曲之意。惟陈后山得其法。此后原本全录和靖八梅诗。然八诗中,惟世传"雪后园林才半树,水边篱落忽横枝","疏影横斜水清浅,暗香浮动月黄昏","池水倒窥疏影动,屋檐斜入一枝低"三联,及"半粘残雪不胜清"一句实佳,余皆粗浅不称,无一篇完善者。和靖大有好诗,独以此得名,可怪也。今并不录,附议于此。

梅 花

陆放翁

月地云阶暗断肠,知心谁解赏孤芳。起二句语俗而格卑,冯氏独深取之,殆难理解。相逢只怪影亦好,归去始知身染香。渡口耐寒窥净绿,桥边凝怨立昏黄。与卿同是江南客,剩欲樽前说故乡。

雪后梅花盛开,折置灯下

曾茶山

满城桃李望东君,破腊江梅未上春。窗几数枝逾静好,园林一雪倍清新。已无妙语形容汝,不用幽香触拨人。迨此暇时当举酒,明朝风雨恐伤神。"灯下"二字竟脱,然作折枝梅看自佳。

"静好"二字佳,"园林一雪倍清新"尤为佳句。

次韵张守梅诗

刘屏山

草棘萧萧野岸隈,暗香消息已传梅。雪欺篱落遥难认,暖入枝条并欲开。愁向天涯今度见,老随春色暗中来。似闻诗社多何逊,盍试招魂共一杯。

五、六"天涯""春色"有思致。

和宇文正甫探梅

张南轩

天与孤清迥莫怜,只应空谷伴幽人。千林扫迹愁无奈,一点横梢眼便亲。顾影莫惊身易老,哦诗尚觉句能新。几多生意冰霜里,说与夭桃自在春。道学诗,不腐最难。

此诗洒然出尘,其倦倦于当世之君子,至矣。

梅　花

尤延之

竹外篱边一树斜,可怜芳意自萌芽。也知春到先舒蕊,又被寒欺不放花。索笑几回惊岁晚,相思一夜绕天涯。玉川语对工部语,极现成而不熟烂,应由神思不同。直须待得垂垂发,踏月相携过酒家。

涧东临风饮,梅花尚未全放,一树独佳

韩仲止

残雪余寒二月来,涧东犹是欲开梅。夕阳影淡初寻句,流水声清更把杯。取友唤邻相领略,破荒择胜独徘徊。谁能折向南枝醉?"折向"二字不可解,必有讹误。一阵寒香扑麝煤。落句劣甚,冯氏抹之是也。

五、六惟陈后山到此地,仲止笔力古淡,亦能之。丙子年诗。

雪 类

五言三十首(录七首)

舟中雪夜有怀卢十四侍御弟

杜工部

朔风吹桂水，大雪夜纷纷。暗度南楼月，寒深北渚云。烛斜初近见，舟重竟无闻。不识山阴道，听鸡更忆君。

"舟重竟无闻"，可谓善言舟中听雪之状。凡用事必须翻案。翻案是诗之一法，"必须"二字有病。雪夜访戴，一时故实。今用为不识路而不可往，则奇矣。

年 华

陈简斋

二诗只宜入"春日类"，不宜入"雪类"。

去国频更岁，为官不救饥。春生残雪外，酒尽落梅时。白日山川映，青天草木宜。年华不负客，一一入吾诗。

金潭道中

陈简斋

晴路蓝舆稳，举头闲望赊。前冈春泱漭，后岭雪槎牙。海内兵犹壮，村边岁自华。客行惊节序，回眼送桃花。"送"一作"望"。"望"字不如"送"字有味。

陈简斋无专题雪诗。此二首一云"春生残雪外"，一云"后岭雪槎牙"，皆于雪如画，佳句也。且诗律绝高，特取此以备玩味。必欲备人备题，既不免牵强凑合矣。《律髓》之芜杂，盖亦由此。

雪中偶成

潘子贱

飞花看六出,俄向腊中来。解验人情喜,始知天意回。夜阑窗愈白,晓冻日难开。麦熟何时节?饥民正可哀。

歉岁多流冗,邦侯善劳来。"来"字应读去声。冯氏抹之,是也。雪余惊腊尽,耕近喜春回。郊野犹同色,江天已半开。短衣难掩胫,谁说少陵哀? 二诗气格殊高。

潘良贵,字子贱,诗传者不多。风格老练,而缴句皆高古悲怆。味其旨,仁人之言也。《用朱教授韵》:"架上残书犹可读,瓶中储粟不堪春。"《用侄德久韵》:"尚余披树雪,已有浴溪禽。"皆佳。

雪

尤延之

睡觉不知雪,但惊窗户明。飞花厚一尺,和月照三更。草木浅深白,丘塍高下平。饥民莫咨怨,第一念边兵。

见雪而念民之饥,常事也。今不止民之饥,有边兵可念。欧阳诗:"可怜铁甲冷彻骨,四十余万屯边兵。"以此忤晏相意,而晏相亦坐此罢相。然则凡赋咏者,又岂但描写物色而已乎?描写物色,便是晚唐小家。处处着论,又落宋人习径。宛转相关,寄托无迹,故应别有道理在。

雪

杨诚斋

细听无仍有,贪看立又行。落时晨却暗,积处夜还明。幸自漫山好,何如到夏清? 此句奇幻出意表。似知吾党意,未遣日华晴。结二句是诚斋习径。

用白战律,仍禁用故事。诚斋此诗,枯瘦甚矣。

七言诗四十七首(录十一首)

雪后书北台壁

苏东坡

城头初日始翻鸦,陌上晴泥已没车。冻合玉楼寒起粟,光摇银海眩生花。遗蝗入地应千尺,宿麦连云有万家。老病自嗟诗力退,空吟《冰柱》忆刘叉。

雪宜麦而辟蝗,蝗生子入地,雪深一尺,蝗子入地一丈。"玉楼"为肩,"银海"为眼,用道家语,然竟不知出道家何书。盖《黄庭》一种书相传有此说。"玉楼""银海"之说疑出诗话之附会。"银海"为目,义尚可通。"冻合"两肩,更成何语?且自宋迄今,亦无确指出何道书者,不如依文解之为是。

黄昏犹作雨纤纤,夜静无风势转严。但觉衾裯如泼水,不知庭院已堆盐。五更晓色侵书幌,半夜寒声落画檐。试扫北台看马耳,未随埋没有双尖。

"马耳",山名,与"台"相对。坡知密州时作,年三十九岁。偶然用韵甚险,而再和尤佳。或谓坡诗律不及古人,然才高气雄,下笔前无古人也。观此雪诗,亦冠绝古今矣。虽王荆公亦心服,屡和不已,终不能压倒。

再用韵

苏东坡

九陌凄风战齿牙,三字不雅。银杯逐马带随车。冯抹"带随车"三字,以删去原诗"缟"字,便不见是雪,此种却看得细。也知不作坚牢玉,无奈能开顷刻花。山谷"花"字韵诗用"天巧能开顷刻花"句,却落俗格。此句只换二字,其语顿活,故诗家雅俗之别,只争用笔。对酒强歌愁底事,闭门高卧定谁家?台前日暖君须爱,冰下寒鱼渐可叉。

已分酒杯欺浅懦,敢将诗律斗深严。渔蓑句好直堪书,柳絮才高不道盐。败履尚存东郭指,飞花又舞谪仙檐。书生事业真堪笑,忍冻孤吟笔退尖。

"渔蓑句好",郑谷渔蓑,赖此增光。"不道盐"三字出《南史》,详见诗话及本诗注。退之:"兔尖齐莫并。"若苦寒则退尖矣。李白诗:"好鸟迎春歌后院,飞花送酒舞前檐。"文字可谓缚虎手。"叉""尖"二字,和得全不吃力,非坡公天才,万卷书胸,未易至此。

读《眉山集》次韵雪诗五首

王半山

原注:今取第一首,余见注。

古木昏昏未有鸦,冻雷声闭阿香车。抟云忽散筵为屑,剪水如纷缀作花。拥帚尚怜南北巷,持杯能喜两三家。戏授乱掬输儿女,羔袖龙钟手独叉。

和险韵,赋难题,此一诗已未易看矣。第一句谓日晦,第二谓雷蛰,皆所以形容寒天也。三、四谓抟云而筵为屑,剪水而缀为花,所以形容雪之融结也。"拥帚""持杯",则谓以雪为苦者多,以雪为乐者少。末两句最佳,"戏授乱掬"者,儿女曹不畏雪也,老人则叉手于袖中耳。第二首"夜光往往多联璧,小白纷纷每散花",形容雪之积,雪之飞。"珠网缅连拘翼座",此一句用佛书事。拘翼者,天帝之名也。《增益阿含经》有释提桓与菩提论天帝拘翼治病药事。"瑶池渺漫阿环家",此一句用西王母事,阿环亦王母之名也。冯氏曰:阿环是上元夫人名。珠网之座,瑶池之家,以形容雪耳。然晦僻,不及坡之自然。末句"银为宫阙寻常见,岂即诸天守夜叉",言邂逅于雪天,见银宫阙无夜叉以守之,亦牵强矣。第三首前联"皭若易缁终不染,纷然能幻本无花",亦佳,但颇装点。"观空白足宁知处,疑有青腰岂作家",亦捏合。"慧可忍寒直觉晚,为谁将手少陵叉",用立雪事,亦平平。第四首"长恨玉颜春不久,画图时展为君叉",谓雪不常存,当画为图,时时叉而观之。暗用唐薛媛《寄夫》诗:"恐君浑忘却,时展画图看。""岂能舴艋真寻我,且与蜗牛独卧家",亦佳。末句"欲挑青腰还不敢,直须诗胆付刘叉",即坡已用之韵。刘叉有"诗胆大于天"之句,亦不为不善用也。五诗皆选,恐误人,故细注论之。

次韵王胜之咏雪

王半山

万户千门车马稀,行人却返鸟休飞。玲珑剪水空中堕,的皪装春树上归。素发联华惊老大,玉颜争好羡轻肥。朝来已贺丰年瑞,试问农家果是非。"试问",本集作"更问"。

尾句好。朝廷以为瑞而贺矣,田家其果然否?"羡轻肥"三字押韵牵强。此句当指轻裘肥马之少年。下三句无病,病在"玉颜"二字,近似妇人,骤看之觉不联贯耳。

春雪呈张仲谋

黄山谷

暮雪霏霏若撒盐,须知千陇麦纤纤。梦闲半枕听飘瓦,睡起高堂看入帘。剩与月明分夜砌,即成春漏滴晴檐。万金一醉张公子,"万金一醉",犹曰一醉抵万金耳,非以万金沽酒一醉也。冯氏抹之,盖未喻其意。莫道街头酒价添。此首较胜"花"字韵诗。

苏、黄名出同时。山谷此二诗适亦用"花"字、"檐"字韵。此乃山谷少作耳。视坡诗高下如何?细味之,"梦闲""睡起""疏密""整斜"二联,"疏密""整斜"一联实非佳境,当以徐师川之论为正,不必因东坡称许而推之。与坡"泼水""堆盐"之句,亦只是一意,但有浅深工拙。而"庭院已堆盐"之句,却有顿挫。坡诗天才高妙,谷诗学力精严;坡律宽而活,谷力刻而切云。四语评苏、黄精当。

雪 作

曾茶山

卧闻霰集却无声,起看阶前又不能。一夜纸窗明似月,多年布被冷如冰。

履穿过我柴门客,笠重归来竹院僧。三白自佳情亦好,诸山粉黛见层层。不甚作意,比苏、黄诸作却自然。

此可为南渡雪诗之冠也。

雪

陆放翁

但苦祁寒恼病翁,岂知上瑞报年丰?一庭不扫待新月,万壑尽平号断鸿。茧纸欲书先砚冻,羽觞才举已尊空。若耶溪上梅千树,欠我今年系断篷。

起句奇峭,三、四壮浪。

大 雪

陆放翁

大雪江南见未曾,今年方始是严凝。巧穿帘罅如相觅,重压林梢似不胜。毡幄掷卢忘夜睡,金羁立马怯晨兴。此生自笑功名晚,空想黄河彻底冰。后四句风骨崚嶒,音节悲壮,放翁所难。

中四句不用事,只虚摹写,亦工。

和马公弼雪

杨诚斋

洒竹穿梅湖更山,此种诚斋惯调,不成句法,不可为训。客间得此未嫌寒。髯疏也被轻轻点,齿冷犹禁细细餐。此句甚别。晴了还成三日冻,销余留得半庭看。此句亦佳。凭谁说似王郎妇,盐絮吟来总未安。末句乃诗人弄笔,无所不可。冯氏苦为道韫辨,不知读昌黎《石鼓歌》,又作何语?凡论诗不得如此痴。

此见《江湖集》,隆兴元年癸未钱塘作。省干马公弼,名彦,辅西人。见公山谷《浣花图歌》题注。末句言"盐絮"总为未佳,得后山之意。

月 类

五言三十首(录十一首)

和康五望月有怀

杜审言

明月高秋迥,愁人独夜看。起调最高。暂将弓并曲,翻与扇俱团。此种陈隋旧调,拙滞之极。露濯清辉苦,风飘素影寒。二句亦好。罗衣一此鉴,"罗衣"必"罗帷"之讹。阮嗣宗《咏怀》诗曰:"薄帷鉴明月,清风吹我襟。"顿使别离难。

起句似与其孙子美一同,以终篇味之,乃少陵翁家法也。"一此"二字,杜集不分晓,今从《文苑英华》本。

月 夜

杜工部

今夜鄜州月,闺中只独看。遥怜小儿女,未解忆长安。入手便摆落现境,纯从对面着笔,蹊径别甚。香雾云鬟湿,清辉玉臂寒。何时倚虚幌?双照泪痕干。后四句又纯为预拟之词。通首无一笔着正面,机轴奇绝。

少陵自贼中间道至凤翔,拜左拾遗。既收京,从驾入长安。时寄家鄜州。八句皆思家之言。三、四及儿女,六句全是忆内。惟小儿女未解忆,则闺中之相忆可知矣。此用笔曲折之妙,虚谷不知。

初 月

杜工部

光细弦欲上,影斜轮未安。微升古塞外,已隐暮云端。河汉不改色,关山空自寒。庭前有白露,暗满菊花团。

诗话谓此诗喻肃宗初立,亦是。诗不必如此解。杜诗愈注愈晦,只为此种议论扫不清。

月

杜工部

天上秋期近,人间月影清。入河蟾不没,捣药兔长生。"蟾""兔"本是俗字,以"不没"字、"长生"字与下"只益"字、"能添"字、"休照"字呼应有情,用来不觉。若"四更山吐月"一首,起句虽为绝唱,中二联则全入恶趣矣。千虑不妨一失,勿以少陵而为之词。只益丹心苦,能添白发明。干戈知满地,休照国西营。

月

杜工部

断续巫山雨,天河此夜新。若无青嶂月,愁杀白头人。魍魉移深树,虾蟆动半轮。故园当北斗,直想到西秦。

月夜忆舍弟

杜工部

戍鼓断人行,秋边一雁声。第二句,兴也。露从今夜白,月是故乡明。三、四自然。有弟皆分散,无家问死生。寄书长不达,况乃未休兵。

江 月

杜工部

江月光于水,高楼思杀人。天边长作客,老去一沾巾。玉露团清影,银河没半轮。谁家挑锦字?烛灭翠眉颦。末二句言外深情。

十六夜玩月

杜工部

旧挹金波爽,皆传玉露秋。"金波""玉露"今日亦成俗艳,在当时原不妨。不必以此嗤工部,亦不得以工部借口。关山随地阔,河汉近人流。谷口樵归唱,孤城笛起愁。巴童浑不寐,夜半有行舟。"巴童"不寐,何与人事听得?"巴童"不寐正是玩月人不寐耳。张继"半夜钟声到客船",同此机轴。

裴迪书斋望月

钱　起

夜来诗酒兴,月满谢公楼。影闭重门静,寒生独树秋。鹊惊随叶散,萤远入烟流。今夕遥天末,清辉几处愁?

姚合《极玄集》取此诗,"月满"作"独上"。予以"独"字重,改从元本。"鹊"元本作"鹤",予改从姚本。此非姚本所改,乃元本字误耳。

中秋月

王元之(禹偁)

何处见清辉?登楼正午时。莫辞终夕看,动是隔年期。冷湿流萤草,光凝睡鹤枝。不禁鸡唱晓,轻别下天涯。

三、四天下之所共知。

十五夜月

陈后山

向老逢清节,归怀托素辉。飞萤元失照,句未自然。重露已沾衣。稍稍孤光动,沉沉众籁微。此句入神,所谓离形得似。不应明白发,似欲劝人归。

老硬。江西派病处。为着此二字于胸中,生出流弊。

七言十首（录三首）

八月十五夜禁中寓直寄元四稹

白乐天

银台金阙静沉沉，此夕相思在禁林。三五夜中新月色，二千里外故人心。渚宫东面烟波冷，浴殿西头钟漏深。犹恐清光不同见，江陵地湿足秋阴。通体修洁，结尤深至。异香山他作之潦倒。

元微之为江陵法曹，乐天在翰林。

八月十五夜月二首（录第二首）

曾茶山

云日晶荧固自佳，"佳"字，《唐韵》"佳、麻"并收，故公乘亿《试秋菊有佳色》诗用"佳"字押入麻韵。后人不知古人部分，凡遇麻韵"佳"字一概改为"嘉"字，殊为妄陋。幽人有待至昏鸦。远分岩际松枫树，复乱洲前芦荻花。曳履商声怜此老，倚楼长笛问谁家？霜螯玉柱姚江上，作意三年醉月华。音节高亮。

癸未八月十四日至十六夜月色皆佳

曾茶山

年年岁岁望中秋，岁岁年年雾雨愁。凉月风光三夜好，老夫怀抱一生休。明时谅费银河洗，缺处须应玉斧修。京洛胡尘满人眼，不知能似浙江不？

隆兴元年癸未，茶山年八十。

闲适类

五言一百八首(录二十二首)

终南别业

王右丞

中岁颇好道,晚家南山陲。兴来每独往,胜事空自知。行到水穷处,坐看云起时。偶然值林叟,谈笑滞还期。"滞",一作"无"。

右丞此诗有一唱三叹不可穷之妙。其妙由绚烂之极,渐归平淡,磨砻浸润,迹象自融,非可以躐等求也。学盛唐者,当以此种为归墟,不得以此种为初步。如辋川《孟城坳》《华子冈》《茱萸沜》《辛夷坞》等诗,右丞唱,裴迪酬,虽各不过五言四句,穷幽入玄。学者当自细参,则得之。

归嵩山作

王右丞

清川带长薄,车马去闲闲。流水如有意,暮禽相与还。荒城临古渡,落日满秋山。迢递嵩高下,归来且闭关。

闲适之趣,澹泊之味,不求工而未尝不工者,此诗是也。酝酿既深,天机自到,故不求工而自工。后人描头画角,纯用虚锋,滑调肤词,千篇一律。所谓形骸之外,去之愈远;襄阳泼墨,妙绝町畦。俗手不善学之,乃以山似灰堆、树如穿豆为高格,是恶知米家画哉?

韦给事山居

王右丞

寻幽得此地,讵有一人曾?大壑随阶转,群山入户登。庖厨出深竹,印绶隔垂藤。此句费解。即事辞轩冕,谁云病未能?

此诗善用韵，"曾""登"二韵险而无迹。"群山入户登"一句尤奇，比之王介甫"两山排闼送青来"，尤简而有味。

淇上即事

王右丞

屏居淇水上，东野旷无山。日隐桑柘外，河明闾井间。牧童望村去，田犬随人还。静者亦何事？荆扉乘昼关。

右丞诗长于山林，"河明闾井间"一联，诗人所未有也。"牧童""田犬"句，尤雅净。此种诗不宜摘句。

归终南山

孟浩然

北阙休上书，南山归敝庐。不才明主弃，此即"官应老病休"意，亦尽和平。诗话强为轩轾，直以成败论耳。多病故人疏。白发催年老，青阳逼岁除。永怀愁不寐，松月夜窗虚。

王维私邀孟浩然伴直禁林，以此诗忤明皇。八句皆超绝尘表。

东陂遇雨率尔贻谢南池

孟浩然

田家春事起，丁壮聚东陂。殷殷雷声作，森森雨足垂。海虹晴始见，河柳润初移。中二联三句说天象，参一"河柳"，似偏枯。然主意在一"润"字，正承雨止说下耳，非突入不伦之比。予意在耕凿，因君问土宜。

此诗起句、末句，幽雅自然。又有句云："草得风光动，虹因雨气成。"亦佳。

暮春题瀼西新赁草屋

杜工部

彩云阴复白,锦树晓来青。薄云映日成彩,渐阴则渐白;繁花着树如锦,花尽叶存,则变青矣。虚谷解次句未是。身世双蓬鬓,乾坤一草亭。冯氏曰:言乾坤之大,只有一草亭,非谓天地为帷幕也,注云"言家陋",得之。哀歌时自短,醉舞为谁醒。细雨荷锄立,江猿吟翠屏。结语微弱。

此诗夔州瀼西作。起句言景,中四句言身老,言家陋,言所以感慨者。而"细雨"一句,唤醒二起句,盖是景也,实雨为之。"猿吟"一句,尤深怨矣。老杜伤时乱离,往往如此。其诗开合起伏,不可一律齐也。

江 亭

杜工部

坦腹江亭暖,长吟野望时。水流心不竞,云在意俱迟。二语本即景好句,宋人以理语诠之,遂生出诗家障碍。寂寂春将晚,欣欣物自私。故林归未得,排闷强裁诗。五句言春已将尽,则有年岁晚暮之悲;六句言物皆自得,则有我独飘零之感。所以触动乡愁,题诗自解,上下转关在此两句。读者误认五、六亦是摹写,欣畅之景申足上文,故疑"排闷"二字之不称。是以晚唐横亘二联,另藏首尾之法读工部诗也。

老杜诗不可以色相、声音求。如所谓"圆荷浮小叶,细麦落轻花","市桥官柳细,江路野梅香","柱穿蜂溜蜜,栈缺燕添巢","细雨鱼儿出,微风燕子斜","芹泥香燕觜,花蕊上蜂须",他人岂不能之?晚唐诗千锻万炼,此等句极多,但如老杜"水流心不竞,云在意俱迟","片云天共远,永夜月同孤",景在情中,情在景中,未易道也。又如"寂寂春将晚,欣欣物自私","江山如有待,花柳更无私",作一串说,无斧凿痕,无妆点迹,又岂只是说景者之所能乎?他如"有客过茅宇,呼儿正葛巾","自愧无鲑菜,空烦卸马鞍","忧我营茅栋,携钱过野桥",十字只是五字,却在第五、第六句上,亦不如晚唐之拘。正如山谷诗"秋盘登鸭脚,春网荐琴高",其下却云"共理须良守,今年辍省曹",上联太工,下联放平淡,一直道破,自有无穷之味,所谓善学老杜者也。又此篇末句"排闷",似与"心不竞""意俱迟"同异,殊不知老杜诗以世乱为客,故多感慨。其初长吟野望时闲适如此,久之即又触动羁情如彼,不可以律束缚拘羁也。

过鹦鹉洲王处士别业

刘长卿

白首此为渔,青山对结庐。问人寻野笋,留客馈家蔬。古柳依沙发,春苗带雨锄。共怜芳杜色,终日伴闲居。

送唐环归敷水庄

贾浪仙

毛女峰当户,日高头未梳。地侵山影扫,叶带露痕书。二句幽曲之至。然幽曲而出以自然,故异乎武功之琐屑。松径僧寻药,沙泉鹤见鱼。一川风景好,恨不有吾庐。"恨不有"三字未佳。"有"字或是"在"字之讹。

八句皆好,三、四尤精致。无中造有者,扫"山影"之谓也。微中致著者,书"露痕"之谓也。人能作此一联,亦可以名世矣。

原上秋居

贾浪仙

关西又落木,心事复如何?岁月辞山久,秋霖入夜多。鸟从井口出,人自岳阳过。倚杖聊闲望,田家未剪禾。

五、六谓经年乃得下句,学者当细味之。

孟融逸人

贾浪仙

孟君临水居,不食水中鱼。衣衲惟粗帛,筐箱只素书。树林幽鸟恋,世界此心疏。二句一比一赋,相连而下,奇恣之甚。拟棹孤舟去,何峰又结庐。

五、六变体。若专如三、四则太鄙矣。不可不察此曲折也。三、四尚有气韵,若俗手作此等句,则必鄙。虚谷亦防其渐耳。

晚秋拾遗朱放访山居

秦隐君(系)

不逐时人后,终年独闭关。家中贫自乐,石上卧常闲。坠栗添新味,残花带老颜。侍臣当献纳,那得到空山?

五、六工。读唐人五言律诗,千变万化。贾岛是一样,张司业是一样。忽读此诗,又别是一样。

江村题壁

李商隐

此首不宜入"闲适类"。

沙岸竹森森,维艄听越禽。数家同老寿,一径自阴深。喜客常留橘,应官说采金。倾壶真得地,爱日静霜砧。"爱日"字鄙。

三、四好,五、六亦是晚唐。义山诗体不宜作五言律诗。不淡不为极致,而艳而组不可也。律诗亦不专以淡为贵。杜工部之圣,岂能以一"淡"字尽之?此种议论似高而陋。组织浓艳乃义山下乘,全集中亦大有好诗在。

闲 居

姚 合

不自识疏鄙,终年住在城。过门无马迹,满宅是蝉声。带病吟虽苦,休官梦已清。何当学禅观,依止古先生。武功诗之雅驯者。

山中述怀

姚 合

为客久未归,寒山独掩扉。晚来山鸟闹,雨过杏花稀。三、四天然有韵,无武功折腰龋齿之状。天远云空积,溪深水自微。此情对春色,欲尽总忘机。末句有讹。

此诗相传为周贺。检贺集无之,自是欧公《诗话》误。

小隐自题

林和靖

竹树绕吾庐,情深趣有余。鹤闲临水久,蜂懒得花疏。酒病妨开卷,春阴入荷锄。尝怜古图画,多半写樵渔。可云静远。

有工有味,句句佳。

放 怀

陈后山

施食乌鸢喜,持经鸟雀听。杖藜矜躄铄,顾影怪伶俜。门静行随月,窗虚卧见星。拥衾眠未稳,艰阻饱曾经。

选众诗而以后山居其中,犹野鹤之在鸡群也。前六句极其工,后二句不知宿于何寺,此以首二句"施食""持经"四字凿出。其实此事不必定在寺中,且不过写老耽禅悦、物我相忘之意,亦不必实有其事。乃有逆旅漂泊之意。诗人穷则多苦思。

放慵

陈简斋

暖日薰杨柳,浓春醉海棠。放慵真有味,应俗苦相妨。官拙从人笑,交疏得自藏。云移稳扶杖,燕坐独焚香。

此公气魄尤大。起句十字,朱文公击节,谓"薰"字、"醉"字下得妙。又何必专事晚唐?此正是晚唐字法。盛唐人浑浑穆穆,不以句眼为工。

止斋即事(录第二首)

陈止斋

教子时开卷,逢人强整襟。最贫看晚节,多病得初心。三、四深至。地僻芰莲好,山低竹树深。寄身同社燕,明日又秋砧。

君举以时文鸣。此二诗高古,缘才高也。

梦回

翁灵舒

一枕庄生梦,回来日未斜。自煎砂井水,更煮岳僧茶。宿雨消花气,惊雷长荻芽。故山沧海角,遥念在春华。

春日和刘明远

翁灵舒

不奈滴檐声,风回昨夜晴。一阶春草碧,几片落花轻。知分贫堪乐,无营梦亦清。看君话幽隐,如我愿逃名。

"四灵"中翁独后死,然未能考其没在何年。此四诗点圈处,十分佳也。《梦回》诗原本圈五、六句,此诗原本点中四句。

七言五十首（录二首）

题庵壁

陆放翁

衰发萧疏雪满巾，君恩乞与自由身。身并猿鹤为三口，家托烟波作四邻。十日风号未成雪，一年梅发又催春。渔舟底用勤相觅，本避浮名不避人。

白乐天有云："身兼妻子都三口，鹤与琴书共一船。"尤佳。此亦小异而律同。

耕罢偶书

陆放翁

新溉东皋亩一钟，乌犍粗足事春农。灞桥风雪吟虽苦，杜曲桑麻兴本浓。老大断非金谷友，生存惟冀酒泉封。莫嘲野饷萧条甚，箭笴纯丝亦且供。

四句四事皆巧对。

送别类

五言八十七首（录二十一首）

送贺知章归四明

唐明皇

岂不惜贤达，其如高尚何？□□□□□，□□□□□。□□□□□，□□□□□。□□□□□，□□□□□。当是误记，存广异闻。

此诗会稽有石刻，朱文公为仓使时读之，最喜起句雄健，偶忘记后六句，当俟寻索足之。原本此后录明皇《送贺知章》诗一首，即今所行本注，其后曰："今以中二句为首，又非原韵，恐误记耶。"吴孟举曰："似是后人补入，非虚谷原本。"

永嘉浦逢张子容

孟浩然

逆旅相逢处,江村日暮时。众山遥对酒,孤屿共题诗。廨宇邻鲛室,人烟接岛夷。乡园万余里,永嘉、襄阳不至"万里"。此趁笔之病,然诗之工拙不在此。失路一相悲。自然雅饬。

永嘉得孤屿中川之名,自谢康乐始。此诗五、六俊美。

送友人入蜀

李太白

见说蚕丛路,崎岖不易行。山从人面起,云傍马头生。芳树笼秦栈,春流绕蜀城。升沉应已定,不必问君平。

夏日杨长宁宅送崔侍御常正字入京探韵得"深"字

杜工部

醉酒扬雄宅,升堂子贱琴。不堪垂老鬓,还对欲分襟。天地西江远,星辰北斗深。乌台俯麟阁,长夏白头吟。

五、六悲壮,惟老杜长于此。

送 远

杜工部

带甲满天地,胡为君远行！亲朋尽一哭,鞍马去孤城。草木岁月晚,关河霜雪清。别离已昨日,此用江淹杂体《古别离》语,然"已"字不甚可解,恐有讹。因见古人情。

前四句悲壮。

送舍弟颖赴齐州

杜工部

岷岭南蛮北,齐关东海西。此行何日到？送汝万行啼。绝域惟高枕,清风独杖藜。时危暂相见,衰白意都迷。

赠别郑炼赴襄阳

杜工部

戎马交驰际,柴门老病身。把君诗过日,念此别惊人。地阔峨眉晚,天高岘首春。为于耆旧内,试觅姓庞人。末句借映恰合。

郑炼盖能诗者,而其诗不传。三、四悲哀而新异,五、六工甚。此等诗可学也。

赠别何邕

杜工部

生死论交地,何由见一人？悲君随燕雀,薄宦走风尘。绵谷元通汉,沱江不向秦。五陵花满眼,传语故乡春。

三、四系十字句法。

送怀州吴别驾

岑 参

灞上柳枝黄,垆头酒正香。春流饮去马,暮雨湿行装。起四句风韵特佳。驿路通函谷,州城接太行。覃怀人总喜,别驾得王祥。

此岑参三送人诗,皆壮浪宏阔,非晚唐手可望。

送张子尉南海

岑 参

不择南州尉,高堂有老亲。楼台重蜃气,邑里杂鲛人。海暗三山雨,花明五岭春。此乡多宝玉,慎莫厌清贫。末二句从首句生出,言虽为贫而仕,亦不可不厉清操。

送康判官往新安赋得江路西南永

皇甫冉

题原本脱"赋"字,又讹"永"为"尹",考本集改正。

不向新安去,那知江路长。猿声比庐霍,水色胜潇湘。驿树收残雨,渔家带夕阳。句有画意。何须愁旅泊,使者有辉光。结虽近鄙,然不落套。

唐人诗,多前六句说景物,末两句始以情思、议论结裹,亦一体也。此种已开"九僧""四灵"先炼腹联,后装头尾一派。

送单于裴都护赴西河

崔 颢

征马去翩翩,起得矫健。城秋月正圆。落得雄阔。匈奴常以月满进兵,此句非泛说。单于莫近塞,都护欲临边。汉驿通烟火,胡沙乏井泉。功成须献捷,未必去经年。起势矫健,不能更以惜别衰飒语作收。此为选声配色。

送孙明秀才往潘州谒韦卿

李 频

北鸟飞不到,北人今去游。起势飘忽。天涯浮瘴水,岭外问潘州。草木春冬茂,猿猱日夜愁。定知迁客泪,只敢对君流。

云阳馆与韩升卿宿别

司空曙

故人江海别,几度隔山川。乍见翻疑梦,相悲各问年。孤灯寒照雨,深竹暗浮烟。更有明朝恨,离杯惜共传。

三、四一联,乃久别忽逢之绝唱也。四句更胜。

送远吟

孟东野

河水昏复晨,河边相别频。离杯有泪饮,别柳无枝春。一笑忽然敛,万愁俄已新。东波与西日,不借远行人。苦语是东野擅场。

东野不作近体诗,昌黎谓"高处古无上"是矣。此近乎律。此是拗律,不但近之。"离杯有泪饮",犹老杜"泪逐劝杯落",而深切过之矣。

送许棠

张 乔

离乡积岁年,归路远依然。夜火山头市,春江树杪船。写景警策。干戈愁鬓改,瘴疠喜家全。何处营甘旨?波涛浸薄田。

秋夕与友话别

崔 涂

怀君非一夕,此夕倍堪悲。华发犹漂泊,沧洲又别离。冷禽栖不定,衰叶堕无时。二句比也。况值干戈隔,相逢未可期。

旅舍别故人

崔涂

一日又欲暮,一年春又残。病知新事少,老别旧交难。山尽路犹险,雨余春尚寒。那堪试回首,烽火到长安。

三、四好,尾句亦近老杜。"那堪"二字,诗中不当用,近乎俗。俗不在此,古人用之者多矣。

送李侍御过夏州

姚合

酬恩不顾名,走马觉身轻。迢递河边路,苍茫塞上城。沙寒无宿雁,虏近少闲兵。饮罢挥鞭去,傍人意气生。落句得神。

此诗以"虏近少闲兵"一句,能道边塞间难道之景,故取之。此诗佳在末二句。此句殊不见工。上联"迢递河边路,苍茫塞上城"两句似泛,亦无深病也。边塞诗如此者甚多,不必写出地名方为切题。必以此论,则第六句临边之地,何处不可用?大抵姚少监诗不及浪仙。有气格卑弱者,如:"瘦马寒来死,羸童饿得痴。""马为赊来贵,童因借得顽。"皆晚辈之所不当学。如王建"脱下御衣偏得着,放来龙马每教骑",不惟卑,而又俗矣。东坡谓元轻白俗,然白亦不如是太俗也。又姚诗如:"茅屋随年借,盘餐逐日炊。无竹栽芦看,思山叠石为。"两句一般无造化。又如:"檐燕酬莺语,邻花杂絮飘。"妆砌太密,则反浅拙。予以公论评之至此。其细润而甚工者,亦不可泯没。武功诗刻意求新,而不免有酸馅气,不称其名。误学之便入魔道。

送徐君章秘丞知梁山军

梅圣俞

苍壁束江流,孤军水上头。蛟龙惊鼓角,云雾裹衣裘。午市巴姑集,危滩楚客愁。使君才笔健,当似白忠州。

宋人诗善学盛唐而或过之,当以梅圣俞为第一。善学老杜而才格独高,则当属之山谷、后山、简斋。且如"午市巴姑集",唐人之精者仅能之。下一句难对,却云"危滩楚客愁",其神妙如此。此评推许太过。后人掊击江西,皆此种偏论激成之。

别伯恭

陈简斋

樽酒相逢地,江枫欲尽时。犹能十日客,共出数年诗。供世无筋力,惊心有别离。好为南极柱,深慰旅人悲。后四句言衰朽不能报国,惟以立功望故人耳。四句合读,方见其意,勿以为谦己颂人语。

此长沙帅向子諲,字伯恭。此诗绝似老杜。

七言七十一首(录八首)

送韩十四江东省觐

杜工部

兵戈不见老莱衣,叹息人间万事非。我已无家寻弟妹,君今何处访庭闱?黄牛峡静滩声转,白马江寒树影稀。地"静",故闻滩声之转;天"寒",故觉树影之稀。古人炼句,未尝不字字融洽,但不如虚谷所云"句眼"耳。此别应须各努力,故乡犹恐未同归。

送赵谏议知徐州

梅圣俞

原注:及。

鹿车几两马几匹,轸建朱幡骑彀弓。雨过短亭云断续,莺啼高柳路西东。吕梁水注千寻险,大泽龙归万古空。莫问前朝张仆射,球场细草绿蒙蒙。昌黎有《上张仆射书》,谏其打球。此诗大有讽意,赵及殆好燕游者。

五、六切于徐州。末更切。

北桥送客
张宛丘

桥上垂杨系马嘶,桥头船尾插红旗。船来船去知多少,桥北桥南长别离。前四句恣逸特甚,然不是率笔,故佳。亭上几倾行客酒,游人自唱少年词。此句感慨殊深,意思全在对面。百年回首皆陈迹,浮世飘零亦可悲。

此诗似张司业。

送杨补之赴鄂州支使
张宛丘

相逢顾我尚童儿,二十年来鬓有丝。涕泪两家同患难,光阴一半属分离。三、四沉痛。扁舟又作江湖别,千里长悬梦寐思。何日粗酬身世了,卜邻耕钓老追随。

此文潜姊夫也。

送毕平仲西上
贺方回

原注:毕,字夷直。庚午五月历阳赋。

吟鞭西指凤皇州,好趁华年访昔游。新样春衫裁白纻,旧题醉墨满青楼。鸣蛙雨细生梅润,扬燕风高报麦秋。须念江边桃叶女,定从今日望归舟。毕盖荡子,故末句勉以速归耳。

贺铸方回《庆湖遗老诗集》,每一诗必自注所与之人、所作之地及岁月于题目下。其诗铿锵整暇。本武人,以苏公轼、范公百禄荐授从事郎。然即请岳祠,两为通判,年三十八便求致仕。再以荐起家,再致仕。宣和二年卒于常州,年四十七,葬宜兴县北。程公俱铭其墓,仍序其诗。

送客出城西

陈简斋

邓州谁亦解丹青,画我羸骖晚出城。残年正尔供愁了,末路那堪送客行。寒日满川分众色,暮林无叶寄秋声。垂鞭归去重回首,意落西南计未成。

　　五、六一联绝妙,"分"字、"寄"字奇。

送熊博士赴瑞安令

陈简斋

衣冠衮衮相逢处,草木萧萧未变时。聚散同惊一枕梦,悲欢各诵十年诗。山林有约吾当去,天地无情子亦饥。"亦"字蕴藉。笑领铜章非失计,岁寒心事欲深期。

　　简斋诗气势浑雄,规模广大。老杜之后有黄、陈,又有简斋,又其次则吕居仁之活动,曾吉甫之清峭,凡五人焉。吕、曾不及前三人。

送丘宗卿帅蜀(录第二首)

杨诚斋

谕蜀宣威百万兵,不须号令自精明。酒挥勃律天西碗,鼓卧蓬婆雪外城。二月海棠倾国色,五更杜宇故乡情。五、六艳而警。少陵山谷千年恨,不遇丘迟眼为青。

拗字类

　　拗字亦有定格,此未详备,虚谷亦不尽知也。饴山老人《声调谱》言之最明。

五言十首(并删)

七言十八首（录七首）

题省中院壁

杜工部

掖垣竹埤梧十寻，洞门对雪常阴阴。落花游丝白日静，鸣鸠乳燕青春深。腐儒衰晚谬通籍，退食迟回违寸心。衮职曾无一字补，许身愧比双南金。

此篇八句俱拗，而律吕铿锵。试以微吟，或以长歌，其实文从字顺也。以下"吴体"皆然。"落花游丝白日静，鸣鸠乳燕青春深"，此等句法惟老杜多，亦惟山谷、后山多，而简斋亦然。乃知"江西诗派"非江西，实皆学老杜耳。实有学之不善处，标为矩矱，不免误人。然一概屏斥，又不足以服其心。因附见于下："清江碧石伤心丽，嫩蕊秾花满目斑"，"珠帘绣柱围黄鹤，锦缆牙樯起白鸥"，老杜也。"头白眼花行作吏，儿婚女嫁望还山"，"青春百日无公事，紫燕黄鹂俱好音"，"钓溪筑野收多士，航海梯山共一家"，"霜髭雪鬓共看镜，萸糁菊英同送秋"，山谷也。"语鹊飞乌春悄悄，重帘深院晚沉沉"，"来牛去马中年眼，朗月清风万里心"，"问舍求田真得计，临流据石有余情"，后山也。"寒食清明愁客子，暖风迟日醉梨花"，"前江后岭通云气，万壑千岩送雨声"，简斋也。皆两句中各自为对，或以壮丽，或以沉郁，或以劲健，或以闲雅。又观本意如何，予亦不能悉数，姑举一二，更不别出。

题落星寺（录第一首）

黄山谷

星宫游空何时落？着地亦化为宝坊。诗人昼吟山入座，醉客夜愕江撼床。蜂房各自开户牖，蚁穴或梦封侯王。不知青云梯几级，更借瘦藤寻上方。

此学老杜所谓拗字"吴体"格，而编山谷诗者置《外集》"古诗"中，非是。"各开户牖"真佳句。

汴岸置酒赠黄十七

黄山谷

吾宗端居怀百忧,长歌劝之肯出游。原注:一作"百丈暮卷篙人休,侵星争前犹几舟"。黄流不解浣明月,碧树为我生凉秋。初平群羊置莫问,叔度千顷醉即休。原注:一作"诗吟吾党夜来句,酒买田翁社后篘"。谁倚柂楼吹玉笛,斗柄寒挂屋山头。山谷自是一种不可磨灭文字,但有太诡俊处,不可训耳。后人毁誉,皆过其真。

　　此见《山谷外集》,亦"吴体"。学老杜者,注脚四句可参看。必从"吾宗"起句,则五、六"初平""叔度"黄姓事为切。此二句言神仙可不必学,且与世浮沉,取醉为佳耳。此山谷用事法。若止用"百丈暮卷"起句,则"吾党""田翁"一联亦可也。别本以嫌"黄流"句突出,故改。首二句又因复一休字韵,故改。五、六句以避之。其实"出游"二字已点"汴岸","黄流"句可以径接,不为突出;若如别本,五、六句乃真突出耳。

题胡逸老致虚庵

黄山谷

藏书万卷可教子,遗金满籯当作灾。能与贫人共年谷,必有明月生蚌胎。山随宴坐画图出,水作夜窗风雨来。观水观山皆得妙,更将何物污灵台。此诗不甚入绳墨,略其玄黄可矣,不以立法。

　　三、四谓赈饥者必有后,此理灼然。五、六奇句也,亦近"吴体"。又山谷《永州题淡山岩前》诗,亦全是此体。

闻徐师川自京师归豫章

谢无逸

九衢尘里无停辀,君居陋巷不出游。满城少年弋凫雁,此句不甚可解。对面故人风马牛。别后梦寒灯火夜,归来眼冷江湖秋。冯骥老大食不饱,起视八荒提䈄猴。末二句意境空阔。

谢幼槃之兄也。此吴体。

张子公召饮灵感院

曾茶山

竹舆响肩舻哑呕,芙蕖城晓六月秋。露华犹泫草光合,晨气欲动荷香浮。给孤独园赖君到,伊蒲寒供为我修。僧窗各自占山色,处处熏炉茶一瓯。

次韵向君受感秋

汪浮溪

向侯拄笏意千里,肯为俗弹头上冠。何时盛之青琐闼?妙句付以乌丝栏。诗用虚字最难工,故论者以为厉禁。然"江西"拗体间入虚字,却不妨其格,本如是也。就诗论诗,言各有当。日边人去雁行断,江上秋高枫叶寒。向来叔度倘公是,一见使我穷愁宽。有落落自喜之意。

翰林汪公彦章,长于四六,中兴第一,存诗不多。此效吴体。

变体类

五言十首(录四首)

忆江上吴处士

贾浪仙

闽国扬帆去,蟾蜍亏复圆。秋风吹渭水,落叶满长安。此地聚会夕,当时雷雨寒。兰桡殊未返,消息海云端。八句中灏气流行,佳处不以字句论。

或问此诗何以谓之变体,岂"秋风吹渭水,落叶满长安"为壮乎?曰:不然。此即唐人"春还上林苑,花满洛阳城"是也。此十字气格甚高,"春还"二句疑非其伦。其变处乃是"此地聚会夕,当时雷雨寒",人所不敢言者。

或曰：以"雷雨"对"聚会"，不偏枯乎？曰：两轻两重自相对，乃更有力。但谓之变体，则不可常尔。

病 起

贾浪仙

嵩丘归未得，空自责迟回。身事岂能遂？兰花又已开。病令新作少，雨阻故人来。灯下《南华》卷，袪愁当酒杯。

老杜此等体，多于七言律诗中变。独浪仙乃能于五言律诗中变，亦不独浪仙，此语欠考。是可喜也。昧者必谓"身事"不可对"兰花"二字，然细味之，亦殊有味。以十字一串贯意，而一情一景自然明白。下联更用"雨"字对"病"字，甚为不切，而意极切，真是好诗，变体之妙者也。若"往往语复默，微微雨洒松"，则其变太崖异而生涩矣。亦未至于生涩。

寓北原作

贾浪仙

登原见城阙，策蹇畏炎天。日午路中客，槐花风处蝉。二句以对照见意，人苦热，蝉自凉耳。此烘托之法，诗家常格，非变体。远山秦树上，清渭汉陵前。何事居人世，皆从名利牵。末二句劣甚。

寄宋州田中丞

贾浪仙

古郡近南徐，关河万里余。相思深夜后，未答去年书。自别知音少，难忘识面初。旧山期已久，门掩数畦蔬。

"相思深夜后，未答去年书"，初看甚淡，细看十字一串，不吃力而有味。浪仙善用此体，如"白发初相识，秋山拟共登"，如"羡君无白发，走马过黄河"，如"万水千山路，孤舟一月程"，皆句法之变也。如"自别知音少,难忘识面初",又当截上二字、下三字分为两段而观,方见深味。盖谓自相别之后,知音者少。"自别"二字极有力,而最难忘者,尤在识面之初。老杜有此句法,"每语见许文章伯"之类是也,"不寐防巴虎,全生狎楚童",亦是也。山谷"欲嗔王母惜,稍慧女兄夸",亦是也。

七言十九首(录七首)

九 日

杜工部

重阳独酌杯中酒,抱病起登江上台。竹叶于人既无分,菊花从此不须开。殊方日落玄猿哭,旧国霜前白雁来。弟妹萧条各何在?干戈衰谢两相催!

此"竹叶",酒也,以对"菊花",是为真对假,亦变体。此亦常格,非变体。"于人既无分""从此不须开",于虚字上十分着力。

送 春

苏东坡

梦里青春可得追?欲将诗句绊余晖。酒阑病客惟思睡,蜜熟黄蜂亦懒飞。好在"亦"字,上下溶成一片。芍药樱桃俱扫地,鬓丝禅榻两忘机。凭君借取法界观,一洗人间万事非。

"酒阑病客惟思睡",我也,情也;"蜜熟黄蜂亦懒飞",物也,景也。"芍药樱桃俱扫地",景也;"鬓丝禅榻两忘机",情也。一轻一重,一来一往,所谓四实四虚。前后虚实,又当何如下手?至此则知系风捕影,未易言矣。坡妙年诗律颇宽,至晚年乃神妙流动。

和师厚郊居示里中诸君

黄山谷

篱边黄菊关心事,窗外青山不世情。江橘千头供岁计,秋蛙一部洗朝酲。

归鸿往燕竞时节，宿草新坟多友生。身后功名空自重，眼前樽酒未宜轻。

"归鸿往燕竞时节"，天时也；"宿草新坟多友生"，人事也。亦一景对一情。"归鸿往燕"言时光之易逝，"宿草新坟"言人事之难久。起末二句之意耳，硬分情景，未得作者之意。盖虚谷论诗，只有细碎工夫，逐联逐句割断看；血脉贯通、精神呼应处，全未见得。上面四句用菊、山、橘、蛙四物，亦不觉冗。山谷诗变体极多，"明月清风非俗物，轻裘肥马谢儿曹"，"功名富贵两蜗角，险阻艰难一酒杯"，"春风春雨花经眼，江北江南水拍天"，"碧嶂清江元有宅，黄鱼紫蟹不论钱"，上八字各自为对。如"洞庭归客有佳句，庾岭疏梅如小棠"，"公庭休更进汤饼，语燕无人窥井栏"，此二联实无佳处。则变之又变，在律诗中神动鬼飞，不可测也。

怀天经智老因以访之

陈简斋

今年二月冻初融，睡起苕溪绿向东。此言睡起出门，正见苕溪东流耳，惜语稍未涵咏。冯氏以睡时不向西讥之，太固。客子光阴诗卷里，杏花消息雨声中。西庵禅伯还多病，北栅儒仙只固穷。忽忆轻舟寻二子，纶巾鹤氅试春风。

以"客子"对"杏花"，以"雨声"对"诗卷"，一我一物，一情一景，变化至此，乃老杜"即今蓬鬓改，但愧菊花开"，贾岛"身事岂能遂，兰花又已开"，翻窠换臼，至简斋而益奇也。后山"老形已具臂膝痛，春事无多樱笋来"一联，极其酸苦，而此联有闲雅之味。后山穷，简斋达，亦可觇云。

寓居刘仓廨中，晚步过郑仓台上

陈简斋

纱巾竹杖过荒陂，满面春风二月时。世事纷纷人老易，春阴漠漠絮飞迟。士衡去国三间屋，子美登台七字诗。冯氏曰：村态。不好在"七字"二字。草绕天西青不尽，故园归计入支颐。

以"世事"对"春阴",以"人老"对"絮飞"。一句情,一句景,与前"客子""杏花"之句,律令无异。但如此下两句,后面难措手。简斋胸次却会变化斡旋,全不觉难,此变体之极也。

对 酒

陈简斋

新诗满眼不能裁,鸟度云移落酒杯。官里簿书无日了,楼头风雨见秋来。是非衮衮书生老,"了""老"切脚,犯重病。与右丞"新丰市里行人度"四句相同,虽工拙不在此,避之为是。岁月匆匆燕子回。笑抚江南竹根枕,一樽呼起鼻中雷。末句欠雅驯。

此诗中两联俱用变体,各以一句说情,一句说景,奇矣。坡词有云:"官事何时毕? 风雨外,无多日。"即前联意也。后联即与前诗"世事纷纷""春阴漠漠"一联用意亦同,是为变体。学许浑诗者能之乎? 此非深透老杜、山谷、后山三关不能也。

陪粹翁举酒于君子亭,亭下海棠方开

陈简斋

世故驱人殊未央,聊从地主宿绳床。春风浩浩吹游子,暮雨霏霏湿海棠。去国衣冠无态度,"态度"二字,未熨帖。冯氏抹之,是也。隔帘花叶有辉光。使君礼数能宽否? 酒味撩人我欲狂。

此诗中四句皆变,两句说"己",两句说"花",而错综用之。意谓花自好,人自愁耳。亦其才能驱驾,岂若琐琐镌砌之诗哉?

着题类

五言三十首(录十一首)

房兵曹胡马

杜工部

胡马大宛名,锋棱瘦骨成。竹批双耳峻,风入四蹄轻。所向无空阔,真堪托死生。骁腾有如此,万里可横行。后四句不踢于题,妙。仍是题所应有。

画　鹰

杜工部

素练风霜起,五字所谓顶上圆光。苍鹰画作殊。攫身思狡兔,侧目似愁胡。绦旋光堪摘,轩楹势可呼。何当击凡鸟?毛血洒平芜。原注:攫,苟勇切,犹竦身也。鹰出于代北,胡地也。绦旋,圆镟轳也。旋,徐钏切。所画绊鹰之绦旋,光而可摘取也。

此咏画鹰,极其飞动。"攫身""侧目"一联已曲尽其妙,"堪摘""可呼"一联,又足见为画而非真。王介甫《虎图行》亦出于此。"目光夹镜当坐隅",即第五句也。"何当击凡鸟?毛血洒平芜",子美胸中愤世疾邪,又以寓见深意。

孤　雁

杜工部

孤雁不饮啄,飞鸣声念群。谁怜一片影,相失万重云。望尽似犹见,哀多如更闻。野鸦无意绪,鸣噪自纷纷。前四句就孤雁意中写,后四句就咏孤雁者意中写,不着一分装点。

萤 火

杜工部

幸因腐草出,敢近太阳飞?萤不昼飞。"敢"者,岂敢也。未足临书卷,时能点客衣。随风隔幔小,带雨傍林微。十月清霜重,飘零何处归?

老杜诗集大成,于"着题诗"无不警策。说者谓此诗"腐草""太阳"之句以讥李辅国。凡评诗,政不当如此刻切拘泥。即作自寓飘零亦可。

病 蝉

贾浪仙

病蝉飞不得,向我掌中行。此句领下四句,惟在掌中,故得逐细看、逐细写。折翼犹能薄,酸吟尚极清。露华凝在腹,尘点误侵睛。黄雀并鸢鸟,俱怀害尔情。

蝉有何病?殆偶见之,托物寄情,喻寒士之遇也。中四句极其奇涩,四句极划刻而自然,不得目以奇涩。而"尘点误侵睛",尤亘古诗人所未道。

赋得古原草送别

白乐天

离离原上草,一岁一枯荣。野火烧不尽,春风吹又生。远芳侵古道,晴翠接荒城。五、六句展出远境,末"送""别"二字,消息已通。又送王孙去,萋萋满别情。

"春风吹又生"一联,乐天妙年以此见知于顾况。

孤 雁

崔 涂

几行归塞尽,念尔独何之?暮雨相呼疾,"相呼"二字微碍。如此,则尚不是"孤"。寒塘欲下迟。五字不言孤而是孤,不言雁而是雁。渚云低暗度,关月冷相随。反衬出"孤"字。未必逢矰缴,孤飞自可疑。末二句曲折深至。

老杜云："惟怜一片影，相失万重云。"此云："暮雨相呼疾，寒塘欲下迟。"亦有味，而不及老杜之万钧力也。

和答钱穆父咏猩猩毛笔

黄山谷

爱酒醉魂在，能言机事疏。先从"猩猩"引入，然后转入"笔"字，题径甚窄，不得不如此展步。冯氏讥其次句不入"笔"字，竟是不知甘苦语。平生几两屐，身后五车书。点化之妙可以增人智慧，未可以门户之见苛求之。物色看王会，此句却太宽。勋劳在石渠。拔毛能济世，端为谢杨朱。此微近纤，然小题不甚避此。

用事所出，详见任渊注本。此诗所以妙者，"平生""身后""几两屐""五车书"，自是四个出处，于猩猩毛笔何干涉？乃善能融化斡排至此。末句用拔毛事，后之学诗者，不知此机诀不能入三昧也。山谷更有两绝句，亦可喜。

种　竹

曾茶山

近郊蓄竹树，手种满庭隅。余子不足数，此君何可无？风来当一笑，雪压要相扶。莫作封侯想，生来鄙木奴。此诗运用亦活。

曾文靖公，名幾，字吉甫，号茶山。学山谷诗得三昧。此诗用"余子不足数"以对"何可一日无此君"，乃真竹诗，盖斡旋变化之妙。"风来当一笑"，曲尽竹态；"雪压要相扶"，亦奇句也。尾句"鄙木奴"事，用得尤佳。公三子，逢、迅、逮，世其学。父子自相酬和，公再和有"直不要人扶"，劲健特甚。而用两"奴"字韵，皆不苟。一曰"傍舍连高柳，何堪与作奴"，一曰"只欠江梅树，君因婿玉奴"。又谓竹可为梅之婿，超异神俊，不可复加矣。

萤　火

曾茶山

浑忘生朽质，直拟慕光辉。解烛书帷静，能添列宿稀。_{此即杜诗"却乱檐前星宿稀"意。然杜诗"乱"字活，此改"添"字则滞相。}当风方自表，带雨忽成微。变灭多无理，_{"无理"谓难以理测。}荣枯会一归。_{结寓感慨。}

_{此当与老杜《萤火》诗表里并观，皆所以讥刺小人。此与前评杜诗相矛盾。此诗直有所刺，杜则未必。而"当风方自表"一句最佳，"带雨忽成微"亦妙。佳在"方自""忽成"，虚字寓意，故不嫌直用杜句。其瘦健若胜老杜云。诗自可观，胜杜则未必。}

蛱　蝶

曾茶山

不逐春风去，仍当夏日长。一双还一只，能白或能黄。_{昌黎诗曰："杏花两株能白红。""能"字本此。"或"字本活，冯氏谓蝶不止黄、白二色，讥其漏逗殊大。固诗家赋咏约略大意耳，如咏花多用"红""紫"字，花岂止红、紫二色？}恋恋不能已，翩翩空自狂。计功归实用，终自愧蜂房。

_{自然轻快，诗太轻快是一病。然此题易为靡曼之语，此故以轻快为佳。近杨诚斋。尾句尤好。冯氏极讥此二句。余谓偶一为之亦不妨。唐、宋诗各有门径，不必以一格拘也。但不得首首如此着论，堕入头巾恶趣耳。}

七言六十九首（录二首）

野人送樱桃

杜工部

西蜀樱桃也自红，_{三字已包尽后四句，此一篇之骨。}野人携赠满筠笼。数回细写愁仍破，万颗匀圆讶许同。忆昨赐沾门下省，退朝擎出大明宫。金盘玉箸无消息,此日尝新任转蓬。后四句俯仰淋漓,真是龙跳虎卧之笔。通篇诗眼在"也自""忆昨""此日"六字。古人所用意者如此,不必以一二尖新之字为眼。

"写"字见《曲礼》,谓传置他器。

荔　子

曾茶山

异方风物鬓成斑,荔子尝新得破颜。兰蕙香浮襟解后,雪冰肤在酒醺间。"在"字滞相。绝知高韵倾瑶柱,未觉丰肌病玉环。二句自佳。凡诗只论工拙,即全用东坡语,不妨。似是看来终不近,寄声龙目尽追攀。此类所收七言皆不佳,此首较胜。

陵庙类

五言二十首(录六首)

经邹鲁祭孔子而叹之

唐明皇

夫子何为者？栖栖一代中。地犹邹氏邑,宅即鲁王宫。孔子如何着语？只以唱叹取神,最为得法。叹凤嗟身否,伤麟怨道穷。"叹""嗟""伤""怨"并在一联,初体多好如此。不必指摘,亦不必效法。今看两楹奠,当与梦时同。收"祭"字,密。

禹　庙

杜工部

禹庙空山里,秋风落日斜。荒庭垂橘柚,古屋画龙蛇。"橘柚""龙蛇",孙莘老谓切禹生意,不为无见。诗话讥之非是。诗家实有此法,但非说定法耳。云气生虚壁,江声走白沙。早知乘四载,疏凿控三巴。末句不甚可解。

蜀先主庙

刘梦得

天下英雄气,千秋尚凛然。二句确是先主庙,妙似不用事者。势分三足鼎,业复五铢钱。得相能开国,生儿不象贤。凄凉蜀故妓,来舞魏宫前。后四句沉着之至,不病其直。

元注:汉末称"黄牛白腹,五铢当复"。

经伏波神祠

刘梦得

蒙蒙篁竹下,有路上壶头。汉垒麏鼯斗,蛮溪雾雨愁。怀人敬遗像,阅世指东流。清出"祠"字。对法生动过人,下半无痕。自负霸王略,安知恩泽侯。乡园辞石柱,筋力尽炎州。一以功名累,翻思马少游。

能道马伏波心事。此公笔端老辣,高处不减少陵。

漂母墓

刘长卿

昔贤怀一饭,兹事已千秋。古墓樵人识,前朝楚水流。渚蘋行客荐,山木杜鹃愁。春草绵绵绿,王孙旧此游。

长卿意深不露。第四句盖谓楚亡、汉亡,今惟有流水耳。一漂母之墓,樵人犹能识之,亦以其有一饭之德于时也。意是如此。亦妙于用作对句逆托一层,便有味,顺说则索然矣;又妙于蕴藉不露,说破则索然矣。

双　庙

王半山

半山自注曰:张巡、许远。虚谷删去此注,遂不知诗何所指。

两公天下骏,无地与腾骧。就死得处所,至今犹耿光。中原擅兵革,昔日几侯王?此独身如在,谁令国不亡?北风吹树急,西日照窗凉。前半俱虚按"庙"字,未明点出。恐竟成一则张、许论。故九句以下归到"庙"字作收。此二句乃现景也。虚谷谓"北风"句比安庆绪遣厥兵,"西日"句比代宗号令不行。盖本胡仔之说,迂谬甚矣。志士千年泪,泠然落奠觞。通首一气盘旋,极有笔力。

七言三十二首（录二首）

蜀　相

杜工部

丞相祠堂何处寻？锦官城外柏森森。映阶碧草自春色,隔叶黄鹂空好音。三顾频烦天下计,两朝开济老臣心。出师未捷身先死,长使英雄泪满襟。

陈琳墓

温飞卿

曾于青史见遗文,今日飘零过古坟。词客有灵应识我,霸才无主始怜君。"词客"指陈,"霸才"自谓,实则彼此互文。"应"字极兀傲,"始"字极沉痛。通首以此二语为骨,纯是自感,非吊陈琳也。石麟埋没藏秋草,埋没藏①秋草。铜雀凄凉起暮云。莫怪临风倍惆怅,欲将书剑学从军。"词客""霸才"四字俱结入七字中。

---

① "藏",据李庆甲汇评本校勘记,疑当作"随"。

卷 四

旅况类

五言五十七首（录二十七首）

晚次乐乡县

陈子昂

故乡杳无际，日暮且孤征。川原迷旧国，道路入边城。野戍荒烟断，深山古木平。如何此时恨，嗷嗷夜猿鸣。

起两句言题，中四句言景，末两句摆开言意。盛唐诗多如此。全篇浑雄齐整，有古味。

初发道中寄远

张子寿

日夜乡山远，秋风复此时。旧闻胡马思，今听楚猿悲。第一句按题，第二句又进一步，第三句傍托一笔，第四句乃合到本位。措词生动，变尽从前排偶矣。念别朝昏苦，怀归岁月迟。五句足上四句，六句起，末二句步步清整。壮图空不息，常恐鬓如丝。

雅淡有味。

江 汉

杜工部

江汉思归客，乾坤一腐儒。片云天共远，永夜月同孤。落日心犹壮，秋风病欲苏。"片云"二句是目中景,足上文。"落日"二句是意中事,起下文。所以"云天""夜月""落日""秋风"并于中二联,不病其杂。虚谷评言景言情,犹误认中四句是平排耳。古来存老马,不必取长途。两句暗衬第二句。

  此诗余幼而学书,有此古印本为式,云杜牧之书也。味之久矣,愈老而愈见其工。中四句用"云天""夜月""落日""秋风",皆景也,"落日"二字乃景迫桑榆之意,借对"秋风",非实事也。以情贯之。"共远""同孤""犹壮""欲苏"八字绝妙。世之能诗者,不复有出其右矣。

  公之意自比于"老马",虽不取"长途",而犹可以知道释惑也。

岁 暮

杜工部

岁暮远为客,边隅还用兵。烟尘犯雪岭,鼓角动江城。天地日流血,朝廷谁请缨？济时敢爱死,寂寞壮心惊。中四句俱承"用兵"说下,末句仍暗缴首句"为客"意,运法最密。

山 馆

杜工部

南国昼多雾,北风天正寒。路危行木杪,身远宿云端。三句醒"山"字,四句醒"馆"字。山鬼吹灯灭,厨人语夜阑。五句写荒凉之景,六句言一夜无眠耳,却从旁面写出,极有蕴藉。鸡鸣问前馆,世乱敢求安？清整之篇。

  此广德元年癸卯,老杜以严武再镇西川,却领妻子自梓州趋成都时诗也。时年五十二岁。

去 蜀

杜工部

五载客蜀郡,一年居梓州。如何关塞阻,转作潇湘游。世事已黄发,残生随白鸥。安危大臣在,不必泪长流。结句自宽,愈增悲促,此无可奈何语也。别本评后附一句曰:大臣谓郭子仪。是真以此句为赞词。所见甚陋。吴氏刊本无之,盖非虚谷之旧。虚谷又谓:观尾句则大臣之贤否可见,是又以此句为讥刺,亦未喻工部之意。

公以乾元二年己亥弃官之秦州,冬自同谷入蜀。上元元年庚子、二年辛丑,皆在成都。时则严武帅蜀,依之。宝应元年壬寅,自绵州至梓州,则严武去蜀矣。晚秋既迎家至梓,广德元年癸卯亦在梓州。严武再镇成都,辟入幕府。广德二年甲辰在成都,永泰元年乙巳严武卒,乃再游东川,除京兆功曹不赴。大历六年丙午移居夔州。起句所以云"五载客蜀郡,一年居梓州"也。

宿关西客舍寄山东严、许二山人。时天宝高道举征

岑 参

云送关西雨,风传渭北秋。孤灯燃客梦,寒杵捣乡愁。滩上思严子,山中忆许由。苍生今有望,飞诏下林丘。

本集题字颇繁,以半山《唐选》正之。此半山所删耳,集原不误,不得言正。"燃""捣"二字眼突。

秋馆雨后得弟兄书即事

戎 昱

弟兄书忽到,一夜喜兼愁。空馆忽闻雨,贫家怯到秋。坐中孤烛暗,窗外数萤流。试以他乡事,明朝问子由。"子由",本集作"子游",皆不可解,疑是"少游"之误。马援南征忆少游语,正弟兄事也。

第四句佳甚。

酬程近秋夜即事见赠

郎士元

此首不宜入"旅况类",虚谷穿凿。第四句误。郎集不载。

长簟迎风早,空城淡月华。星河秋一雁,砧杵夜千家。三、四清远。节候看应晚,心期卧已赊。向来吟秀句,不觉已鸣鸦。结和字密。

旅游伤春

李昌符

酒醒乡关远,迢迢听漏终。曙分林影外,春尽雨声中。鸟倦江村路,花残远岸风。十年成底事,羸马厌西东。第五句稍晦。

第四句最佳。

洛阳早春

顾　况

何地避春愁?终年忆旧游。一家千里外,百舌五更头。客路偏逢雨,乡山不入楼。故园桃李月,伊水向东流。

三、四妆砌甚佳,不觉为俳。第六句尤可喜。六句原本讹作五句。

友人南游不回

于武陵

相思春树缭,千里客依依。鄂杜月频满,潇湘人未归。桂花风半落,烟草蝶双飞。"桂花"纪其时,有秋风萧瑟之感;"蝶双飞"而人不同游。触物生情,六义之所谓兴也。一别无消息,水南踪迹稀。

三、四整峭。

秦原早望

李　频

一氽乡书荐,长安未得回。年光逐渭水,春色上秦台。燕掠平芜去,人冲细雨来。东风生故里,又过几花开?

其思优游而不深怨,可取。

归渡洛水

皇甫冉

暝色赴春愁,归人南渡头。渚烟空翠合,滩月碎光流。澧浦饶芳草,沧浪有钓舟。谁知放歌客,此意正悠悠。

诗第一句难得好,如此诗"赴"字,已见诗话所评。与"酒渴爱江清""四更山吐月",并是起句便绝佳者。

江上逢司空曙

李　端

共有髫年故,相逢万里余。新春两行泪,故国一封书。夏口帆初落,浔阳雁正疏。唯应执杯酒,暂食汉江鱼。

诗律明莹。佳在浑成,但目以"明莹",未确。

秋日陕州道中

顾非熊

孤客秋风里,驱车入陕西。关河午时路,村落一声鸡。树势标秦远,天形到岳低。谁知我名姓?来往自栖栖。

起句悲壮,中四句称之,末句酸楚,乃旅中真味,不容掩也。

蓟北旅思

张司业

日日望乡国,空歌《白苎》词。长因送人处,忆得别家时。失意还独语,多愁只自知。客亭门外柳,折尽向南枝。冯氏曰:如此出"北"字。

三、四真佳句。司业,姑苏人,故云"空歌《白苎》词"。

江楼望归

白乐天

原注:时避贼在越中。

满眼江云色,月明楼上人。旅愁春入越,乡思夜归秦。道路通荒服,田园隔虏尘。悠悠沧海畔,十载避黄巾。

此少年作,已自成就如此。此犹未敢放笔时,故谨严深厚。乃尔成名以后,颓然自放矣。凡文士颓唐多在名高以后。

落日怅望

马 戴

孤云与归鸟,千里片时间。念我一何滞?辞家久未还。微阳下乔木,远色隐秋山。临水不敢照,恐惊平昔颜。晚唐诗人马戴,骨格最高,不但世所称"猿啼洞庭树,人在木兰舟"也,此诗亦略见一斑。

诗话谓"微阳下乔木,远烧入秋山",为一虚一实,似体贴句。今考戴集,乃不然,只如此十字自好。如此省多少穿凿,宋人诗话往往求奇反陋。

秋夜晚泊

杜荀鹤

一望一怆然，萧然起暮天。似当作"暮烟"。远山横落日，归鸟度平川。家自去秋别，月当今夜圆。渔翁似相伴，彻晓苇丛边。言渔翁以外更无伴人。

三、四极宏远，荀鹤诗所少也。气格终薄，然无五代鄙僵细碎之气。

送　客

江芴

题必有误。

明月孤舟远，吟髭镊更华。天形围泽国，秋色露人家。水馆萤交影，霜洲橘委花。何当寻旧隐，泉石好生涯。

江芴处士，江南人。杨徽、元微之有吊江芴诗。题曰"送客"，而其意似是旅中。三、四眼工，"露"字尤妙。

二十三日立秋夜行泊林里港

张宛丘

淅淅晚风起，孤舟愁思生。蓬窗一萤过，苇岸数蛩鸣。老大畏为客，风波难计程。家人夜深语，应念客犹征。末句即乐天"料得家中夜深坐，还应说着远游人"意，嫌太蹈袭。

宛丘诗大抵不事雕琢，自然有味。

发长平

张宛丘

归舟川上渡，去翼望中迷。野水侵官路，春芜没断堤。川平双桨上，天阔一帆西。无酒消羁恨，诗成独自题。

虽自然,无不工处。

秦淮夜泊

贺方回

元注:"辛未正月晦赋。"乃元祐六年。

官柳动春条,秦淮生暮潮。楼台见新月,灯火上双桥。起四句自然秀丽,雅称秦淮。隔岸开珠箔,临风弄紫箫。谁怜远游子,心旌正摇摇。

德安道中

赵师秀

餐余行数步,稍觉一身和。起二句似散步诗,不似道中。蚕月人家闭,春山瀑布多。三、四似对非对,别有幽味。莺啼声出树,花落片随波。前路东林近,惭因捧檄过。

此乃江州德安县,所以云"前路东林近"。尾句委婉。

闽中秋思

翁灵舒

客愁无定迹,几处冒风埃。逢得家乡便,凭将信息回。海烟蛮树湿,秋雨瘴花开。旧日越王国,吾今身再来。

五、六似张司业。

旅　泊

翁灵舒

几日溪蓬下,低垂困水程。喜因山县泊,略向岸汀行。闻笛生羁思,看松减宦情。遥知此夜月,必照故山明。"必"字拙儓。

第六句新美。

七言二十二首（录三首）

长安春望

卢 纶

东风吹雨过青山，却望千门草色闲。家在梦中何日到，春来江上几人还。川原缭绕浮云外，宫阙参差落照间。谁念为儒逢世难，独将衰鬓客秦关。平调。喜其细润。

葛溪驿

王半山

缺月昏昏漏未央，一灯明灭照秋床。病身最觉风霜早，归梦不知山水长。坐感岁时歌慷慨，起看天地色凄凉。鸣蝉更乱行人耳，正抱疏桐叶半黄。三、四细腻，后四句神力圆足。

半山诗如此慷慨者少，却似"江西"人诗。冯氏曰：不似。

自海至楚，途寄马全玉

张宛丘

萧萧晚雨向风斜，村远荒凉三四家。野色连云迷稼穑，冯氏曰：种曰稼，敛曰穑，替不得"禾""黍"。秋声催晓起蒹葭。愁如夜月长随客，身似飞鸿不记家。五、六工而不纤。极目相望何处是？海天无际落残霞。

文潜诗大抵圆熟自然。

边塞类

五言五十一首（录十八首）

在军中赠先还知己

骆宾王

蓬转俱行役，瓜期独未还。<small>通首俱承此句。</small>魂迷金阙路，望断玉门关。献凯多惭霍，论功几谢班。风尘催白首，岁月损红颜。落雁低秋塞，惊凫起暝湾。胡霜如剑锷，汉月似刀环。别后庭边树，相思几度攀。<small>"庭边"，疑当作"边庭"。</small>

<small>　　王、杨、卢、骆，老杜所不敢忽。谓轻薄为文者哂之未休，然轻薄之人身名俱灭。王、杨、卢、骆，如江河万古所不可废也。斯言厥有旨哉！宾王史不书字，武后见其檄，始咎宰相失人。诗多佳句，近似庾信，时有平仄字不协，此篇乃字字入律，工不可言。</small>

塞外书事

许　棠

征路出穷边，孤吟傍戍烟。河光深荡塞，碛色迥连天。残日沉雕外，惊蓬到马前。<small>五、六壮阔。</small>空怀钓鱼所，未定卜归年。

宿铁关西馆

岑　参

马汗踏成泥，朝驰几万蹄。雪中行地角，火处宿天倪。塞迥心常怯，乡遥梦亦迷。<small>对句警策，出句亦自真切。</small>那知故园月，也到铁关西。

<small>　　五、六胜三、四，以有议论而自然。末句爽逸之甚。</small>

北庭作

岑 参

雁塞通盐泽,龙堆接醋沟。孤城天北畔,绝域海西头。秋雪春仍下,朝风夜不休。可知年四十,犹自未封侯。嘉州诗纯以骨力胜。

"盐泽"人共知,"醋沟"则未之知也,甚新。中四句皆如铸成。

武威春暮闻宇文判官西使还已到晋昌

岑 参

片雨过城头,黄鹂上戍楼。塞花飘客泪,边柳挂乡愁。白发悲明镜,青春换敝裘。君从万里使,闻已到瓜州。

三、四与"孤灯燃客梦,寒杵捣乡愁"同调。

送杨中丞和蕃

郎士元

锦车登陇日,边草正萋萋。旧好寻君长,新愁听鼓鼙。河源飞鸟外,雪岭大荒西。汉垒今犹在,遥知路不迷。汉有征蕃之垒,唐乃有和蕃之使。捡《唐书·回鹘传》知西蕃之横,当时有不胜愤辱者。妙于蕴藉无痕,而讽刺入骨。

送李将军赴定州

郎士元

疑当作"营州"。若赴定州,不得云"到阴山北"。

双旌汉飞将,万里独横戈。春色临边尽,黄云出塞多。右丞"黄云断春色"句以苍莽取神,此行为二句,又以对照见意。繁简各有其妙,不必强为抑扬。鼓鼙悲绝漠,烽戍隔长河。想到阴山北,天骄已请和。

杂 诗

卢 象

家居五原上，征战是平生。独负山西勇，谁当塞上名？死生辽海战，雨雪蓟门行。"五原"是生处。"山西"用《后汉书》"山西出将"语，不泥其地。"蓟门""辽海"，地界相连，正唐防奚、契丹处。虚谷以为四处地相辽远，误。诸将封侯尽，论功独不成。虚谷谓末句言辛苦无成，以讥偶然成名者，未必皆辛苦。所见殊浅。若作同一辛苦，而独不成功，岂不更深厚？

送客游边

于 鹄

若到并州地，谁人不忆家？起得陡健，下六句一气涌出，由此二句得势也。塞深无伴侣，路尽有平沙。碛冷惟逢雁，天春不见花。莫随边将意，垂老事轻车。缴明本意。

塞 下

李宣远

秋日并州路，黄榆落故关。孤城吹角罢，数骑射雕还。惨澹之气，萧瑟之感，俱于句外得之。此二句可云如画。帐幕遥临水，牛羊自下山。行人正垂泪，烽火出云间。

八句俱整峭。

塞上赠王太尉

僧宇昭

嫖姚立大勋，万里绝妖氛。马放降来地，雕盘战后云。月侵孤垒没，烧彻远芜分。不惯为边客，宵笳懒欲闻。末二句与上六句意思不贯。"懒欲闻"三字，亦捏凑费解,皆是疵累。以三、四佳句存之耳。大抵九僧诗多以句传,不甚讲篇法;句亦只在中二联,不修饰首尾。

欧阳公《诗话》称此诗三、四,而未见其集。司马温公乃得之以传世。

入塞曲

郑 钦

留滞边庭久,思归岁月赊。黄云同入塞,白首独还家。宛马随秦草,胡人问汉花。还伤李都尉,犹自没黄沙。

《唐御览诗》郑钦四首皆艳丽。此诗不得谓之艳丽。令狐楚所选,大率取此体,不主平淡而主丰硕云。此亦论骨韵如何。藻耀高翔丰硕者,亦为健笔;干枯乏味平淡者,亦是庸音。

送都尉归边

卢 纶

好勇知名早,争雄上将间。战多春入塞,猎惯夜烧山。阵合龙蛇动,军移草木闲。今来部曲尽,白首过萧关。作意在此二句。

诗律响亮整齐。此只论得中二联。

赠梁州张都督

崔 颢

闻君为汉将,虏骑罢南侵。出碛清沙漠,还家拜羽林。风霜臣节苦,岁月主恩深。为语西河使,余知报国心。"余知",一本作"知余"。"余知"意深,且与五、六句一气生下;"知余"意浅,与五、六句意不贯。

五、六痛快而感激。

塞上逢故人

王　建

百战一身在,相逢白发生。何时得家信,每日算归程。走马登寒垒,驱羊入废城。羌歌三两曲,人醉海西营。结法好。

尹学士自濠梁移倅秦州

宋景文

于役三年远,原注:尹自经略西事,出入三年。论兵两鬓斑。不辞征虏辟,原注:尹再入部署韩公幕下。要作破羌还。楯墨磨原熟,原本作"盾墨应圆熟",不可解,且不对下句。当是以形相近而误"磨"为"应",又以声相近而误"原"为"圆",今改正。兜烽报未闲。浮舠背淮服,盘马入秦关。遂阁觿书笔,仍余聚米山。忆君他日恨,遥向陇云间。通体遒健。

三、四绝妙。此尹师鲁洙也。

塞　上

王正美

无定河边路,风高雪洒春。沙平宽似海,雕远立如人。故为奇语,亦自可喜。绝域居中土,宋失中原,故曰"绝域居中土"。多年息虏尘。边城吹暮角,久客自悲辛。

亦与晚唐诸人争先。

和袁郎中破贼后军行过剡中山水谨上太尉

刘长卿

原注:即李光弼。

剡路除荆棘,王师罢鼓鼙。农归沧海畔,围解赤城西。赦罪阳春发,收兵太白低。远峰来马首,横笛入猿啼。兰渚催新幄,桃源识故蹊。已闻开阁待,谁许卧东溪。此首不宜入"边塞类"。

所圈一联绝精。原本圈"赦罪"两句,其实"远峰"两句尤佳。

七言十一首(并删)

宫闱类

五言七首(录一首)

春宫怨

杜荀鹤

早被婵娟误,欲妆临镜慵。承恩不在貌,教妾若为容。风暖鸟声碎,日高花影重。年年越溪女,相忆采芙蓉。冯氏曰:五、六写出春宫,落句不测。

七言二首(并删)

忠愤类

五言二十五首(录九首)

春 望

杜工部

国破山河在,城春草木深。感时花溅泪,恨别鸟惊心。烽火连三月,家书抵万金。白头搔更短,浑欲不胜簪。

有 叹

杜工部

壮心久零落,白首寄人间。天下兵常斗,江东客未还。穷猿号雨雪,老马望关山。二句赋而比也。武德开元际,苍生岂重攀?

秋日怀贾随进士

罗　隐

此首不宜入"忠愤类"。

边寇日骚动,故人音信稀。长缨惭贾谊,孤愤忆韩非。晓匣鱼肠冷,春园鸭掌肥。知君安未得,聊且示忘机。此忧贾不免世难,而招之之词。观末句"示"字,题当是寄。

感　事

陈简斋

丧乱那堪说,干戈竟未休。公卿危左衽,江汉过东流。风断黄龙府,云移白鹭洲。云何舒国步,持底副君忧。"持底"字俚,读宋诗忌学此种。世事非难料,吾身本自浮。菊花纷四野,作意为谁秋。

"危""过"二字最佳。"黄龙府"谓二帝北狩,"白鹭洲"谓高庙在金陵。

闻王道济陷虏

陈简斋

海内堂堂友,如今在贼围。虚传袁盎脱,不见华元归。浮世身难料,危途计易非。五字千古。云孤马息岭,老涕不胜挥。

三、四善用事,五、六有无穷之痛焉。

己酉乱后寄常州使君侄四首

汪彦章

汾水游仍远,瑶池宴未归。措词蕴藉,胜江子我"周鼎""夏台"二句,臣子之词,宜如此。航迁群庙主,矢及近臣衣。胡马窥天堑,边烽断日畿。百年淮海地,回首复成非!

草草官军渡,悠悠虜骑旋。方尝勾践胆,已补女娲天。诸将争阴拱,苍生忍倒悬。乾坤满群盗,何日是归年!

身老今何向?兵挐未肯休。经旬甘半菽,尽室委扁舟。台拆星犹彗,农饥麦未收。日边无一使,儿女讵知愁?

春到花仍笑,时危特自哀。平城隆准去,瓜步佛狸来。地下皆冤肉,二字不雅。人间半劫灰。只今衰泪眼,那得向君开。四诗入之杜集不辨。

此建炎三年己酉冬,兀术入吴,航海避乱之后也。靖康中在围城中者,吕居仁、徐师川、汪彦章皆诗人也。居仁多有痛愤之诗。师川以邦昌之名名其婢,而诗无所见。彦章至此,乃有乱后诗。岂当时诸人或言之太过,恐忤时相而删之乎?后秦桧既相,卖国求和,则士大夫噤不能发一词矣。此等诗皆本老杜,亦惟老杜多有此等诗。庾信犹赋《哀江南》,皆知此意。原本此四诗后载曾茶山《闻寇至初去柳州》诗,曰:"两岸伴千里,扁舟抵万金。病夫桑下恋,万一有佳音。"语意绝佳,而前四句太恶,故削之。

七言二十二首(录十一首)

秋 兴

杜工部

闻道长安似弈棋,百年世事不胜悲。王侯第宅皆新主,文武衣冠异昔时。直北关山金鼓振,征西车马羽书迟。鱼龙寂寞秋江冷,故国平居有所思。

八首取一。《秋兴》诗削去七篇,可云庸妄,宜为冯氏所怪笑。余定此书有删无补,亦姑仍原本载之。广德元年癸卯冬十月,吐蕃入长安,代宗幸陕。安、史死久矣,而又有此事,故曰"弈棋"。然首篇有云"巫山巫峡气萧森",即大历初诗也。

中元甲子以辛丑驾幸蜀

罗　隐

此诗本四首,独选此首,亦所未喻。

子仪不起浑瑊亡,证以刘中山"又见旌旗出浑家"句,知"浑"字竟读上声。西幸谁人从武皇？四海为家虽未远,九州多事竟难防。已闻旰食思真将,会待畋游致假王。应感两朝巡狩迹,绿槐端正驿荒凉。句句深婉,江东诗难得如此浑厚。

乱后春日途经野塘

韩致光

世乱他乡见落梅,野塘晴暖独徘徊。船冲水鸟飞还住,袖拂杨花去又来。季重旧游多丧逝,虚谷注此句曰："吴质季重为曹操所杀。"事无所出,当由误记文举、德祖。子山新赋亦悲哀。眼看朝市成陵谷,始信昆明是劫灰。亦致光集中所难得。

金楼感事

吴　融

太行和雪叠晴空,二月郊原尚朔风。饮马早闻临渭北,射雕今欲过山东。百年徒有伊川叹,五利宁无魏绛功。日暮长亭正愁绝,哀筝一曲戍烟中。

吴融、韩偓同时。慨叹兵戈之间,诗律精切,皆善用事。如此中四句,微而显也。

偶　题

吴　融

贱子曾尘国士知,登门倒屣忆当时。西川酌尽看花酒,东阁编成咏雪诗。莫道精灵无伯有,寻闻任侠报爱丝。乌衣旧宅犹能认,粉竹金松一两枝。前四句萎弱,后四句沉着而勃发。

此乃感恩之言,必为某人为朱温之徒所杀,而未有能报之者也。

次韵尹潜感怀

陈简斋

胡儿又看绕淮春,叹息犹为国有人。可使翠华周宇县,谁持白羽静风尘?五年天地无穷事,万里江湖见在身。共说金陵龙虎气,放臣迷路惑烟津。

周尹潜诗亦学老杜。此诗壮哉,乃思陵即位之五年,绍兴元年也。

伤 春

陈简斋

庙堂无策可平戎,坐使甘泉照夕烽。初怪上都闻战马,岂知穷海看飞龙。孤臣霜发三千丈,"白发三千丈",太白句也。每岁烟花一万重。稍喜长沙向延阁,疲兵敢犯犬羊锋。

谓潭州向伯恭。

野泊对月有感

周尹潜

可怜江月乱中明,应识逋逃病客情。起得超脱。斗柄阑干洞庭野,角声凄断岳阳城。酒添客泪愁仍溅,浪卷归心暗自惊。欲问行朝近消息,眼中群盗尚纵横。亦自凄壮。

尹潜,名莘,为岳阳决曹掾。陈简斋集屡见诗题。乃钱塘人,东坡所与交周长官开祖之孙也。诗有老杜气骨,简斋亦钦畏之。只"江月乱中明"一句便高,三、四悲壮,并结句自可浑入老杜集。

北　风

刘屏山

雁起平沙晚角哀,北风回首恨难裁。淮山已隔胡尘断,汴水犹穿故苑来。紫色蛙声真倔强,翠华龙衮暂徘徊。庙堂此日无遗策,可是忧时独草莱。结二句沉郁之至。

忠愤至矣。五、六尤精,命意尤切。

书　愤

陆放翁

白发萧萧卧泽中,只凭天地鉴孤忠。厄穷苏武餐毡久,忧愤张巡嚼齿空。细雨春芜上林苑,颓垣夜月洛阳宫。壮心未与年俱老,死去犹能作鬼雄。

镜里流年两鬓残,寸心自许尚如丹。衰迟罢试戎衣窄,悲愤犹争宝剑寒。遣戍十年临滴博,壮图万里战皋兰。关河自古无穷事,谁料如今袖手看!

悲壮感慨,不当徒以虚语视之。

山岩类

五言十二首（录一首）

巫山高

李　端

"巫山高"乃乐府题,不宜入"山岩类"。

巫山十二峰,皆在碧空中。回合云藏月,霏微雨带风。如此用"云""雨"二字,尚无痕迹。猿声寒过涧,树色暮连空。愁向高唐去,清秋见楚宫。

工而稳。一"稳"字尽此诗之妙。皇甫冉亦以此题擅名。虚谷讹"高"字为"峡"字,选入"风土类"。然其中"朝暮泉声异"句,"异"字未审何解;"寒暄树色同"

句,"同"字亦似未妥。

七言六首（录一首）

润陂山上作

赵师秀

一山大半皆槠叶,绝顶闲寻得径微。无日漫劳携纸扇,有风犹怯去绵衣。野花可爱移难活,啼鸟多情望即飞。惟与寺僧居渐熟,煮茶深院待人归。薄而有致。

此诗三、四见得是山上作,五、六亦活动。

川泉类

五言三十二首（录八首）

早秋江行

窦巩

回望溢池远,西风吹荻花。暮潮江势阔,秋雨雁行斜。多醉浑无梦,频愁欲到家。此即"近乡情更怯"之意。渐惊云树转,点点是神鸦。"渐惊"从"频愁"生出。

大醉则必无梦,诗人自来不曾说到。盖非常醉者,不能知也。今江州西沂地名盘塘,近兴国军港口,即有神鸦迎船,人与饭肉,唐以来固然矣。

渡淮

白乐天

淮水东南地,无风渡亦难。孤烟生乍直,远树望多团。春浪棹声急,夕阳帆影残。清流宜映月,今夜重吟看。末用何水部语。

三、四尖新。三句本右丞"大漠孤烟直"句,犹是恒语。四句乃是刻意造出。

此种偶一为之不妨,若专意为此,则坠入"竟陵""公安"鬼趣。

终南东溪口作

岑 参

溪水碧于草,潺潺花底流。新趣宛然。沙平堪濯足,石浅不胜舟。洗药朝与暮,钓鱼春复秋。兴来从所适,还欲向沧州。

句句明白,不见其用力处。

岳阳馆中望洞庭湖

刘长卿

万古巴丘戍,平湖此望长。问人何渺渺,愁暮更苍苍。叠浪浮元气,中流没太阳。孤舟有归客,早晚达潇湘。五、六或谓是海诗,然洞庭亦足当此。

五、六尽佳,非中流果没日也,水远而目短,故所见者日落于中耳。此句从《上林赋》化出。

答劝农李渊宗嘉州江行见寄

宋景文

嘉月嘉州路,轲峨按部船。山围杜宇国,江入夜郎天。霁引溪流望,凉供水阁眠。愧君舟楫急,遂欲济长川。

嘉州,古夜郎国。三、四有老杜及盛唐人风味。

河 上

陈后山

背水连渔屋,横河架石梁。窥巢乌鹊竞,过雨艾蒿光。鸟语催春事,窗明报夕阳。还家慰儿女,归路不应长。淡静。

颜氏阻风

陈后山

水到西流阔,风从北极来。声驱峡口坼,力拔岭根摧。突兀重重浪,轰隆处处雷。顺流看过舫,更着快帆催。竟住好。

过孔雀滩赠周静之

陈简斋

海内无坚垒,天涯有近亲。不辞供笑语,未惯得殷勤。舟楫深宜客,溪山各放春。高眠过滩浪,已寄百年身。

七言十六首(录三首)

自巩洛舟行入黄河即事寄府县僚友

韦苏州

夹水苍山路向东,东南山豁大河通。寒树依微远天外,夕阳明灭乱流中。沈宗伯曰:"上句画本,下句画亦难就。"孤村几岁临伊岸,一雁初晴下朔风。为报洛桥游宦侣,扁舟不系与心同。

过桐庐

胡文恭

两岸山花中有溪,山花红白遍高低。灵源忽若乘槎到,仙洞还同采药迷。二月辛夷犹未落,五更鸦臼最先啼。茶烟渔火遥堪画,一片人家在水西。风韵可观,惟三、四略嫌凡近。

东　溪

梅圣俞

行到东溪看水时,坐临孤屿发船迟。野凫眠岸有闲意,老树着花无丑枝。短短蒲茸齐似剪,平平沙石净于筛。情虽不厌住不得,薄暮归来车马疲。

三、四为当世名句,众所脍炙。

庭宇类

五言十五首（录四首）

题沈隐侯八咏楼

崔　颢

梁日东阳守,为楼望越中。绿窗明月在,青史古人空。八咏事佳,隐侯人鄙。"青史"句浑含得妙。江静闻山狖,川长数塞鸿。此二句即八咏之二。登临白云晚,流恨此遗风。

鹳雀楼晴望

马　戴

尧女楼西望,人怀太古时。海波通禹凿,"禹凿"原本作"古穴",考本集改。山木闭虞祠。鸟道残虹挂,龙潭返照移。行云如可驭,万里赴心期。

寄题武当郡守吏隐亭

僧希昼

郡亭传吏隐,闲自使君心。卷幕知来客,悬灯见宿禽。茶烟逢石断,棋响入花深。"棋声花院静",表圣名句也。着"入"字、"深"字,便别有意境,不以蹈袭为嫌。会逐南帆便,乘秋寄此吟。

薛氏瓜庐

赵师秀

不作封侯念,悠然远世纷。惟应种瓜事,犹被读书分。野水多于地,春山半是云。吾生嫌已老,学圃未如君。

"人家半在船,野水多于地",本乐天仄韵古诗。今换一句为对,亦佳。义山诗曰:"东南通绝域,西北有高楼。"亦是此格。偶一为之,不以为律。

七言三十首(录四首)

登西楼

王半山

楼影侵云百尺斜,行人楼上忆天涯。情多自悔登临数,目极因惊怅望赊。一曲平芜连古树,半分残日带明霞。潘郎何用悲秋色,只此伤春发已华。音节爽明。

和稚子与诸生登北都城楼

元章简

朔风刮面岁华遒,闲拥丰貂一倚楼。四野冻云随地合,九河清浪着天流。空阔有神,胜于出句。诸君略住方乘兴,吾土虽非亦解忧。更得青衿赓雅唱,连章彩笔斗银钩。结"和"字,古法。

五、六用庾亮、王粲语,其佳如此。妙,俱切"楼";"诸君"句又切本事。

己酉仲秋任才仲、陈去非会饮岳阳楼上。酒半酣,高谈大笑,行草间出,诚一时俊游也。为赋之

姜光彦

岳阳楼高几千尺,俯首洞庭方酒酣。万顷波光天上下,两山秋色月东南。

兴来鸾鹄随行草,夜永鱼龙骇笑谈。我欲烦公钓鳌手,尽移云水到松庵。壮浪称题,结亦别致。

姜仲谦,淄川人。陈简斋集有此题。三人真奇会也。松庵者,光彦之号,故尾句云。

思杜亭

姜光彦

十里松阴古道场,一亭还复枕潇湘。诗翁至死忧唐室,野客于今吊耒阳。事本烂熟,惟切故警。"野客"二字有感慨,非泛以凑对,盖即"霸才无主始怜君"意。窗户云生山雨集,岩溪花发晓风香。还"亭"字一联,乃不可少。不惟临眺添惆怅,自是年来鬓已霜。规格意思,全是温飞卿《过陈琳墓》诗。

论诗类

五言三首(并删)

七言三首(并删)

技艺类

五言二首(并删)

七言十一首(并删)

远外类

五言十二首(并删)

七言四首（并删）

消遣类

五言四首（录一首）

夜 饮

李商隐

卜夜容衰鬓,开筵属异方。烛分歌扇泪,此句少纤。雨送酒船香。江海三年客,乾坤百战场。王半山极称此二句,以为得杜之藩篱。谁能辞酩酊?淹卧剧清漳。结用刘公幹语,然骤读之不甚了了,作诗不必效此等语。

七言三十九首（录二首）

安定城楼

李商隐

迢递高城百尺楼,绿杨枝外尽汀洲。贾生年少虚垂涕,王粲春来更远游。永忆江湖归白发,欲回天地入扁舟。二语千锤百炼,出以自然,老杜为之不过如此。义山虽名列昆体中,其诗格逈出温段上,自世但论其雕镂浮艳之作,而义山之真面隐矣。不知腐鼠成滋味,猜意鹓雏竟未休。结太浅露。

寓 叹

陆放翁

貂蝉未必出兜鍪,要是苍鹰已下韝。彭泽竟归端为酒,轻车已老岂须侯?千年精卫心平海,三日於菟气食牛。会与高人期物外,摩挲铜狄灞陵秋。此似为韩侂冑议北伐而作。"千年精卫"言志士本不忘报复。"三日於菟"言当事者轻于动作。"摩挲铜狄"言他日时事变迁,我老犹及见之也。

六句豪俊。嘉泰二年癸亥,放翁年七十九,在朝。

兄弟类(原阙五言)

七言七首(录一首)

示长安君

王半山

李雁湖注:此诗恐是使北时作。长安君,公妹也。

少年离别意非轻,老去相逢亦怆情。草草杯盘供笑语,昏昏灯火话平生。二语真至。自怜湖海三年隔,"海",原本误作"客",依本集改。又作尘沙万里行。欲问后期何日是,寄书应见雁南征。

子息类

五言六首(录一首)

杨本胜说于长安见小儿阿衮

李商隐

闻君来日下,见我最娇儿。渐大啼应数,长贫学恐迟。寄人龙种瘦,失母凤雏痴。义山乃宗室,故有"龙种""凤雏"之句。语罢休边角,青灯两鬓丝。结法不尽。

七言六首(并删)

寄赠类

五言三十八首（录二首）

寄李纾

郎士元

雨遇深巷静，独酌送残春。车马虽嫌僻，莺花不厌贫。此句最佳。虫丝粘户网，鼠迹印床尘。问道山阳会，如今有几人？皆怪其相疏之意。

寄外舅郭大人

陈后山

原注：概。

巴蜀通归使，妻孥且旧居。深知报消息，不忍问何如。身健何妨远，情亲未忍疏。功名欺老病，泪尽数行书。冯氏疾后山如仇，亦不能不敛手此诗。公道固有不泯时。

后山学老杜，此其逼真者。枯淡瘦劲，情味深幽。晚唐人非风、花、雪、月、禽、鸟、虫、鱼、竹、树，则一字不能作。"九僧"者流，为人所禁，诗不能成，曷不观此作乎？火候纯熟乃臻此境。勉强效之，非粗则弱，亦不可不知。又须从根柢一路入手，若但用"九僧"琢句工夫，即终不到此。

七言五十八首（录七首）

寒食中寄郑起侍郎

杨仲猷

清明时节出郊原，寂寂山城柳映门。水隔淡烟修竹寺，路经疏雨落花村。天寒酒薄难成醉，地迥楼高易断魂。回首故山千里外，别离心绪向谁言？此种别无深味，纯以风韵取之。

中四句皆美，而下联世人尤传。

寄苏内翰

刘景文

倦压鳌头请左符，笑寻颍尾为西湖。二三贤守去非远，六一清风今不孤。四海共知霜鬓满，重阳曾插菊花无。聚星堂上谁先到，欲傍金罇倒玉壶。

"六一清风"一联已佳。"四海""重阳"一联不惟见天下人共惜东坡之老，又且开慰坡公，随时消息，不必以时事介意也。句律悲壮豪健，人人能诵之。

次韵刘景文见寄

苏东坡

淮上东来双鲤鱼，巧将诗信渡江湖。细看落墨皆松瘦，想见掀髯正鹤孤。烈士家风安用此，书生习气未能无。莫因老骥思千里，醉后哀歌缺吐壶。

坡诗亦足敌景文。三、四劲健，此种由笔力朴老，故觉其健。无其笔力而效之，便成弱调。五、六言景文家世壮烈而能诗。五、六是开合句法。"书生习气"乃指其慷慨悲歌，非谓其能诗也。此解误。气象崔巍，未易攀也。

和子瞻公牒京口忆西湖出游见寄

陈述古

春阴漠漠燕飞飞，可惜春风与子违。半岭烟霞红旆入，满湖风月画船归。缑笙一阕人何在？辽鹤重来事已非。犹忆去年题别处，鸟啼花落客沾衣。调不甚高，而清圆可诵。

寄荆南故人

章冠之

余生自拚一虚舟,未害寻诗慰客愁。梅欲飘零犹酝藉,柳才依约已风流。关心弟妹无黄犬,入梦江湖有白鸥。别后故人相念否?东风应倚仲宣楼。细润。

寄秦州曾侍郎子开

陈后山

八年门第故违离,千里河山费梦思。淮海风涛真有道,句疑有误。本集"风涛"作"风流"。麒麟图画岂无时?今朝有客传何尹,是处逢人说项斯。三径未成心已具,世间惟有白鸥知。

寄侍读苏尚书

陈后山

六月西湖早得秋,二年归思与迟留。一时宾客余枚叟,在处儿童说细侯。经国向来须老手,有怀何必到壶头?遥知丹地开黄卷,解记清波没白鸥。五、六已逼到尽头,故以指点语蕴藉收之,再一径直便不足。此是诗法。

此规东坡以进用不已,恐必有后患也。乃是颍州召入时,后又有《寄送定州苏尚书》诗,亦云:"海道无违具一舟。"君子爱人以德如此。

迁谪类

五言二十首（录五首）

初到黄梅临江驿

宋之问

马上逢寒食,愁中属暮春。可怜江浦望,不见洛阳人。北极怀明主,南溟作逐臣。故园肠断处,日夜柳条新。

之问之为人不足道也。然唐律诗起于之问与沈佺期。此诗贬泷州参军时所作。

月下呈张秀才

刘长卿

自古悲摇落,谁人奈此何？夜蛩偏傍枕,寒鸟数移柯。向老三年谪,当秋百感多。贫家唯有月,空愧子猷过。一气浑圆。

此迁谪中作,八句皆有味。

北归次秋浦界清溪馆

刘长卿

万里猿啼断,孤村客暂依。雁过彭蠡暮,人向宛陵稀。旧路青山在,余生白首归。渐知行近北,不见鹧鸪飞。

末句最新。此公诗淡而有味,但时不偶,或有一苦句。

宿深明阁二首

陈后山

窈窕深明阁,清寒是去年。老将灾疾至,人与岁时迁。默坐元如在,孤灯共不眠。二句深切。暮年身万里,赖有故人怜。

缥缈金华伯,人间第一人。剧谈连昼夜,应俗费精神。时要平安报,反愁消息真。墙根霜下草,又作一番新。

山谷修《神宗实录》,盖有真笔。绍圣初蔡卞恶其书王安石事,摘为失实,召至陈留问状,寓佛寺,题曰"深明阁",寻谪居黔州。绍圣三年,后山省庞丞相墓,至陈留,宿是阁,有此诗。"暮年身万里,赖有故人怜",谓山谷至黔,州守曹谱伯远、倅张虬茂宗皆善待之。"墙根霜下草,又作一番新",谓绍圣小人也。

七言三十九首（录七首）

送王李二少府贬潭峡

高　适

集作《送李少府贬峡中、王少府贬长沙》。

嗟君此别意何如？驻马衔杯问谪居。巫峡啼猿数行泪,衡阳归雁几封书。青枫江上秋天远,白帝城边古木疏。圣代只今多雨露,暂时分手莫踌躇。结意和平深厚,诗须如此作。

两谪客,李峡中、王长沙。中四句指土俗所尚,是风景,非土俗。末句开以早还,亦一体也。

别舍弟宗一

柳子厚

零落残魂倍黯然,双垂别泪越江边。一身去国六千里,万死投荒十二年。"十"字,唐人亦作平读,"红阑三百九十桥"是也。此与"六"字对拗,亦应读平。桂岭瘴来云似墨,洞庭春尽水如天。欲知此后相思梦,长在荆门郢树烟。"烟"字趁韵。

再授连州至衡阳酬赠别

刘梦得

去国十年同赴召,湘江千里又分岐。重临事异黄丞相,三黜名惭柳士师。归目并随回雁尽,愁肠正遇断猿时。桂江东过连山下,相望长吟有所思。

柳士师事甚切。

寄韩潮州

贾浪仙

此心曾与木兰舟,直到天南潮水头。十四字句。隔岭篇章来华岳,出关书信过泷流。峰悬驿路残云断,海浸城根老树秋。一夕瘴烟风卷尽,月明初上浪西楼。

六月二十日夜渡海

苏东坡

参横斗转欲三更,苦雨终风也解晴。云散月明谁点缀?天容海色本澄清。四句全是寓意。空余鲁叟乘桴意,粗识轩辕奏乐声。九死南荒吾不恨,兹游奇绝冠平生。

  绍圣四年丁丑,东坡在惠州,年六十二矣。五月再谪琼州别驾,昌化军安置,即儋州也。以六月二十日夜渡海,七月十三日至儋州。或谓尾句太过,无省愆之意,殊不然也。章子厚、蔡卞欲杀之,此语分明。盖东坡南迁乃时宰之意,非天子之意,故不妨如此说。而处之怡然。当此老境,无怨无怒,以为兹游奇绝,真了生死轻得丧,天人也。四诗可一以此意观。

过岭二首(录第二首)

苏东坡

七年来往我何堪?又试曹溪一勺甘。梦里似曾迁海外,醉中不觉到江南。第一首五、六句曰:"当日无人送临贺,至今有庙祀潮州。"用事极切,然不宜出自东坡口。此二句乃蕴藉有味。波生濯足鸣空涧,雾绕征衣滴翠岚。谁遣山鸡忽飞起,半岩花雨落毵毵。

  绍圣元年甲戌贬惠州,四年丁丑贬儋州,明年元符戊寅改元,三年庚辰量移廉州,永州自便,凡七年。"梦里似曾迁海外",此联甚佳,殊不以迁谪为意也。是年坡公年六十五。明年建中靖国元年辛巳七月卒于常州。

岁晚有感

张宛丘

疏梅点点柳毵毵,残腊新春气候参。天静秋鸿来塞北,云收片月出江南。青霄雨露将回律,白首江湖尚避谗。未信世途无倚伏,有时清镜理朝簪。末二句人不肯道,道出乃弥觉真至而和平。

文潜两谪黄州,其诗每和平而不怨。

疾病类

五言二十五首(录二首)

病中一二禅客见问,因以谢之

刘宾客

劳动诸禅客,同来问病夫。添炉捣鸡舌,洒水净龙须。身是芭蕉喻,行须筇杖扶。医王有妙药,能乞一丸无?清稳。

鸡舌香,龙须席,各去一字便佳。

春日卧疾书情

刘 商

楚客经年病,孤舟人事稀。晚晴江柳变,春暮塞鸿归。今日方知命,前年始觉非。不能忧岁计,无限故山薇。亦清稳。

七言二十八首(并删)

感旧类

七言七首(录一首)

雪夜有感

陆放翁

江月亭前桦烛香,龙门阁上驮声长。乱山古驿经三折,小市孤城宿两当。晚岁犹思事鞍马,当时那信老耕桑。逆挽有力。绿沉金锁俱尘委,雪洒寒灯泪数行。

侠少类

五言八首(录一首)

赠张建

韩 翃

当云戏赠。

结客平陵下,当年倚侠游。传看辘轳剑,醉脱骕骦裘。翠羽双鬟妾,珠帘百尺楼。春风坐相待,晚日莫淹留。

七言九首(并删)

释梵类

五言二百四首(录三十一首)

登辨觉寺

王右丞

竹径连初地,莲峰出化城。窗中三楚尽,林外九江平。"平"一作"明"。"明"

字好。软草承趺坐,长松响梵声。空居法云外,观世得无生。

三、四形容广大,其语即无雕刻。

秦州杂诗

杜工部

秦州山北寺,胜迹隗嚣宫。苔藓山门古,丹青野殿空。月明垂叶露,云逐度溪风。清渭无情极,愁时独向东。

五、六极天下之工,第七句天生此语。

上牛头寺

杜工部

青山意不尽,衮衮上牛头。无复能拘碍,真成浪出游。二句申足"意不尽"三字。花浓春寺静,五字妙绝言说,对句不及也。竹细野池幽。何处莺啼切?移时独未休。

后四工丽清婉。

秋日过鸿举法师寺院

刘宾客

看画长廊遍,寻僧一径幽。小池兼鹤净,古木带蝉秋。对句自然胜出句。客至茶烟起,禽归讲席收。浮杯明日去,相望水悠悠。

晚春登天云寺南楼赠常禅师

刘宾客

花尽头新白,登楼意若何?起最警策。岁时春日少,世界苦人多。此句近俚,不可效,出句则雅矣。愁醉非因酒,悲吟不是歌。求师治此病,惟听读《楞伽》。

题报恩寺

刘宾客

好是清凉地,都无系绊身。晚晴宜野寺,秋景属闲人。净石堪敷坐,寒泉可濯巾。自惭衰鬓上,犹带郡庭尘。

三、四雅淡。

赠海明上人

耿㳘

来自西天竺,持经奉紫微。必当预内供奉,故曰"奉紫微"。年深梵语变,行苦俗流归。月上安禅久,苔生出院稀。梁间有驯鸽,不去为忘机。

中两联皆下句胜上句。三句亦未减四句,五句不如六句耳。

题虎丘东寺

张祜

云树拥崔嵬,深行异俗埃。此句拙极,不必以承吉而为之词。寺门山外入,石壁地中开。俯砌池光动,登楼海气来。伤心万年意,金玉葬寒灰。末亦切合不泛。

此诗非亲到虎丘寺,不知第四句之工。高堂之后,俯视石洞,两壁相去数尺,而深乃数十丈,其长蜿蜒曼衍而坼裂到底,泉滴滴然,真是奇观。"登楼海气来",此一句亦佳。

题破山寺

常建

清晨入古寺,初日照高林。曲径通幽处,禅房花木深。山光悦鸟性,潭影空人心。万籁此俱寂,唯闻钟磬音。自然得之,非思力所及。

欧公喜此诗。三、四不必偶,乃自是一体,盖亦古诗、律诗之间。此语缪极。全篇自然。

经废宝庆寺

司空曙(文明)

黄叶前朝寺,无僧寒殿开。池晴龟出曝,松暝鹤飞回。古砌碑横草,阴廊画杂苔。禅宫亦销歇,尘世转堪哀。

句句工,尾句尤不露。

秋夜宿僧院

刘得仁

禅寂无尘地,焚香话所归。树摇幽鸟梦,萤入定僧衣。静意可挹。破月斜天半,高河下露微。二句对偶未工,又非十四字句法,嫌太草草。翻令嫌白日,动即与心违。

"萤入定僧衣",此一句古今无之。他有"坐学白塔骨""坐石鸟疑死",刻苦太甚,不如此之闲雅。尾句尤高。尾句是晚唐粗犷恶习,以为高则错却路头。

题荐福寺衡岳禅师房

韩翃

春城乞食还,高论此中闲。僧腊阶前树,禅心江上山。疏帘看雪卷,深户映花关。晚送门人去,钟声杳霭间。

第三句最佳,三、四微有俗韵,不及五、六。五、六近套,如此则诗中套语,不胜指摘矣。尾句乃有味也。

华下送文涓

司空图

郊居谢名利,何事最相亲?渐与论诗久,皆知得句新。川明虹照雨,树密鸟冲人。此诗只炼此二句,余皆草草。后来九僧一派,自此滥觞。应念从今去,还来岳下频。

《一鸣集》尝自夸数联,五、六其一也,其实工密。三、四亦自然,近中有远。

登蒋山开善寺

崔峒

山殿秋云里,香烟出翠微。客寻朝磬食,僧背夕阳归。下界千门见,前朝万事非。看心兼送目,葭菼暮依依。

三、四已佳,五、六尤佳,以第六句出于不测也。

题维摩畅上人房

李洞

原本"房"下有"朽栎"二字。注曰:集作"寒栎"。皆误,今削之。

诸方游几腊,五夏五峰销。越讲迎骑象,蕃斋忏射雕。别趣。此种是才江独诣。冷筇书雪倚,寒栎话云烧。从此栖林老,瞥然三万朝。

李洞学贾浪仙诗,至铸其像而事之。此诗工甚。三、四怪异,五、六亦佳。

游西霞寺

皮日休

不见明居士,空山但寂寥。白莲吟次缺,香霭坐来销。泉冷无三伏,松枯

有六朝。何时石上月,相对论《逍遥》? _{支遁论《逍遥游》事,见《世说新语注》。}

三、四细看有味,五、六忽然出奇。

宿澄泉兰若

郑　谷

山半古招提,空林雪月迷。乱流分石上,斜汉在松西。云集寒庵宿,猿先晓磬啼。此心如了了,只此是曹溪。

末句好。末句不甚好。诗可参禅味,不可作禅语。

封禅寺居

罗　隐

盛礼何由睹? 嘉名犹寄居。周南太史泪,蛮徼长卿书。_{长卿虽作《封禅文》,而不及见封禅,但作书《喻蜀父老》而已,故曰"蛮徼长卿书"。盖与司马谈皆不睹盛礼者。}砌竹摇风直,庭花泣露疏。谁能赋《秋兴》? 千里隔吾庐。

题是封禅寺。昭谏身居乱世,故起句曰"盛礼何由睹"。三、四好。岂可全不用事? 善用事者不冗。

宿岳阳开元寺

僧修睦

竟日凭虚槛,何当兴叹频? 往来人自老,今古月长新。风逆沉渔唱,松疏露鹤身。无眠钟又动,几客在迷津。

第六句亦眼前事,但下得着,自然好。

题山寺

寇莱公

寺在猿啼外,_{此句最佳,作起句尤佳。}门开古涧涯。山深微有径,树老半无枝。望远云长暝,谈空日易移。恐朝金马去,还失白莲期。

寇公学晚唐诗,尾句忽又似老杜。意谓对结似杜耳,其实学杜不在此种处。

游湖上昭庆寺

陈文惠(尧佐)

湖边山影里,静景与僧分。一榻坐临水,片心闲对云。三、四自然有味。树寒时落叶,鸥散忽成群。莫问红尘事,林间肯暂闻。

此钱塘门外昭庆寺,今犹无恙。第五句最幽美。此诗佳在三、四句,第五句未见其佳。

夏日宿西禅

潘逍遥

此地绝炎蒸,深疑到不能。夜凉如有雨,院静若无僧。枕润连云石,窗明照佛灯。浮生多贱骨,时日恐难胜。结二句太劣。

东坡少年见传舍壁间题此句而喜之,则知逍遥之诗行于世已久。东坡眼高,亦所谓异世而知心者也。

书惠崇师房

僧希昼

诗名在四方,独此寄闲房。故域寒涛阔,春城夜梦长。禽声沉远木,花影动回廊。几为分题客,殷勤扫石床。

希昼,九僧之一。于僧诗类选五首,每首必有一联佳。不特希昼,九僧皆然。虚谷评紫芝诗曰:"大抵中四句锻炼磨莹为工。以题考之,首尾略如题意,而中四句者亦可他入,不必切于题也。"以之移评九僧尤确切,然其佳句自不可没。郑樵《通志》载九僧句图一卷,今不传。惟惠崇自定句图百联尚存。

送嗣端东归

僧希昼

远念生泉石,人中事欲销。卷衣城木落,寻寺海山遥。帆影迷寒雁,经声隐暮潮。后期俱未定,况我鬓先凋。

宿宇昭师房

僧保暹

与我难忘旧,多期宿此房。卧云归未得,静夜话空长。草际沉萤影,杉西露月光。天明共无寐,南去水茫茫。

保暹,九僧之二。第六句于工之中,不弱而新。

早秋闲寄宇昭

僧保暹

窗虚枕簟明,微觉早凉生。深院无人语,长松滴雨声。诗来禅外得,愁入静中平。远念西林下,相思合慰情。

宿西山精舍

僧文兆

西山乘兴宿,静称寂寥心。一径杉松老,三更雨雪深。草堂僧语息,云阁磬声沉。未遂长栖此,双峰晓待寻。

文兆,九僧之三。有宋国初,未远唐也。凡此九人诗,皆学贾岛、周贺,清苦工密。所谓景联,人人着意,但不及贾之高、周之富耳。"富"字未安。

与行肇师宿庐山栖贤寺

僧惟凤

水瀑寒浸室,围炉静话长。诗心全大雅,祖意会诸方。磬断危杉月,灯残古塔霜。无眠向遥夕,又约去衡阳。

惟凤,九僧之六。所选每首必有一联工,又多在景联,晚唐之定例也。盛唐则不然,大手笔又皆不然。

访杨云卿淮上别墅

僧惠崇

地近得频到,相携向野亭。河分冈势断,春入烧痕青。望久人收钓,吟余鹤振翎。不愁归路晚,明月上前汀。

九僧之七惠崇,最为高者。三、四虽取前人二句合成此联,为人所讥。然善诗者能合二人之句为一联,亦可也。但不可全盗二句一联者耳。

幽居即事

僧宇昭

扫苔人迹外,渐老喜深藏。路僻闲行远,春晴昼睡长。余花留暮蝶,幽草恋残阳。尽日空林下,孤禅念石霜。

宇昭,九僧之八。原本备列九僧诗,今录六人。其四曰行肇,其五曰简长,其九曰怀古。诗皆不甚工,附存其名于此。人见九僧诗或易之,不知其几锻炼几推敲乃成,一句一联不可忽也。此亦公论。

春 寒

僧善珍

林间灯夕过,顾影在天涯。雪暝迷归鹤,春寒误早花。艰难知世味,贫病厌年华。故国风尘外，无人可问家。

"春寒误早花"，此句极佳。

七言四十五首（录五首）

涪城县香积寺官阁

杜工部

寺下春江深不流，山腰官阁迥添愁。含风翠壁孤云细，背日丹枫万木稠。小院回廊春寂寂，浴凫飞鹭晚悠悠。二句妙远。诸天合在藤萝外，昏黑应须到上头。

老杜七言律，晚唐人无之。凡学诗，五言律可晚唐，七言律不可不老杜也。

因许八奉寄江宁旻上人

杜工部

不见旻公三十年，封书寄与泪潺湲。旧来好事今能否？老去新诗谁与传？棋局动随幽涧竹，袈裟忆上泛湖船。闻君话我为官在，头白昏昏只醉眠。必以此为杜之至处，则不然；然他人如此单行，必不能如此健。

前辈诗不专于景上观，当于无景言情处观。老杜此三诗三样，然骨格则一也。

三山次潘静之升书记韵

朱逢年

客路那知岁月长，掀髯一笑苾刍房。且倾徐邈圣贤酒，不问陈登上下床。此亦"江西"句法，然不恶状。云影翻空迷海峤，秋声随梦到江乡。此句佳。明朝各听船窗雨，犹忆枯棋战寺廊。

朱文公之父曰松，字乔年。季父曰槔，字逢年。尝梦至玉兰堂，如王平父之灵芝宫,自号其诗曰《玉兰集》。尤延之为作序。诗格高峭,惜乎不多。三、四甚佳,予亦偶尝记之。

罗浮宝积寺

芮国器

木落天寒山气沉,年华客意共萧森。偶于佳处发深省,其实宦游非本心。此种偶一为之,亦有别味。但不可以此立制耳。冯氏欲并此禁之,未免太甚。红日坐移钟阁影,白云闲度石楼阴。还家莫话神仙事,老不宽人雪满簪。

芮烨,字国器,一字仲蒙,吴兴人。尝为御史、司业、祭酒。吕东莱再娶,乃其女也。诗三、四甚高雅。

顷游龙井得一联,王伯齐同儿辈游因足成之

楼攻愧

路入风篁上翠微,老龙蟠井四山围。水真绿净不可吐,鱼若空行无所依。三句用昌黎语,四句用郦道元语,凑来恰好。胜处虽多终莫及,旧游谁在事皆非。只今匏系何由到？徒羡联镳带月归。

"水真绿净不可吐,鱼若空行无所依",佳句也。

仙逸类

五言四十二首(录三首)

送耿山人归湖南

周 贺

南行随越僧,别业几池菱。两鬓已垂白,五湖归挂罾。夜涛鸣栅锁,寒苇露船灯。此去已无事,却来知不能。边幅微狭,然亦一种。

第二句新,五、六亦新。

访道者不遇

杜荀鹤

寂寂白云门,寻真不遇真。只应松上鹤,便是洞中人。三、四有思致,不嫌其巧。药圃花香异,沙泉鹿迹新。题诗留姓字,他日此相亲。

此诗刊碑在问政山白云亭。三篆字尤古,杜来访聂师道不遇,留此而去。"门"一作"亭"。今亭圮于兵矣。

送陈豸处士

僧惟凤

草长关路微,离思更依依。家远知琴在,时清买剑归。孤城回短角,独树隔残晖。别有邻渔约,相迎扫钓矶。

三、四佳。

七言二十二首(全删)

伤悼类

五言十二首(并删)

七言七首(并删)

审定风雅遗音

〔清〕史荣　撰本
〔清〕纪昀　审定

编校说明

《审定风雅遗音》以畿辅丛书本为底本,以民国张氏约园刊本为参校本。

原　序

　　陆氏《释文》，自汉以来相传之音读也。《诗》虽主毛、郑，而《韩诗内外传》与王肃、徐邈、沈重诸儒异同之说，亦多载之。音则兼备九家，后来者度不能别为一读也。朱子作《集传》，惟不信《小序》耳。其于传、笺及孔疏义、训相仍者，殆十之五六，岂反置《释文》不用哉？然而今本所载之音，非惟与《释文》乖，并《集传》中语时或背之，则非朱子手定明矣。顾亭林《日知录》谓朱子使其门人为之。吾谓门人亲炙有素，而又以其师之命，何至忽视如此？恐亦非也。闲于朱竹垞《经义考》，见有文公后人朱鉴所作《诗传遗集后序》，乃知当时本有音而未备。然则今之音，盖不知谁何人因其未备，妄取世俗讹误之音窜入其间也？又观《邶风》注，或无音切，而泛云与某同。及坊刻所引京本，则知今音不成于一手。又即朱子旧有者而亦妄改之也。流传数百年，世儒咸信为朱子手定，而莫知其误；即知之，亦莫敢言，不已诬乎？吾自年二十时，稍解句读，即欲私为订正。疑而未决，怀此者五十年。今年且七十矣，若不一言，恐后世终无复有言之者。爰自去冬以迄今春，于湖州德清馆舍检《释文》及诸字韵书，逐一考订，细书于坊本之上端。五月间归家，既以耳聋不与人相见，又病气喘，甚恐遂不久活，而吾言莫之晓也。复条其所误之由，分类书之。其当有音而阙者，与兼有他音者，补之；凡《释文》与《集传》异义者，概不入焉。书成，总为一册，名之曰《风雅遗音》，以付儿子临，使谨藏之。天下之大，后世之久远，终必有信吾言之不妄者。

　　　　　　　　　　　　　　乾隆八年五月二十六日，雪汀老人书

原目录

《集传》用旧训义而无音

经内有习见字,而传注别解者,《释文》音切可考,非仍读如字也;《集传》多采毛、郑旧训,而或遗其音切,今各考《释文》补之。

《集传》有异义而不别为之音

诸经传注有本某字,而云当读作某者,《释文》必曰依注音某。《集传》每有此例,而音切无之,非也。

按:此类所列,有本系转声,不烦改字者,"瑕"与"何"通之类是也;有传已明言不烦再音者,"将"当作"相","蹈"当作"神"之类是也;有传本疑词未容遽改者,"下武"当作"文武"之类是也。今悉删削,惟存确当者二条。

音与传义背

陆氏《释文》皆据传注为音,宁有朱子而自背其说者?又宁有弟子而背其师说者?然则此经之有音,繄谁为之?而莫敢以为非耶。

古今未有之音

陆氏《释文》穷经者所不能外也。其于诸经传注之外,博采前人音义,殆无遗剩。故后来字书韵书,莫不本之。舍此而更无异读。吾不知其何本矣。此类至多。今略指其最甚者,余见声误、韵误、音误诸条下。

声误

韵误

音误

　　按：声误者，此纽之字误混彼纽也；韵误者，此部之字误混彼部者也；音误者，不当有此音而注此音者也。然"音误"一类与古今未有之音无以别，余亦有分类未确，以声误入韵误、以韵误入音误者。今悉合并，依三百篇次第编之。

误音为叶

误叶为音

四声误读

　　按：此亦音误之甚者，无俟另编，今删并。

泛云四声之误

　　汉人注书本无音切。按：此亦大概言之，实则孙炎注《尔雅》已用反切。《说文》亦然，陆氏《释文》或用音或用切，亦未有云某上声、某去声者也。后人日就苟简，其"相度"之"相"则曰去声，"长幼"之"长"则曰上声，若斯之类固已多矣。然皆循其说而可知，故读者不致疑误。今于必当音切者泛曰上声、去声，几不知何声之上与去，是愈滋人之惑也。

　　按：《集传》此例，本为一字兼备数声者言，未为大误，特审音不明，于本无别音之字，亦注某声，是其陋耳。其平仄实不误，不必纠也。今惟采平声、仄声中自有分别而《集传》未详析者录之。

《邶风》注与某同之误

　　凡古之注书者，必其字音、义皆同，而后曰"与某同"；否则曰"音与某同"，或曰"与某字义同音别"而已。此其例然也。如《卫风·淇奥》之云音与"郁"同，则可矣。但以音之合而遂曰"与某同"，非也。然惟此一卷有之，岂非别出一手而莫之检定乎？

　　按：传所云与某同者，不过音与某同之省文，非谓此字即彼字也。但应纠其义例之陋，必谓误合二字为一字，则深文矣。其音切误者，悉已分见各类下，亦不必重出，今删去。

补音

叶音阙误

叶音志略

附录

经文误字

经文疑义

  按：此惟辨《邶①风》"济盈不濡轨"一句，考证亦不甚确，今删去。

京本音切考异

  今坊本上端有引京本数条，不知其书所自，其音切迥与今殊，而鲜有不合者。疑此是朱子旧读，后人不知遵用，反误为今音耳。谨录存之，以俟考。惜未见全书也。

《释文》叶韵纪原

  按：史氏考今韵最详，而古音则茫无所解，所言叶音多大谬。今于"叶音阙误""叶音志略"二门，悉删去。此所引《释文》叶韵不能尽概古音，亦并删之。学者欲知古音，求之陈氏《毛诗古音考》、顾氏《诗本音》及近日江氏《古韵标准》，自得其涯涘矣。

吴棫《韵补》考异

  按：史氏自言未见吴棫书，故杂采诸书所引《韵补》为考异。然棫书具在，无烦掇拾成篇。且其书疏舛庞杂，同异殊不足为据，今亦删之。

《集传》相沿之讹

  按：讹字由于传刻，非《集传》本讹，不得谓之相沿，今改正。

俗书相沿之讹

《集传》偶考

俗音订误

---

① "邶"，原作"卫"，后引应为《邶风·匏有苦叶》篇中句，今改。

新编目录

卷 上

音与传义背

　　按：此门原本第三，今改为第一者，先即音义相背，明音不出于朱子也。

《集传》用旧训义而无音

《集传》有异义而不别为之音

音切之误

误音为叶

误叶为音

泛去四声之误

卷 下

补音

京本音切考异

俗音订误

　　按："京本音切考异""俗音订误"二门原本皆在附录。今以类附之补音下。

附录

经文误字

《集传》误字

《集传》偶考

俗书相沿之讹

　　按：此书以审音为主，故无关音切者，皆入之附录。"俗书"一门，原本在"《集传》偶考"之前；以其但辨点画，所系尤微，故退次于末。

卷　上

音与传义背

《小雅·伐木》篇："无酒酤音'古'我。"《集传》："酤,贾也。"

《释文》："酤,毛音'户',一宿酒也。"《说文》同。郑音"顾",又音"沽",贾也。今《集传》既用郑义,则"酤"当音"顾"或音"沽"。《集韵》"酤"字有音"古"者,亦训"一宿酒",非"贾"也。

又："蹲蹲音'存'舞我。"《集传》："蹲蹲,舞貌。"

《释文》："蹲,七旬反,音逡。"《说文》《尔雅》并作"墫",从土旁,其音同。《集传》既训"舞貌",则"蹲"非"蹲踞"之义,安得音"存"?

《六月》篇："织音'志'文鸟章。"《集传》："织、帜,字同。"

《释文》："织,音'志',又尺志反。"此云音"志",实本《释文》。但《集传》既云与"帜"同,则是《释文》之第二音,而不得复音"志"矣。

《车攻》篇："助我举柴音'恣'。"《集传》："柴,《说文》作'㧘',谓积禽也。"

《释文》："柴,子智反。音'委积'之'积'。又才寄反。"《说文》："㧘,音'渍'。前智反。"是即《释文》之"才寄反"也。《集传》既引《说文》,不应别作一音。况此字亦从无音"恣"者。

《节南山》篇："不宜空我师。"《集传》："空,穷也。"

空,苦贡反。此不音,盖误以为如字。

《正月》篇："胡为虺蜴音'易'。"《集传》："蜴,螈也。"

《毛传》："蜴,螈也。"《释文》："蜴,星历反。字又作'蜥',是'蜴'字读与'蜥'同。"《集传》既用毛说,亦当仍用旧音为是。

戴东原曰:"'蜥易'之'易',无虫旁。有虫旁作'蜴',便音'蜥',不音'易'。《方言》有'易蜴'及'脉蜴',并音'析'。乃知陆德明之说得之。若《尔雅》则'易''蜴'二字溷为一矣。"

又:"夭夭音'腰'是椓。"《集传》:"夭,祸也。"

夭,本於兆反,又於遥反。《集传》既训为"祸",则於兆反是也。

《雨无正》篇:"舍音'赦'彼有罪。"《集传》:"舍,置也。"

《释文》:"舍,一音'捨'。"《集传》既训为"置",安得音"赦"?

《巧言》篇:"僭音'谮'始既涵。"《集传》:"僭始,不信之端也。"

《毛传》:"僭,数也。"《郑笺》:"僭,不信也。"《释文》云:"僭,毛:侧荫反;郑:子念反。"《集传》既依郑训为"不信",自当读从本音。况《大雅·瞻卬》篇:"谮始竟背。"《桑柔》篇:"朋友已谮。"彼注俱依郑氏训"不信"而音"僭"。宁有此诗本是"僭"字,而反云音"谮"乎?

《大雅·皇矣》篇:"柞棫斯拔音'佩',松柏斯兑徒外反。"《集传》:"拔、兑,见《绵》篇。此亦言其山林之间道路通也。"

《绵》篇"兑"字,《释文》本有吐外、徒外二读。此徒外反,亦本《释文》,未为不是。但《集传》之意,实主吐外反。玩前后两篇,注说甚明。乃于《绵》篇则云"吐外反",于此又云"徒外反"。非惟不合朱子?岂不自相矛盾乎?

又:"克顺克比音'匕'。"《集传》:"比,上下相亲也。"

"比"字,《释文》本音必里反,此云音"匕"是也。然《集传》训"比"为"上下相亲",则当为毗志反,不得音"匕"也。《左传·昭公二十八年》引此诗,以为九德而解之。此章注所云"教诲不倦"。三者皆其本支也。其云"择善而从之曰比",杜注谓:"比方善事,使相从也。"是"比"亦读如字。故《释文》无音切。今《集传》不用其"择善而从"之说,而改云"上下相亲"。明是"相亲","比"可知矣,乃犹得云音"匕"乎?

《卷阿》篇:"伴音'判'奂音'唤'尔游矣。"《集传》:"伴奂,闲暇之意。"

《注疏》:"伴奂",毛以为"广大有文章",郑以为"自纵弛之意"是。毛读

"伴"为"畔","奂"为"唤",郑则读为"判换",《释文》分说甚明。今《集传》云"闲暇之意",固犹郑氏所云"自纵弛"也,乃"伴"字音"判"。既从郑义,"奂"字音"唤",又涵毛音,不亦两失之乎?

《桑柔》篇:"靡所止疑音'屹'。"《集传》:"疑,读如《仪礼》'疑立'之'疑',定也,言居无所定。"

此诗《释文》"疑,鱼陟反",若《仪礼·士昏礼》《乡饮酒礼》《乡射礼》诸篇云"疑立",《释文》并鱼乙反,皆不音"屹"。此字亦本无音"屹"者,况朱子明取《仪礼》之音。而妄以"屹"音当之乎?

《集传》用旧训义而无音

《唐风·山有枢》篇:"山有枢。"《集传》:"枢,荎也,今刺榆也。"

《毛传》云:"枢,荎也。"《孔疏》云:"枢,荎。释木文。"今本《尔雅》从草作蓲。郭璞云:"今之刺榆也。"《释文》云:"枢,本或作'蓲',乌侯反。"是"枢"与"蓲"通,当音"殴"。

《豳风·七月》篇:"八月剥枣。"《集传》:"剥,击也。"

《郑笺》:"剥,击也。"《释文》云:"剥,普卜反。"是"剥"音"扑",与"扑"通。

《小雅·天保》篇:"如月之恒。"《集传》:"恒,弦也。月上弦而就盈。"

《毛传》云:"恒,弦也。"《郑笺》云:"月上弦而就盈。"《释文》云:"恒,本亦作'絚',同古邓反。沈:古恒反,弦也。"是"恒"字通作"絚",兼平、去二音。

《采薇》篇:"彼尔维何。"《集传》:"尔,华盛貌。"

此亦旧训也。《释文》云:"尔,乃礼反。"《说文》作"薾",其音同。是"尔"与"薾"通,不当复读如字。

《车攻》篇:"东有甫草。"《集传》:"甫草,甫田也,后为郑地。"

《毛传》:"甫,大也。田者,大芟草以为防,或舍其中。"《郑笺》:"甫草者,甫田之草。郑有圃田。"《释文》:"甫,如字。郑:音'圃'。谓圃田,郑薮也。"今朱子全主郑说，宜从郑音。《后汉书·马融传》："诗咏圃草。"直作"圃"字。注指为《韩诗》。

《无羊》篇："矜矜兢兢。"《集传》："矜矜兢兢，坚强也。"

此亦《毛传》旧训。《释文》："兢，其冰反。"

《頍弁》篇："实维何期。"《集传》："何期，犹伊何也。"

郑氏云："何期，犹伊何也。"《释文》云："期，本亦作'其'，音'基'。"是此句正与《魏风·园有桃》篇"子曰何其"、《小雅·庭燎》篇"夜如何其"语意同，宜读为"基"。

《车辖》篇："德音来括。"《集传》："括，会也。"

括，当读为"佸"。《毛传》："括，会也。"《释文》："括，本又作'佸'，音'活'。徐：古阔反。"今朱子既仍《毛传》训义，则"括"当读为"佸"而音"活"，若徐邈之古阔反，则义当训"至"矣，非也。

《都人士》篇："彼君子女，谓之尹吉。"《集传》："尹吉，未详。郑氏曰：吉，读为'姞'。尹氏、姞氏，周之昏姻旧姓也。"

《释文》："吉，毛：如字。郑：读为'姞'，其吉反，又其乙反。"今《集传》用郑说，不得复读如字。

《隰桑》篇："其叶有幽。"《集传》："幽，黑也。"

《毛传》："幽，黑色也。"《释文》："幽，於纠反。"

《大雅·凫鹥》篇："福禄来为。"《集传》："为，犹助也。"

《释文》："为，於伪反，助也。"

《民劳》篇："柔远能迩。"《集传》："能，顺习也。"

郑氏云："能，犹伽也。顺伽其近者。"《释文》云："能，毛：如字。郑：奴代反。"今《集传》训"能"为"顺习"，即郑"顺如"之义，不当复作"如"字读。

《桑柔》篇："仓兄填兮。"《集传》："填，未详。旧说与'陈''尘'同，盖言久也。或疑与'瘨'字同为病之义。但《召旻》篇内二字并出，又恐未然。今姑阙之。"

《毛传》:"填,久也。"《郑笺》:"丧亡之道,滋久长。"《释文》:"填,音'尘'。"《疏》云:"《释言》云:'烝,尘也。'孙炎曰:'烝,物久之尘。'"则"尘"为久义。古音"尘""填"字同,故"填"得为久。《集传》虽二说并存,然《瞻卬》《召旻》二篇,并训"填"为"久";知此,亦以前说为长,宜读"尘"音。

《云汉》篇:"我心惮暑。"《集传》:"惮,劳也,畏也。"

《毛传》训"惮"为"劳",则音丁佐反。郑训为"畏",则读如字。《释文》甚明。今《集传》并列两义,则亦当使二音并存。

《崧高》篇:"往近王舅。"《集传》:"近,辞也。"

《毛传》:"近,已也。"《郑笺》:"近,辞也。声如'彼记之子'之'记'。"《释文》:"近,音记。"《孔疏》:"毛以为……往去已,此王之舅也。近得为已,其声相近,故《笺》申之云'如彼记之记也'。"《毛传》"已也"之"已",音与"记"同,皆语辞。今《集传》明用郑氏"辞也"之训,宜作"记"音。

《韩奕》篇:"淑旂绥章。"《集传》:"绥章,染鸟羽或旄牛尾为之,注于旂竿之首,为表章者也。"

《毛传》:"绥,大绥也。"《郑笺》:"绥,所引以登车,有章采也。"《释文》:"绥,本亦作'緌'。毛:如谁反。郑:音'虽'。"《集传》正用毛说,当音如谁反,不当读"虽"。

《瞻卬》篇:"孔填不宁。"《集传》:"填,久也。"

《召旻》篇:"孔填不宁。"《集传》:"填,久也。"

此上二条,俱当音"填"为"尘",说见《小雅·桑柔》篇。

《周颂·访落》篇:"於乎悠哉,朕未有艾。"《集传》:"艾,如'夜未艾'之'艾',言其道远矣,予不能及也。"

《小雅·庭燎》篇,《集传》训"艾"为"尽",是本作"刈"音。

《桓》篇:"皇以间之。"《集传》:"'间'字之义未详。《传》曰:间,代也。言君天下以代商也。"

间,古苋反,音"涧"。

《集传》有异义而不别为之音

《大雅·下武》篇："应侯顺德。"《集传》："应,如'丕应徯志'之'应'。"

应,本如字,音"鹰"。今依注当音"膺"。"丕应徯志",《虞书·益稷》篇文也。

《周颂·天作》篇："彼徂矣岐。"《集传》："岨,险岨之意也。"

徂,本如字,往也。《注疏》并无他说。今《集传》直改"徂"为"岨"。沈存中《笔谈·艺文》篇云："书之阙误,有可见于他书者。如《诗》'彼徂矣岐,有夷之行',《后汉书·朱浮传》作:'彼岨者岐,有夷之行。'"又,王伯厚《玉海》有《诗考》一卷,其序云:"朱文公《集传》'彼徂者岐'从《韩诗》。"然《韩诗》今不传,而《后汉书·朱浮传》又并无是语,不知沈说何据。今人更指为《后汉书·西南夷传》。考彼传,本是"徂"字,注亦训"往",不作"岨"也。惟韩昌黎《岐山操》作"彼岨者岐",是"徂"或作"岨",其来已久。故《集传》因承旧说,偶未注明"徂"当作"岨"耳。今既遵《集传》,宜作"阻"音。

戴东原曰:"《后汉书·西南夷传》朱辅上疏称《诗》云:'彼岨者岐,有夷之行。'传曰:'岐道虽僻,而人不远。'注引《韩诗·薛君传》曰:'徂,往也。夷,易也。行,道也。岐道阻险而人不难。'"沈括所引即此。疏特误"朱辅"为"朱浮",误疏为传,又误"徂"为"岨"耳。辅所称传曰盖《韩诗》,薛君治《韩诗》者,而训"徂"为"往",则《韩诗》不作"岨"字。陆德明《经典释文》博采众本,亦不云"徂"一作"岨"。知此字之讹,盖在宋时。故沈括云云,而朱子亦因之,相沿既久,不可复正。然其误不可不知。

音切之误

《周南·关雎》篇："关关雎音'疽'鸠。"

雎、疽,并七余反。《论语》"关雎之乱"、《孟子》"痈疽",朱子《集注》皆云七余反,可见当时本无误读。然《诗·国风》如"只且""扬且""狂且""椒聊且"等文,与二雅中"且"字之为子余反者,莫不音"疽",则其于"疽"字,竟误认为子余反。"雎""砠"二字,必不读为七余反矣。朱子宁有是耶?

《卷耳》篇:"我姑酌彼兕音'似'觥。"

兕,徐履反,不音"似"。似,详里反。

又:"陟彼岨音'疽'矣。"

说见《关雎》篇。

《樛木》篇:"葛藟累音'雷'之。"

累,力追反,音"缧",在支韵。雷乃灰韵。

《桃夭》篇:"有蕡音'文'其实。"

蕡,扶云反,音"坟"。文,无分反,音"闻"。

《汉广》篇:"言刈其蒌音'间'。"

蒌,力俱反,音"偻",在虞韵。间乃鱼韵。

《麟之趾》篇:"于音'吁'嗟麟兮。"

于嗟,叹词。古未有音"于"为"吁"者,不独《释文》为然。凡经中"于嗟"字皆仿此。《洪武正韵》始误音"吁"。

《召南·草虫》篇:"忧心忡忡音'充'。"

忡,敕中反。充,昌中反。

又:"我心则降音'杭'。"

降,户江反,音"项",平声,在江韵。杭乃阳韵。

又:"忧心惙惙音'拙'。"

惙,张劣反,当音"辍"。拙,职悦反。

《甘棠》篇:"召伯所憩音'器'。"

憩,起例反,在霁韵。器乃寘韵。

《羔羊》篇:"委音'威'蛇音'移'委蛇。"

委,於危反,音"逶",在支韵。威乃微韵。

又:"素丝五总音'宗'。"

总,子公反,不音"宗"。总,东韵。宗乃冬韵。

《小星》篇:"寔与'实'同命不同。"

寔,时职反。寔者,是也,与"实"字音义俱别。

《野有死麕》篇:"舒而脱脱音'兑'兮。"

《释文》:"脱,吐外反。"此音"兑",不知所本;或本音"蜕",而传刻者误失虫旁。

《驺虞》篇:"壹发五豵音'宗'。"

豵,亦子公反,不音"宗"。

《邶风·柏舟》篇:"不可以茹音'孺'。"

茹,本如预反,又如庶反,并在御韵。孺乃遇韵。

又:"觏音'垢'闵既多。"

觏,古豆反,与"遘"通,音"构"。"垢"字音"苟"。此误以上声之音为去声。

《击鼓》篇:"忧心有忡音'充'。"

误与《草虫》篇同。

《凯风》篇:"睍与'演'同睆黄鸟。"

睍,胡显反,音"岘"。演,以浅反,音"衍"。二音相去远甚。

《雄雉》篇:"泄泄与'异'同其羽。"

泄,移世反,音"曳",在霁韵。异乃寘韵。

又:"不忮与'至'同不求。"

忮,之豉反,音"寘",不音"至"。《广韵》"寘""至"各为一韵,今亦同韵而异纽。

《匏有苦叶》篇:"浅则揭与'器'同。"

揭,苦例反,音"憩",在霁韵。器乃寘韵。

又:"招招音'韶'舟子。"

《释文》:"招,如字。"此音"韶",不知所本。

《谷风》篇:"其甘如荠音'泚'。"

荠,齐礼反。泚乃纸韵,千里反,与"荠"韵部分各别。

又:"匍匐蒲卜反救之。"

匍,本蒲北反,在陌韵。蒲卜切是屋韵字。

又:"有洸有溃音'绘'。"

溃,胡对反,在队韵。绘乃泰韵。

又:"既诒我肄音'异'。"

肄,以世反,与"勚"通,并不音"异"。此亦霁、寘二韵相涉者。

《简兮》篇:"硕人俣俣音'语'。"

俣,五矩反,在麌韵,与"语"韵部分各别。

《泉水》篇:"饮饯于祢音'你'。"

祢,乃礼反,音"泥",在荠韵。你,乃里反,在纸韵。

《北风》篇:"既亟只且音'疽'。"

且,本子余反,音"疽"误。

《静女》篇:"贻我彤音'同'管。"

彤,徒冬反,音"佟",在冬韵。同乃东韵。

《鄘风·君子偕老》篇:"委委音'威'佗佗。"

误与《召南·羔羊》篇同。

又:"扬且音'疽'之晳也。"

误与《邶风·北风》篇同。

《定之方中》篇:"升彼虚音'岖'矣。"

虚,本古"丘墟"字,起居反,在鱼韵。岖乃虞韵。

《干旄》篇:"孑孑音'结'干旄。"

孑,居热反,又居列反,音"揭"。旧在薛韵,今与"结"同在屑韵而异纽。

又:"素丝纰音'避'之。"

纰,皮至反,音"备"。旧在至韵,今与"避"同在寘韵而异纽。

《载驰》篇:"众稺音'氂'且狂。"

稺,与"稚"同,直吏反,在寘韵。氂乃霁韵。

《卫风·淇奥》篇:"绿竹青青音'精'。"

青,子丁反,音"菁",在青韵。精乃庚韵。

又:"会音'怪'弁如星。"

会,古外反,音"桧",在泰韵。怪乃卦韵。

《硕人》篇:"衣锦褧音'颎'衣。"

褧,苦迥反,音"絅"。《郑风·丰》篇:"衣锦褧衣。"注:"褧、絅同。"是也。未有音"颎"者。颎,本古迥反。《小雅·无将大车》篇:"不出于颎。"注云:"颎,音'耿'。"是也。

《氓》篇:"乘彼垝音'鬼'垣。"

垝,俱毁反,音"诡",在纸韵。鬼乃尾韵。

《竹竿》篇:"籊籊音'笛'竹竿。"

籊,本他历反,音"剔"。惟《广韵》有"徒历反"。

《王风·君子于役》篇:"曷其有佸音'括',叶户劣反。"

佸,本户括反,音"活"。此叶户劣反,即"户括"之转也。不知何故音"括"。

《君子阳阳》篇:"其乐只音'止'且音'疽'。"

只,诸氏反,音"纸"。今经文"只"字不下数十,并是此音,不知何故独于此音"止"。"止"字,诸市反,与"纸"音别。"且"字误与《邶风·北风》篇同。

《中谷有蓷》篇:"有女仳音'痞'离。"

仳,匹婢反,音"庀"。痞,部鄙反,音"圮"。

《郑风·大叔于田》篇:"抑磬音'庆'控忌。"

磬,苦定反,在径韵。庆乃敬韵。

《清人》篇:"驷介旁旁音'崩'。"

旁,补彭反,音"枋",在庚韵。崩乃蒸韵。

《山有扶苏》篇："乃见狂且音'疽'。"

《褰裳》篇："狂童之狂也且音'疽'。"

误并与《邶风·北风》篇同。

《丰》篇："子之丰音'风'兮。"

丰,芳凶反,音"峰",在冬韵。风乃东韵。

《溱洧》篇："士曰既且音'疽'。"

误与《邶风·北风》篇同。

《齐风·还》篇："遭我乎猫音'铙'之间兮。"

猫,奴刀反,音"猱",在豪韵。铙是肴韵。

《著》篇："俟我于著音'宁',叶直居反乎而。"

《释文》："著,直居反,又直据反。"又云协韵当"直据反",未有音"宁"者。"宁"字,音直吕反,本上声。《孔疏》以为"著"与"宁"音义同,盖二字义同而音亦相近耳,非"宁"字可读去声也。

按:未定四声以前,凡相近之音,皆可通用。周颙、沈约以后,虽别四声,而古音之存者未尽废。学者随意取读,不能画一。故齐梁以迄唐初,往往一字而数音。如"苇"字,谢朓读平声;"缁"字,沈约读去声,是也。其后《切韵》盛行,乃归一辙。《孔疏》所云"著""宁"音义同者,盖当时"著"字有上声一读,或"宁"字有去声一读耳。言各有当,不必为之回护,但云今无此音可矣。

《南山》篇："南山崔崔音'摧'。"

《卷耳》诗"崔嵬"字亦徂回反,此云音"摧",未为不是。然《释文》于此音子虽反,又音"佳",则是从来相传之读,亦必有故矣。恐音"摧"者误。

按:《释文》此二音,亦旧读之未画一者。

《敝笱》篇："其鱼鲂鳏音'关'。"

鳏,古顽反,不音"关"。二字旧不同韵,今亦同韵异纽。

《载车》篇："垂辔沵沵音'你'。"

沵,乃礼反,音"祢",在荠韵。你乃纸韵。

又:"行人彭彭音'邦'。"

彭,必旁反,在阳韵。邦乃江韵。

《猗嗟》篇:"终日射音'石'侯。"

射,本食亦反,不音"石"。

《魏风·汾沮洳》篇:"彼汾沮洳音'孺'。"

洳,如预反,音"茹",在御韵。孺乃遇韵。

《十亩之间》篇:"桑者泄泄音'异'兮。"

误与《邶风·雄雉》篇同。

《唐风·椒聊》篇:"椒聊且音'疽',远条且。"

误与《邶风·北风》篇同。

《杕杜》篇:"其叶菁菁音'精'。"

菁,子零反,在青韵。精乃庚韵。

《羔裘》篇:"羔裘豹袪音'岖'。"

袪,起居反,音"祛",在鱼韵。岖乃虞韵。

《秦风·渭阳》篇:"琼瑰音'妫'玉佩。"

瑰,古回反,在灰韵。妫乃支韵。

《陈风·宛丘》篇:"子之汤音'荡'兮。"《集传》:"汤,荡也。"

《毛传》云:"汤,荡也。"《释文》:"汤,他郎反。旧:他浪反。"是"汤"虽训"荡",而不音"荡";他书中亦未有音"荡"者。荡,本徒党反。

《东门之枌》篇:"东门之枌音'文'。"

枌,符云反,音"汾"。此与《周南·桃夭》篇音"蕡"为"文"误同。

又:"越以鬷音'宗'迈。"

鬷,子公反,在东韵。宗乃冬韵。

《防有鹊巢》篇:"邛音'穷'有旨苕。"

邛,其恭反,当音"筇",在冬韵。穷乃东韵。

《月出》篇:"舒夭绍音'邵'兮。"

绍,如字。此字本无去声。

《曹风·候人》篇:"不遂其媾音'垢'。"

媾,古豆反,音"遘"。垢,音"苟"。此与《邶风·柏舟》篇"觏"音"垢"误同。

《豳风·七月》篇:"七月鸣䴗音'决'。"

䴗,工觅反,音如《春秋》"溴梁"之"溴",是锡韵字,未有音为"决"者。"决"在屑韵,与此远甚。《孟子》:"南蛮𪄅舌之人。"《集注》:"𪄅,亦作'䴗',古役反。"则朱子本音古役反可知。

又:"言私其豵音'宗'。"

误与《召南·驺虞》篇同。

《鸱鸮》篇:"予维音哓哓音'嚣'。"

哓,呼尧反,音"晓"。嚣,许矫反,音"枵"。

《东山》篇:"町音'廷'畽鹿场。"

町,他顶反,此云音"廷",或"挺"字之误。

又:"熠音'翊'耀宵行。"

熠,以执反,在缉韵。翊,与职反,在职韵。下文"熠耀其羽"同。

又:"有敦音'堆'瓜苦。"

《毛传》:"敦,犹专专也。"《郑笺》:"此又言妇人思其君子之居处,专专如瓜之系缀焉。"《释文》:"敦,徒丹反。专,徒端反。"《孔疏》:"敦,是瓜之系蔓之貌,故转为'专'。"是此"敦"字本不音"堆",而《集传》又无别训,是用毛、郑旧义可知。何以不作"徒丹反"也?

《九罭》篇:"九罭之鱼鳟音'尊'鲂。"

《释文》:"鳟,才损反,又音'撰'。"他书亦并无音"尊"者。

《小雅·四牡》篇:"周道倭音'威'迟。"

倭,於危反,音"逶",在支韵。威乃微韵。

《伐木》篇:"酾音'师'酒有藇。"

酾,所宜反,音"筄",不音"师"。"师"字,疏夷反。

《天保》篇:"吉蠲音'娟'为饎。"

蠲,古悬反,音"涓",未有音"娟"者。娟,本於缘反。惟《正韵》"娟"字有"涓"音,于古未之见也。

《采薇》篇:"象弭音'米'鱼服。"

弭,弥氏反,音"弥",上声,在纸韵。米乃荠韵。

《出车》篇:"于彼郊音'高'矣。"

郊,古肴反,在肴韵。高,古劳反,在豪韵。

又:"忧心忡忡音'充'。"

误与《召南·草虫》篇同。

又:"我心则降音'杭'。"

误与《召南·草虫》篇同。

《南有嘉鱼》篇:"烝然罩罩音'笊'。"

罩,张教反,音"爪",去声,未有音"笊"者。笊,音"爪",今"笊篱"字,见《唐书·安禄山传》。此误以上声为去声。

又:"甘瓠累音'雷'之。"

误与《周南·樛木》篇同。

《蓼萧》篇:"零露瀼瀼音'壤'。"

瀼,《释文》:"如羊反,又乃刚反。"此云音"壤",或"攘"字传刻之讹。

又:"零露泥泥音'你'。"

泥,乃礼反,音"祢",在荠韵。你乃纸韵。误与《邶风·泉水》篇"祢"字同。

《菁菁者莪》篇:"菁菁音'精'者莪。"

误与《唐风·杕杜》篇同。

《六月》篇:"狎狁匪茹音'孺'。"

误与《邶风·柏舟》篇同。

又："四牡既佶音'吉'。"

佶，其乙反，又其吉反，未有音"吉"者。

《采芑》篇："路车有奭音'肸'。"

奭，许力反，音"螫"，在职韵。肸，在质韵。《瞻彼洛矣》篇："韎韐有奭。"注音"螫"，与此自相矛盾。

又："八鸾玱玱音'仓'。"

玱，七羊反，无音"仓"者。惟训"玉色"者乃音"仓"。

《吉日》篇："麀鹿麌麌。"

麌，愚甫反，音"俣"。"麌""语"各为韵。此误与《邶风·简兮》篇"俣"字同。

又："殪音'意'此大兕。"

殪，於计反，在霁韵。意乃寘韵。

《沔水》篇："沔音'免'彼流水。"

沔，弥充反，当音"缅"，不音"免"。

《祈父》篇："靡所底音'抵'止。"《集传》："底，至也。"

底，之履反，音"指"。此音"抵"，误。

《我行其野》篇："蔽芾其樗音'枢'。"

樗，敕居反，音"摅"，在鱼韵。《豳风·七月》篇："采荼薪樗。"注云"敕书反"是也。枢，昌朱反，乃虞韵字。

又："言采其蓫。"

蓫，敕六反，音"蓄"，惟《广韵》音"逐"。

《斯干》篇："朱芾音'沸'斯皇。"

芾，与"韨"同，音"弗"。今音"沸"，误。

又："惟虺音'毁'惟蛇。"

虺，虚鬼反，在尾韵。毁乃纸韵。

《正月》篇："胡为虺音'毁'蜴。"

误与《斯干》篇同。

又："哿音'可'矣富人。"《集传》："哿,可也。"

哿,哥我反,义虽训"可",从未有音"可"者。况《孟子》引此诗,朱子《集注》亦音工可反。

《十月之交》篇："蹶音'愧'维趣马。"

蹶,俱卫反,音"刿",在霁韵。愧乃寘韵。

《雨无正》篇："莫知我勚音'异'。"

勚,夷世反,在霁韵。异亦寘韵。

又："哿音'可'矣能言。"《集传》："哿,可也。"

误与《正月》篇同。

《小旻》篇："伊于胡底音'抵'。"《集传》："底,至也。"

误与《祈父》篇同。

《小宛》篇："题音'弟'彼脊令。"

题,大计反,当音"睇"。

又："惴惴音'赘'小心。"

惴,之瑞反,在寘韵。赘乃霁韵。

《小弁》篇："萑苇淠淠音'譬'。"

淠,匹计反,在霁韵。譬乃寘韵,匹致反。

又："维足伎伎音'祈'。"

伎,通作"跂",其宜反,在支韵。祈乃微韵。

又："涕既陨音'蕴'之。"

陨,本于敏反,音"殒"。此云音"蕴",实仍《释文》之旧。但此字不得有"蕴"音。而《释文》于凡"陨"字,亦都未有音"蕴"者。盖必传刻之讹也,当仍用"于敏反"为是。

按:此亦旧韵之未画一者。

《巧言》篇："曰父母且音'疽'。"《集传》："且,语辞。"

《释文》:"且,七余反。"音"疽",是协韵。盖郑氏本读"且"为七也反耳。今《集传》既明云"语辞",则当用"子余反",不当音"疽"。总由"疽"字误读也。

又:"乱庶遄音'椽'沮。"

遄,市专反。椽,直缘反。声音全别。

又:"跃跃音'笛'毚音'残'兔"。

跃,他历反,音"笛"误。毚,士咸反,音"谗",在咸韵。残乃寒韵。

又:"尔居徒几音'纪'何。"

几,居岂反,音"虮",在尾韵。纪乃纪韵。

《蓼莪》篇:"拊我畜音'旭'我。"

畜,许六反,在屋韵。旭乃沃韵。

《大东》篇:"契契音'器'寤叹。"

契,苦计反,在霁韵。器乃寘韵。

《北山》篇:"王事傍傍音'崩'。"

傍,布彭反,音"祊",在庚韵。崩乃蒸韵。

《楚茨》篇:"祝祭于祊音'崩'。"

祊,补彭反,在庚韵。不当音"崩",误与上同。

又:"执爨踖踖音'积',叶七略反。"

踖,七夕反,不音"积","叶七略反"亦误。说见"误音为叶"类。

又:"我孔熯音'善'矣。"

熯,而善反,又呼但反,云音"善"误。今坊刻亦有云京本作"而善反"者。然则此经音读之非旧,即此可见矣。

又:"乐具入奏音'族'。"

《商颂·烈祖》篇:"鬷假无言。"《集传》云:"鬷,《中庸》作'奏'。古声'奏、族'相近,'族'声转平而为一耳。"然此不过古声相近,不可直云"奏"音"族"。《汉书·严安传》:"调五声使有节族。"注云:"族,音'奏'。节,止也。

奏,进也。"若此之类固多有之,要皆"族"音"奏",未闻"奏"之音"族"也。

按:"奏""族"二字,古音相同,此本可以不辨。然古字通用,其例有二:一为假借之字,字虽异而音不变——"尚"之为"上","粤"之为"曰"是也;一为互转之音,义不变而音少移——"何"之为"瑕","我"之为"卬"是也。然皆双声转变,随口相通,要不得音"瑕"为何,音"卬"为"我"。"奏"之为"族",盖亦此类,未可定为当音"族"。且《集传》注为叶者,皆古音;注音某者,皆今音。亦未可忽杂古音,自乱其例。史氏此辨不为无理,故已删而仍存之。

《桑扈》篇:"万邦之屏音'丙'。"

屏,卑郢反,音"饼",不音"丙"。屏,旧在静韵,今与"丙"同在梗韵而异纽。

又:"不戢音'缉'不那。"

戢,庄立反。缉,七入反。

又:"兕觥其觩音'求'。"

觩,音"虬",不音"求"。

《頍弁》篇:"无几音'己'相见。"

误与《巧言》篇同。

《宾之初筵》篇:"威仪怭怭音'弼'。"

怭,毗必反,音"邲",不音"弼"。

《采菽》篇:"其旂淠淠音'譬'。"

淠,匹弊反,又普盖反,又匹计反,不音"譬"。

又:"乐只音'止'君子。"

误与《王风·君子阳阳》篇同。

《角弓》篇:"绰绰有裕'预''与'二音。"

裕,羊树反,音"喻",在遇韵,不音"预"。预是御韵。云音"与",更误以叶为音。

又:"交相为瘉同上。"

瘐,羊朱反,音"俞",云音"同上",误甚。此字又有"羊主反",亦非音"与"。

又:"见晛音'现'曰消。"

晛,乃见反,不音"现"。

又:"式居娄音'虑'骄。"

娄通作"屦",力住反,在遇韵。虑乃御韵。

《菀柳》篇:"不尚愒音'器'焉。"

愒,欺例反,音"憩";又丘丽反,音"契",并在霁韵。器乃寘韵。

又:"无自瘵音'债'焉。"

瘵,侧界反,音《左传》"祭仲"之"祭",不音"债"。

《都人士》篇:"我心苑音'榅'结。"《集传》:"苑,屈也,积也。"

《释文》:"苑,音於勿反,屈也,积也;又音'郁',又於阮反。"并无"榅"音。惟《礼运》"事大积焉而不苑",《释文》音"苑"为於粉反,训为"积",或即此注音"榅"所本。然但可训"积",非"屈"字之义矣。

《白华》篇:"有扁音'辩'斯石。"《集传》:"扁,卑貌。"

扁,必显反,又必浅反。此云音"辩",不知所本。"扁"字音"辩",固有之,非此之谓也。

《苕之华》篇:"其叶青青音'精'。"

误与《卫风·淇奥》篇同。

《大雅·文王》篇:"王之荩音'尽'臣。"

荩,才刃反,本去声字。"尽"字乃上声。

《绵》篇:"自土沮音'疽'漆。"

沮,七余反。《周颂·潜》篇:"猗与漆沮",明注为七余反。此云音"疽",虽不误,然其实读"沮"为子余反,则仍误也。

又:"爰契音'器'我龟。"

误与《小雅·大东》篇同。

又:"肆不殄音'佃'厥愠。"

殄,徒典反,音"蜓",未有音"佃"者。佃,本音"田",又音"电"。

又:"亦不陨音'尹'厥问。"

陨,羽敏反,不音"尹"。

又:"维其喙音'讳'矣。"

喙,许秽反,不音"讳"。喙在泰韵,讳乃未韵。

又:"文王蹶音'愧'厥生。"

误与《小雅·十月之交》篇同。

又:"予曰有奔奏音'走'。"

奏,如字。本有作"走"字者,亦音"奏"。未有音"奏"为"走"者。

按:古人用韵,横有五音之分,而纵无四声之别。平上去入皆得相通。颜师古注《汉书》谓之"合韵",陆德明《经典释文》谓之"协韵",惟以相近取声。"奏"古音"走",盖即此例。史氏疏于古音,故不知"奏"可读"走"。然所考乃今音,非古音。则谓"奏"不音"走",未尝不是。盖周颙、沈约以后,四声之界判然,有不能以古音律今者。

《棫朴》篇:"淠音'譬'彼径舟。"

淠,匹世反,音"睥",在霁韵。譬乃寘韵。

《皇矣》篇:"作之屏音'丙'之。"

误与《小雅·桑扈》篇同。

又:"其菑其翳音'意'。"

翳,於计反,音"殪",在霁韵。意乃寘韵。

又:"其檿音'厌'其柘。"

檿,於簟反,音"魇",未有音"厌"者。

又:"串音'贯'夷载路。"

串,古患反,音"惯",不音"贯"。

又:"王如字,去声此大邦。"

王，又去声，此脱一"又"字。

又："以按音'遏'徂旅。"《集传》："按，遏也。"

《释文》云："按，安旦反。本又作'遏'，安葛反。"是"按"，一作"遏"，并不音"遏"。况《集传》但云"按，遏也"，亦未尝云当读"遏"。

又："四方以无拂叶分聿反。"《集传》："拂，戾也。"

拂，符弗反，凡"拂""戾"字，莫不皆然。此注无正音，而云"叶分聿反"，是本误读为"弗"也。

又："白鸟翯翯音'鹤'。"

"翯"字，《孟子》引作"鹤"，以二字本亦可通。然"翯"，户角反，在觉韵。鹤乃药韵。又"翯"有户沃反，亦是沃韵。

按：东、冬、锺、江、阳、唐、庚、耕、清、青、蒸、登十二韵，皆收穿鼻声，故古音以收声相通。李登《声类》所谓"宫商角徵羽，各为一篇"者，即此类也。"觉"是"江"之入声，"药、铎"是"阳、唐"之入声，"沃"是"冬"之入声，故"翯""鹤"二字得以互音。然究之非今音也，不得执古音驳之。

《生民》篇："瓜瓞唪唪音'蚌'。"

唪，本布孔反，又薄孔反。蚌，音步项反。

又："维秬维秠音'痞'。"

秠，普鄙反，不音"痞"。此与《王风·中谷有蓷》篇误同。

又："取羝音'底'以軷。"

"羝"之音"底"实本《释文》。然《易经》《尔雅》诸书，凡"羝"字并丁奚反，音"低"。而《释文》于此独用"都礼反"者，盖《释文》原本是"牴"字，故云"牴，都礼反，牡羊也。字亦作'羝'"。可见音"牴"字，遂为此音耳。且既云字亦作"羝"，则"羝"字自有本音亦明矣。《注疏》所载，误去其"牴"字改为"羝，都礼反"，而又云字亦作"羝"。此遂直云"羝"音"底"，误甚。

《行苇》篇："醓音'贪'醢以荐。"

醓，他感反，音"贪"，上声。

又:"嘉殽脾臄音'剧'。"

臄,其略反,音"噱",在药韵。剧,其逆反,在陌韵。

又:"或歌或咢音'岳'。"

咢,五各反,音"谔",在药韵。岳,五角反,在觉韵。

《既醉》篇:"令终有俶尺六反。"

俶,本尺叔反。《说文》用尺六反。

又:"永锡祚胤音'孕'。"

胤,以晋反,音"寅",去声,在震韵。孕,以证反,在径韵。

按:《广韵》四十六"径"为"青",去声。四十七"证"、四十八"嶝"为"蒸""登",去声。平声"青"注独用,"蒸""登"注同用,则"证""嶝"可合,而"径""证""嶝",必不可合。阴氏《韵府群玉》误合为一,至今因之,非也。"胤"字本在证韵,此云径韵,盖据今俗本言之。

《凫鹥》篇:"凫鹥音'医'在泾。"

鹥,乌鸡反,在霁韵。医乃支韵。

《假乐》篇:"假音'嘉'乐君子。"《集传》:"嘉,美也。"

《集传》因《中庸》引此诗作"嘉",故直云:"嘉,美也。"然本文句下,当云"依《中庸》读作'嘉'"为是。又疑《集传》亦有脱误。

《泂酌》篇:"民之攸墍音'戏'。"

墍,本许既反,在未韵。戏乃寘韵。但他处多有作"许器反"者,故得音"戏",然终未当也。

《卷阿》篇:"翙翙音'讳'其羽。"

翙,许会反,在泰韵。讳乃未韵。

《民劳》篇:"无纵诡音'鬼'随。"

诡,俱毁反,音"垝",在纸韵。鬼乃尾韵。

又:"汔可小愒音'器'。"

愒,去例反,即"憩"本字,在霁韵。器乃寘韵。

又:"俾民忧泄音'异'。"

误与《邶风·雄雉》篇同。

《板》篇:"天之方蹶音'愧'。"

误与《小雅·十月之交》篇同。

又:"无然泄泄音'异'。"

误与《邶风·雄雉》篇同。

又:"听我嚣嚣音'枭'。"

嚣,本音"敖",他处亦有兼音"枵"者,然皆无"枭"音。"枭"字,坚尧反,音"浇"。

《荡》篇:"疆御多怼音'队'。"

怼,本直类反,音"坠"。《孟子》:"以怼父母。"朱子《集注》亦云直类反。惟《集韵》有徒对反。今无人不读为"队",其实非也。

又:"天不湎音'免'尔以酒。"

湎,面善反,又莫显反,音"缅",不音"免"。此与《小雅·沔水》篇误同。

《抑》篇:"矧可射音'弋'思。"

射,羊益反,音"亦",在陌韵。弋乃职韵。

《桑柔》篇:"具赘音'惴'卒荒。"

赘,之芮反,又拙岁反,皆在霁韵。惴乃寘韵。《小雅·小宛》篇"惴"字音"赘",误与此同。

《崧高》篇:"式遄音'椽'其行。"

误与《小雅·巧言》篇同。

《韩奕》篇:"笾豆有且音'疽'。"《集传》:"且,多貌。"

《释文》:"且,子余反,七叙反。"愚谓此当以"七叙反"为是,云音"疽"更误。

又:"蹶音'愧'父之子。"

误与《小雅·十月之交》篇同。

又:"麀鹿噳噳音'语'。"

嘆,愚甫反,音"俣",本麌韵,非语韵。

《瞻卬》篇:"士民其瘵音'债'。"

误与《小雅·菀柳》篇同。

《周颂·臣工》篇:"来咨来茹音'孺'。"

误与《邶风·柏舟》篇同。

《雍》篇:"既右音'又'烈考,亦右文母。"《集传》:"右,尊也。"

"右"字,《我将》《时迈》两篇凡再见,《集传》并训为"尊",而不音"又"。此独音"又"何也?

《载芟》篇:"有实其积音'渍'。"

积,子赐反。渍,疾智反。

《良耜》篇:"有捄音'求'其角。"

捄,其樛反,音"虬"。求,渠尤反。

《丝衣》篇:"兕觥其觩音'求'。"

误与《小雅·桑扈》篇同。

又:"不吴音'话'不敖。"《集传》:"吴,哗也。又能谨其威仪不喧哗,不怠傲。"

《传》云:"吴,哗也。"《笺》云:"不谨哗,不敖慢也。"《疏》云:"人自娱乐,必谨哗为声,故以'娱'为'哗'也。定本'娱'作'吴'。"《释文》:"吴,旧如字。《说文》作'吴',吴,大言也。何承天云:'吴字误,当从口下大,故鱼之大口者名吴,胡化反。'此音恐惊俗也。音'话'。"是"吴"字,毛、郑皆训为"哗",而音则如字,又与"娱"通,未有音"胡化反"者。《释文》引何承天之说,而云此音恐惊俗,是不用其说可知。故自《说文》《玉篇》以至《广韵》《集韵》《韵会》诸书,"吴"字皆无"胡化反"。且《释文》此条本多脱误颠倒,《释文》作"吴"而云作"吴",今私为改正,其"音话"二字,当在"胡化反"之下而阙一"又"字。"话"是"户快反",与"胡化反"各在一韵。总而言之,何承天之说因《说文》"吴"训"大"言之故,而非谓此诗。《释文》引《说文》而并载之,亦谓"吴"字音胡化反,而非此诗"吴"字之音。《集传》不言"吴"当作"吴",则又必无读"胡化反"之理,况音"话"乎。

《桓》篇:"屡音'虑'丰年。"

屡,力住反,在遇韵。虑乃御韵。

《般》篇:"隓音'惰'山乔岳。"

隓,上果反,又同果反,不当音"惰"。"惰"字,《经典释文》皆"徒卧反",惟《说文》用上声。

《鲁颂·駉》篇:"以车祛祛音'区'。"

祛,起居反,在鱼韵。区乃虞韵。又字本从示,作"祛"。今本多误从衣。

《泮水》篇:"其旂茷茷音'旆'。"

茷,蒲害反,又普贝反。旆,普贝反。

又:"不吴音'话'不扬。"《集传》:"不吴不扬,肃也。"

《疏》云:"毛以为此多士之德,不为过误,不有损伤。"郑读"不吴"为"不娱","不娱"为不谨哗,"不扬"为不扬声。《释文》:"吴,郑如字,谨①也;又王音'误';作'吴',音'话',同。"是毛虽读"吴"为"误",而郑仍如字。《集传》用郑义,必不与郑异读也。此条《释文》亦必有颠倒脱误者。当是郑如字,王音"误"或作"吴",胡化反,又音"话",同。苦无他本可证。总之,此字不得有胡化反与"话"音也。

又:"翩彼飞鸮音'枭'。"

鸮,于娇反,并未有音"枭"者。

《闷宫》篇:"毛炰胾音'恣'羹。"

胾,侧吏反,音"剚",不音"恣"。"恣"是资四反,音"资",去声。

《商颂·烈祖》篇:"约軝音'祈'错衡。"

軝,从车旁氏,今作"軧",误。音祈支反,在支韵。祈乃微韵。

---

① "谨",原作"读",据陆德明《经典释文》改。

《玄鸟》篇："百禄是何音'荷',叶如字。"

《长发》篇："何音'贺'天之休。"

何,河可反,又音"河"。"荷"字亦只此二音。注殆误以"荷"为去声,故于《长发》篇复注音"贺"。

又："为下国骏厖音'忙'。"

厖,莫邦反,在江韵。忙是阳韵。

误音为叶

《邶风·谷思》篇："不宜有怒叶暖五反。"

怒,本上声,暖五反。《柏舟》篇："逢彼之怒。"《释文》云："怒,乃古反,协韵,乃路反。"可见"怒"读去声,乃是叶也。

《北门》篇："王事敦叶都回反我。"《集传》："敦,犹投掷也。"

《毛传》云："敦,厚也。"《郑笺》云："敦,犹投擿也。"《释文》："敦,毛:如字。郑:都回反。"朱子既明用郑说,是"敦"字之读"都回反"无疑,不应反以为叶。

《卫风·淇奥》篇："终不可谖音'喧',叶况远反兮。"

《释文》："谖,况元反,又况远反。"是此所叶者即其第二音也,不得谓之叶。

《郑风·缁衣》篇："适子之馆叶古玩反兮。"

《释文》："馆,古玩反,音'贯'。"

按:《类篇》："馆,古缓切;《说文》:客舍也。又古玩切。"是"馆"字本兼上去二音。《广韵》亦两韵并收。

又："敝予又改造叶在早反兮。"

造,本在早反,未有读作去声者。

《遵大路》篇："无我魗言'雠',叶齿九反兮。"《集传》："魗,与'醜'同。欲其不以己为醜而弃之也。"

《释文》:"醻,市由反。"或云郑音为"酬",今云音"雠",即其市由反也,齿九反即"酬"音也。朱子明云与"酬"同,则安得以"齿九反"为叶而音"雠"耶?

《东门之墠》篇:"东门之墠音'善',叶上演反。"

"墠""善"二字并上演反,此盖误读"善"为去声。

《齐风·东方未明》篇:"折柳樊圃叶博古反。"

圃,本又音"布"。《豳风·七月》篇:"九月筑场圃。"明音为"布"。

《秦风·小戎》篇:"阴靷鋈续叶辞屡反,又如字。"

《释文》:"续,如字,又辞屡反。"

《陈风·墓门》篇:"歌以讯叶息悴反之。"

《释文》:"讯,音'信',又息悴反。"《小雅·雨无正》篇:"莫肯用讯。"《释文》与此同,又音"碎"。

戴东原曰:"谇告讯问,声义绝远。凡诗中'讯'字乃'谇'之讹,盖'卒'或书为'卆',随转为'孔'耳。王逸注《离骚》引此诗作'歌以谇之',则知汉时犹未讹。《释文》曰:'本又作谇。'是也。"此论尚未及辨正。

《豳风·七月》篇:"以介眉寿叶殖酉反。"

寿,本上声,殖酉反。

《小雅·南山有台》篇:"遐不眉寿叶直酉反。"

此与上同,云"直酉反"更误。

按:颜师古《匡谬正俗》"寿"字,本兼上、去二音,作"叶殖酉反"固误,云"本上声"亦未尽。

《车攻》篇:"舍矢如破叶普过反。"

破,本普过反。

《吉日》篇:"儦儦俟俟叶于纪反。"

《释文》:"俟,音'士',又音'矣'。"此"于纪反"即其第二音也,不得为叶。

《庭燎》篇:"夜未艾叶音'乂'。"《集传》:"艾,尽也。"

《毛传》:"艾,久也。"《郑笺》:"芟末曰艾,以言夜先鸡鸣时。"《释文》:

"艾,毛:五盖反。郑:音'刈'。"盖郑以"艾末"为喻者,犹言艾尽,如《左传》"国未艾也",彼注训为"绝",亦音鱼废反。今《集传》云"尽也",正取郑氏之意,是"艾"当音"刈"可知,安得云叶?

《正月》篇:"视天梦梦音'蒙',叶莫登反。"

梦,莫红反,又莫滕反。

《小旻》篇:"或圣或否叶补美反。"

否,方九反,一音"鄙"。

《大东》篇:"小人所视叶善止反。"

视,本善止反。

《无将大车》篇:"维尘冥冥叶莫迥反。"

冥,莫庭反,又莫迥反。

《楚茨》篇:"执爨踖踖音'积',叶七略反。"

《释文》:"踖,七夕反,又七略反。"此所云叶者,即其第二音也,不得云叶。

《桑扈》篇:"君子乐胥叶思吕反。"

胥,如字,又思叙反。

《頍弁》篇:"施于松上叶时亮反。"

上,本时亮反。

《鸳鸯》篇:"福禄绥叶如字,又土果反之。"

《释文》:"绥,土果反,又如字。"皆非叶也。

《角弓》篇:"如酌孔取叶去声。"

《释文》:"取,如字,又音'娶'。"

又:"小人与属音'蜀',叶殊遇反。"

《释文》:"属,读者亦音'树'。"

又:"如蛮如髦叶莫侯反。"《集传》:"蛮,南蛮也。髦,夷髦也。《书》作髳。"

《毛传》:"髦,夷髦也。"《郑笺》:"髦,西夷别名。武王伐纣,其等有八国从焉。"《释文》："髳,旧音'毛'。寻毛、郑之意,当与《尚书》同,音莫侯反。"孔疏《牧誓》曰："羌髳,彼'髳'此'髳'音义同。"观此,则《集传》既用毛、郑之说,安得仍以"莫侯反"为叶?

《大雅·棫朴》篇："蒸徒楫音'接',叶籍入反之。"

楫,本又音"集",即籍入反是也,非叶。

《灵台》篇："王在灵囿叶音'郁'。"

囿,音"又",又于目反,是本有入声一读;然亦音"育",不音"郁"。

《文王有声》篇："王后维翰叶胡干反。"

翰,胡旦反,一音"寒"。

《行苇》篇："洗爵奠斝音'假',叶居讶反。"

斝,有"假""嫁"二音,此居讶反即"嫁"音也。

《公刘》篇："陟则在巘音'巚',叶鱼轩反。"

巘,鱼辇反,又音"彦",又音"言"。

又："于豳斯馆叶古玩反。"

误与《郑风·缁衣》篇同。

《板》篇："多将熇熇叶许各反。"

熇,许酷反,又许各反。此用第二音,非叶也。

又："及尔游衍叶怡战反。"

衍,本音余战反,一音延善反。

《桑柔》篇："靡国不泯叶弥邻反。"

泯,音"敏",又音"民"。

《江汉》篇："天子万寿叶殖酉反。"

误与《豳风·七月》篇同。

《周颂·良耜》篇："其笠伊纠叶其了反。"

纠,居黝反,又其了反。

《雍》篇："绥我眉寿叶殖酉反。"

误与《豳风·七月》篇同。

《丝衣》篇："鼐鼎及鼒叶津之反。"

鼒,本津之反,音"咨"。

《商颂·烈祖》篇："既载清酤叶侯五反。"

酤,本后五反,音"户"。

《玄鸟》篇："何天之龙叶丑勇反。"《集传》："龙,宠也。"

《释文》："龙,毛:如字。郑:读作'宠'。"此既从郑义,安得云叶?

又："不震不动叶德总反。"

动,本徒总反,更不须叶。云"德总反",更非。或"德"字误。

误叶为音

《邶风·静女》篇："美人之贻与'异'同。"

此殆叶音"异"耳,云与"异"同,误。

《鄘风·干旄》篇："何以告音'谷'之。"

《卫风·考槃》篇："永矢弗告音'谷'。"

告,如字,叶音"谷"。

《豳风·七月》篇："八月剥枣音'走'。"

"枣"字,无音"走"者,此叶也。

《小雅·正月》篇："靡人弗胜音'升'。"《集传》："未有不为天所胜者也。申包胥曰:'人定则胜天,天定亦能胜人。'疑出于此。"

《毛传》："胜,乘也。"郑云："无人以不胜,言凡人所定皆胜王也。"《释文》："胜,毛:音'升'。郑:尸证反。"今《集传》所言,虽与郑异,其读则同也。不得音"升"。音"升"者,叶耳。

《大雅·生民》篇："鸟覆翼音'异'之。"

翼,叶音"异"。

又："茀厥丰草音'苟'。"

"草"字,例叶此苟反,今云音"苟",盖坊本脱误。

泛云四声之误

《小雅·小旻》篇:"何日斯沮上声。"

《巧言》篇:"乱庶遄沮上声。"

沮,在吕反,泛云上声,世遂误读为"阻"。

《无将大车》篇:"维尘雍上、平二声兮。"《集传》:"雍,犹蔽也。"

雍,於勇反,又於用反,不得有平声。平声是"辟雍"字。

《采绿》篇:"维鲂及鱮音'叙',叶音'湑'。"

叙,本上声,象吕反,乃又云叶音"湑",盖亦误读"叙"为去声。

《大雅·灵台》篇:"於论平声鼓钟。"《集传》:"论,伦也。言得其伦理也。"

论,卢门反。今从郑氏训为"伦",则当音"伦"。《释文》"力迍反"是也。

《云汉》篇:"则不可沮上声。"

误与《小雅·召旻》篇同。

《周颂·有客》篇:"有萋有且上声。"《集传》:"萋且,未详。"

《传》曰:"敬顺貌。"《释文》:"且,七序反。"泛云上声,世遂误读"了与反"。

卷 下

补 音

《周南·关雎》篇:"窈窕淑女。"

淑,本殊六反,音"孰",《正韵》误音"叔"。

《葛覃》篇:"葛之覃兮。"

覃,徒南反,音"潭"。

《卷耳》篇:"寘彼周行。"

寘,与"置"通,而音韵有别。寘,音支义反;置,音陟吏反。

又:"陟彼崔嵬。"

陟,张力反,音"植"。凡"陟"字放此。

《螽斯》篇:"揖揖《集传》音'缉'兮。"

揖,子入、测立二反。

又:"蛰蛰兮。"

蛰,尺十反,又直立反。

《兔罝》篇:"椓之丁丁。"

椓,陟角反,音"琢"。

又:"赳赳武夫。"

赳,居酉反,音"九"。

《芣苢》篇:"薄言襭《集传》音'絜'之。"

襭,户结反,音"颉"。

《汉广》篇:"江之泳矣。"

泳,于柄反,音"咏"。

《召南·草虫》篇:"趯趯阜螽。"

趯,他历反,音"剔"。

《甘棠》篇:"勿翦勿败。"

败,必迈反,又如字。

《行露》篇:"厌《集传》入声浥行露。"

厌,於叶反,又於立反。

《殷其雷》篇:"殷其靁。"

靁,古"雷"字。

《小星》篇:"维参与昴。"

参,音"森",所林反。今误为所森反。

《野有死麕》篇:"林有朴《集传》蒲木反樕。"

朴,又音"仆"。

《邶风·柏舟》篇:"威仪棣棣。"

棣,与"逮"通,徒帝反,一音"代"。

《绿衣》篇:"俾无訧兮。"

凡"俾"字,并必尔反,后放此。

《燕燕》篇:"伫立以泣。"

伫,直吕反。

《日月》篇:"畜我不卒。"

凡"卒"字之训为"终"者,并子律反,惟"卒伍"之"卒",乃子忽反。后放此。

《终风》篇:"不日有曀。"

有,本如字,今多读作"又"。

又:"虺虺其靁。"

虺,虚鬼反。

《凯风》篇:"在浚之下。"

浚,苏俊反,音"峻"。

《谷风》篇:"黾勉同心。"

黾,莫尹反。惟"蛙黾"字,莫耿反。

《北门》篇:"忧心殷殷。"

殷,与"慇"同,於巾反,又於文反。

按:"殷"字,六朝人多与文韵字同押。唐人多与"真、谆、榛①"韵字同押。《说文》作於身反,盖孙愐旧读也。此由一代有一代之音,不必强为同之。

又:"室人交徧谪《集传》音'责'我。"

徧,古"遍"字。谪,在革反,又知革反。

《北风》篇:"其虚其邪《集传》音'徐'。"

邪,一作"徐",缓也。《释文》:"邪,音'余',又音'徐'。《尔雅》作'徐'。"

《静女》篇:"自牧归荑。"

荑,徒兮反。

《新台》篇:"河水浼浼《集传》音'米'。"

浼,莫尔反,音"弭";又莫启反,音"米"。

又:"燕婉之求。"

燕,於典反,又於见反。

《鄘风·柏舟》篇:"之死矢靡它《集传》音'拖'。"

它,与"他"同,并托何反。

《墙有茨》篇:"墙有茨。"

茨,在资反。

《君子偕老》篇:"副笄六珈。"

副,芳遘反。笄,音"鸡"。

---

① 韵目作"臻",或为"臻"之讹。

又:"玼《集传》音'此'兮玼兮。"

玼,又目礼反。

《蝃蝀》篇:"蝃蝀《集传》音'冻'在东。"

蝀,又音"东"。

又:"朝隮《集传》音'赍'于西。"

隮,与"跻"同,并子兮反。《释文》:"又子细反。"

《干旄》篇:"孑孑干旟。"

旟,音"余"。

《载驰》篇:"归唁卫侯。"

唁,音"彦"。

又:"大夫跋涉。"

跋,蒲末反。

又:"我思不闷。"

闷,悲位反,音"秘",又必冀反。

又:"控于大邦。"

控,苦贡反。

《卫风·淇奥》篇:"瞻彼淇奥《集传》音与'郁'同。"

奥,於六反。《大学》引作"澳"。

又:"有匪君子。"

《集传》:"匪、斐通。"匪,芳尾反。《大学》引作"斐"。

又:"如琢如磨。"

琢,陟角反。磨,莫何反。

又:"充耳琇莹《集传》音'营'。"

琇,音"秀";又弋九反,音"莠"。莹,音"荣",又音"营"。

《考槃》篇:"考槃在涧。"

槃,薄寒反。

又:"硕人之轴。"

轴,直六反。

《硕人》篇:"巧笑倩兮,美目盼兮。"

倩,七荐反。盼,匹苋反。

又:"朱幩镳镳。"

幩,孚云反,又音"坟"。

又:"河水洋洋。"

洋,音"羊",又音"祥"。

又:"庶姜孽孽。"

孽,鱼竭反。

《氓》篇:"氓之蚩蚩。"

氓,莫耕反,音"萌"。

又:"其叶沃若。"

沃,如字,又於缚反。

又:"无与士耽。"

耽,都南反。

又:"其黄而陨。"

陨,韵谨反。

又:"咥《集传》音'戏'其笑矣。"

咥,许意反,又音"熙",又一音许四反。

又:"隰则有泮《集传》音'畔'。"

泮,涯也。高下之判也。《毛传》:"泮,坡也。"郑云:"泮,涯也。"《释文》:"泮,毛:音'判'。郑:音'畔'。"今《集传》似兼用毛说。

又:"总角之宴,言笑晏晏。"

宴,於见反。晏,乌谏反。

《竹竿》篇:"桧楫松舟。"

桧,古会反,又古活反。楫,子叶反,音"集"。

《芄兰》篇:"童子佩韘。"

韘,失涉反,音"燮"。

《河广》篇:"跂《集传》音'企'予望之。"

跂,丘豉反,与"企"音义同。

又:"曾不容刀。"

《释文》:"刀,如字。《书》作'舠'。《说文》作'䑠',并音'刀'。"

《伯兮》篇:"使我心痗《集传》音'妹'。"

《释文》:"痗,音'每',又音'悔'。"《尔雅》:"音'昧'。"《小雅·十月》篇同。

《木瓜》篇:"报之以琼琚《集传》音'居'。"

琼,求荣反。琚,又音"渠"。

《王风·君子阳阳》篇:"君子陶陶。"

陶,如字。《释文》音"遥"。

《扬之水》篇:"不与我戍甲。"

戍,束遇反。

《中谷有蓷》篇:"暵《集传》音'罕'其干矣。"

暵,呼但反,又音"汉"。干,古寒反。

又:"嘅其叹矣。"

嘅,口爱反。

又:"条其歗矣。"

歗,与"啸"同。

《兔爰》篇:"尚寐无吪。"

吪,五何反,音"讹"。

又:"雉离于罿《集传》音'冲'。"

罿,昌钟反,又上凶反。

《大车》篇："大车槛槛,毳衣如菼《集传》吐敢反。"

槛,户览反。菼,音"毯"。

又:"有如皦《集传》音'皎'日。"

皦,与"皎"同,并古了反。

《郑风·缁衣》篇:"缁衣之蓆兮。"

蓆,音"席"。

《羔裘》篇:"羔裘晏兮。"

晏,於谏反。

《遵大路》篇:"掺《集传》所览反执子之袪兮。"

掺,又所斩反。袪,音"祛"。

又:"不寁《集传》音'昝'故也。"

《释文》:"寁,本在敢反。"

《山有扶苏》篇:"山有扶苏。"

《释文》:"苏,如字,又音'疏'。"

又:"乃见狡童。"

狡,古卯反,音"绞"。

《萚兮》篇:"风其漂女。"

《释文》:"漂,匹遥反。"

《褰裳》篇:"褰裳涉溱。"

褰,起连反。

《子衿》篇:"挑兮达兮。"

《释文》:"挑,吐刀反。"

《扬之水》篇:"人实迋《集传》音'诳'女。"

《释文》:"迋,求往反,又居望反。"

《东门之墠》篇:"茹藘在阪《集传》音'反'。"

阪,又符板反。

《出其东门》篇:"缟《集传》音'杲'夜綦巾。"

缟,古老反,又古报反。

《野有蔓草》篇:"邂逅相遇。"

邂,音"械"。逅,音"候"。

又:"零露瀼瀼。"

《释文》:"瀼,如羊反,又乃刚反。"

《溱洧》篇:"方秉蕑《集传》音'间'兮。"

蕑,古颜反,音"奸"。《广韵》:"古间反,音'间'。"

又:"赠之以勺药。"

勺,上灼反,音"芍"。

《齐风·还》篇:"并驱从两肩兮。"

《释文》:"驱,本曲遇反。"

《著》篇:"尚之以琼莹《集传》音'荣'乎而。"

莹,又音"营"。

《东方之日》篇:"在我闼兮。"

闼,他达反。

《南山》篇:"鲁道有荡。"

《释文》:"荡,徒党反,又他党反。"

又:"蓺麻如之何。"

蓺,鱼世反。

《甫田》篇:"无田《集传》音'佃'甫田。"

上"田"字,《释文》亦音"佃"。但"佃"有平、去二音,而义并同,今人皆读为"甸"。

又:"维莠桀桀。"

《释文》:"桀,居竭反,又居谒反。"

又:"劳心怛怛。"

怛,旦末反。

又:"突而弁兮。"

突,本土活反。

《卢令》篇:"其人美且偲《集传》音'鳃'。"

偲,多须之貌。《春秋传》所谓"于思"即此字,古通用耳。《左传》:"于思于思。"《释文》:"思如字,又西才反。"此音"鳃",即其西才反也。

《敝笱》篇:"其鱼鲂鲟《集传》音'序'。"

鲟,本才吕反,今音"序",则象吕反。

《载驱》篇:"载驱薄薄《集传》音'粕'。"

薄,普各反。

又:"簟茀朱鞹。"

簟,徒点反。茀,音"拂"。鞹,苦郭反。

《猗嗟》篇:"巧趋跄兮。"

趋,七须反,又七遇反。跄,七羊反。

《魏风·葛屦》篇:"掺掺《集传》音'纤'女手。"

掺,所衔反,又所感反,又息廉反。

又:"要《集传》音'腰'之襋之。"

要,本《说文》"腰"字,此谓"裳腰",《毛传》解作"褄"是也。

又:"维是褊心。"

褊,必浅反。

《伐檀》篇:"胡瞻尔庭有县貆《集传》音'暄'兮。"

貆,本音"桓",又音"暄"。

《硕鼠》篇:"适彼乐土。"

土,如字,他古反。《释文》:"又徒古反。"

《唐风·蟋蟀》篇:"良士蹶蹶。"

蹶,俱卫反。

《山有枢》篇:"弗曳弗娄。"

曳,以世反。娄,力俱反。

又:"弗洒弗埽。"

洒,色懈反,又所寄反。埽,素报反。

又:"子有廷内。"

廷,音"庭",又徒佞反。

《扬之水》篇:"从子于鹄。"

鹄,户毒反。鸟名之"鹄",亦是此音。惟射侯中正"鹄",乃兼有古毒反。

《椒聊》篇:"蕃衍盈匊《集传》音'菊'。"

匊,与"掬"同,九六反。

《绸缪》篇:"绸缪束刍。"

刍,楚俱反。

又:"见此邂逅。"

邂,户懈反,又户佳反。逅,户豆反,又户冓反。

又:"见此粲者。"

粲,采旦反。《字林》作"燦"。

《杕杜》篇:"胡不比《集传》音'鼻'焉。"

比、鼻,并毗志反。

又:"独行睘睘《集传》音'琼'。"

睘,求营反,与"茕"同。"琼"字亦求营反。

《羔裘》篇:"自我人居居。"

居,又音"据"。

又:"羔裘豹褎《集传》音'袖'。"

褎,徐究反。"袖"本字。

《鸨羽》篇:"肃肃鸨羽。"

鸨,音"保"。

《有杕之杜》篇："曷饮食《集传》音'嗣'之。"

饮，於鸩反。

《葛生》篇："蔹《集传》音'廉'蔓于野。"

蔹，力兼反，又力恬反。

又："夏之日。"

夏，户驾反，音"暇"。

《秦风·车邻》篇："有车邻邻。"

邻，与"辚"通，栗人反。

又："逝者其耋《集传》音'垤'。"

耋，田节反，一音天节反。

《驷驖》篇："驷驖《集传》音'铁'孔阜。"

驖，田节反，又吐结反。《尔雅》作"铁"。

又："公之媚子。"

媚，眉冀反。

又："辀《集传》音'由'车鸾镳。"

辀，由九反，又音"由"。

又："载猃《集传》音'脸'歇骄《集传》音'嚣'。"

猃，力验反，又力剑反。歇，通作"獦"，许竭反，又火遏反。骄，通作"獢"，许乔反。

《小戎》篇："小戎俴《集传》音'践'收。"

俴、践，并钱浅反。

又："阴靷《集传》音'胤'鋈续。"

靷，以忍反，又以刃反。

又："骐馵是骖。"

骊，力知反。

又："龙盾之合。"

盾,食尹反,又音"允"。

又:"竹闭绲縢。"

闭,悲位反,通作"䪐"。

《黄鸟》篇:"子车奄息。"

"车"字,《释文》无音,惟《左传·文公六年》"子车氏",《释文》音"居"。

又:"惴惴其慄。"

惴,之瑞反。慄,音"栗"。

又:"如可赎兮。"

赎,食烛反。

又:"百夫之御。"

御,鱼吕反,音"语"。

《晨风》篇:"隰有树檖。"

檖,音"遂"。

《渭阳》篇:"我送舅氏。"

舅,其久反。

又:"悠悠我思。"

《释文》:"思,息嗣反。"今读如字。

《权舆》篇:"夏屋渠渠。"

夏,户雅反。

又:"每食四簋。"

簋,音"轨"。

《陈风·宛丘》篇:"值《集传》音'治'其鹭羽。"

值,直置反。鹭,音"路"。

又:"值其鹭翿《集传》音'导'。"

翿,又音"陶"。

《衡门》篇:"岂其取《集传》音'娶'妻。"

取,与"娶"同。

《东门之池》篇:"可以沤纻《集传》音'苎'。"

纻,直吕反,本与"苎"同。

《东门之杨》篇:"其叶肺肺《集传》音'霈'。"

肺,普贝反,又蒲贝反。

又:"有鸮萃止。"

《释文》凡"鸮"字,并于骄反;惟此云"户骄反",未详。

《防有鹊巢》篇:"防有鹊巢。"

防,音"房"。

《月出》篇:"佼《集传》音'绞'人僚《集传》音'了'兮。"

佼,与"姣"同,古卯反。"僚"字亦作"嫽",音同。

又:"舒窈《集传》音'杳'纠兮。"

窈,乌了反,又於表反。

又:"佼人燎《集传》音'料'兮。"

燎,力召反,又力吊反。

《株林》篇:"从夏上声南。"

夏,户雅反。

《泽陂》篇:"彼泽之陂。"

陂,彼皮反。

又:"涕泗滂沱。"

滂,普光反。沱,徒何反。

又:"中心悁悁《集传》音'娟'。"

悁、娟,并乌悬反。

又:"有蒲菡苕。"

菡,户感反,字亦作"菡萏",徒感反。

《桧风·素冠》篇:"我心蕴上声结兮。"

蕴,纡粉反。

《匪风》篇:"匪风飘兮。"

《释文》:"飘,避遥反。"

又:"谁能亨鱼。"

亨,通作"烹",普庚反。

《曹风·蜉蝣》篇:"蜉蝣之羽。"

蜉,音"浮"。蝣,音"游"。

《候人》篇:"何戈与祋《集传》都律、都外二反。"

祋,本都外反,又都律反。

又:"三百赤芾《集传》音'弗'。"

芾,通作"韨"。

《鸤鸠》篇:"鸤鸠在桑。"

鸤,音"尸",字亦或作"尸"。

又:"其子在榛。"

榛,侧巾反,木名也。又仕巾反,木丛生也。今音读侧巾反。

《下泉》篇:"浸彼苞稂《集传》音'郎'。"

稂,又音"良"。

又:"忾《集传》苦爱反我寤叹。"

忾,又火既反。

《豳风·七月》篇:"三之日于耜。"

耜,音"似"。

又:"女执懿筐。"

懿,乙冀反。

又:"采蘩祁祁。"

祁,巨之反。

又:"曰为改岁。"

为,于伪反。

又:"八月断壶。"

断,徒管反。

又:"九月叔苴《集传》音'疽'。"

苴,七余反。

又:"上入执宫功。"

上,时掌反。

又:"宵尔索绹。"

索,苏各反。

又:"二之日凿冰冲冲。"

冲,直弓反。

又:"三之日纳于凌《集传》音'另'阴。"

凌,又音"陵"。

《鸱鸮》篇:"鸱鸮鸱鸮。"

鸱,尺之反。鸮,于骄反。《传》本训"鸋鴂"。今《集传》云"鸱鸮,䲭鹠,恶鸟,攫鸟子而食者",是以鸱鸮为鸱鸺,又似指枭鸟言,不知读"鸮"为何音。枭,本音"浇"。而《鲁颂·泮水》篇"鸮"字乃音"枭"。

又:"予手拮《集传》音'吉'据。"

拮,又音"结"。

又:"予所蓄租。"

蓄,敕六反。

《东山》篇:"蜎蜎《集传》音'娟'者蠋。"

蜎、娟,并乌悬反。

又:"鹳鸣于垤。"

鹳,古玩反。垤,田节反。

《狼跋》篇:"狼跋其胡。"

跋，本博末反，又蒲末反。

又："载霙《集传》音'致'其尾。"

霙，陟值反，又张四反。

《小雅·四牧》篇："翩翩者鵻《集传》音'佳'。"

鵻，与"佳"同，之谁反，音"锥"。

又："载骎骎《集传》音'侵'。"

骎，楚金反，又七林反。

《皇皇者华》篇："周爰咨诹。"

咨，与"谘"同。诹，子须反。

又："我马维骆，六辔沃《集传》乌毒反若。"

骆，音"洛"。沃，又於缚反。

《常棣》篇："常棣之华，鄂《集传》五各反不韡韡《集传》音'伟'。"

棣，大计反。鄂，音"谔"。韡，韦鬼反。

又："死丧之威。"

丧，息浪反，下文"丧乱既平"亦同。

又："脊《集传》音'积'令《集传》音'零'在原，兄弟急难。"

脊，井益反，字亦作"鹡"。令，亦作"鸰"。难，如字，又乃旦反。

又："外御其务《集传》音'侮'，有外侮则同心御之矣。"

务，《毛传》训为"侮"。《释文》"务，如字，又音侮"者，是依《左传》读之。今《集传》直言"外侮"，盖读为"侮"耳。《左传·僖公二十四年》富辰引此诗作"侮"，《国语》亦然。

又："乐尔妻帑《集传》音'奴'。"

帑，与"孥"通。

《伐木》篇："酾酒有藇《集传》音'序'。"

藇，徐吕反，又羊汝反。

又："有酒湑《集传》上声我。"

湑，思汝反，与"醑"同。

《天保》篇："罄无不宜。"

罄，苦定反，音"磬"。

又："吉蠲为饎《集传》音'炽'。"

饎、炽，并尺志反。

《出车》篇："胡不旆旆。"

旆，蒲贝反。

《杕杜》篇："有睆《集传》音'莞'其实。"

睆、莞，并华板反。

《南山有台》篇："南山有台。"

台，如字。《尔雅》作"苔"。

又："北山有楰《集传》音'庚'。"

楰，以主反，又音"俞"。

《蓼萧》篇："零露浓浓《集传》音'农'。"

《释文》："浓，奴同反，又女容反。"

又："鞗革冲冲《集传》音'虫'。"

冲，直弓反，又敕弓反。

《采芑》篇："薄言采芑《集传》音'起'。"

芑，又求己反。

又："朱芾《集传》音'弗'斯皇。"

芾，与"绂"同，敷勿反。

又："如霆如雷。"

霆，音"廷"，一音"挺"，又音"定"。

《车攻》篇："选徒嚣嚣《集传》音'翱'。"

嚣，五刀反，又许骄反。

又："决拾既佽《集传》音'次'。"

伎,七四反,又千利反。

《吉日》篇:"吉日维戊。"

戊,音"茂"。

又:"其祁孔有。"

祁,巨私反,又上之反。

又:"既挟我矢。"

挟,子洽反,又子协反,又如字。

《鸿雁》篇:"肃肃其羽。"

肃,所六反,字亦作"啸"。

又:"哀鸣嗷嗷《集传》音'翱'。"

嗷,五刀反,与"警"同。

《庭燎》篇:"庭燎之光。"

燎,力照反,又力烧反。

又:"庭燎晣晣《集传》音'制'。"

晣,之世反,与"晢"同。

又:"鸾声哕哕《集传》音'讳'。"

哕,呼秽反,音"翙";又许惠反,音"讳"。

《沔水》篇:"鴥《集传》惟必反彼飞隼。"

鴥,音"穴"。隼,息尹反。

又:"不可弭忘。"

弭,弥氏反。

《斯干》篇:"如跂《集传》音'企'斯翼。"

《集传》:"跂,竦立也。"跂,丘弭反。

又:"下莞《集传》音'官'上簟。"

莞,又九还反。簟,徒检反。

又:"其泣喤喤《集传》音'横'。"

喤,华彭反,又呼彭反。

《无羊》篇:"其角觲觲《集传》音'戢'。"

觲、戢,并庄立反。

又:"室家溱溱。"

溱,侧巾反。

《节南山》:"节《集传》音'截'彼南山。"

节,在节反,又音"截"。

又:"何用不监《集传》平声。"

《释文》于此亦但云"右衔反"。然"监视"之"监"本去声,工暂反。而《尔雅》"监,视也",注引此诗;《释文》云:"监,音'鉴',又工杉反。"是则兼有平声一音。此句当如《尔雅》并列两音为是,不当但云平声。

又:"天方荐《集传》音'荐'瘥。"

荐,读与"荐"同,在见反。瘥,才何反。

又:"琐琐姻亚。"

琐,素火反。亚,於嫁反,俗作"娅"。

又:"蹙蹙《集传》音'蹴'靡所骋《集传》音'逞'。"

蹙,子六反。骋、逞,并敕领反。

《正月》篇:"癙《集传》音'鼠'忧以痒。"

癙、鼠,并赏吕反,音"暑"。

又:"忧心愈愈。"

愈,羊主反。

又:"胡俾我瘉《集传》音'庾'。"

瘉,羊朱反,又羊主反。

又:"忧心惸惸《集传》音'茕'。"

惸,与"茕"同,其营反。

又:"不敢不局。"

局,其欲反,通作"跼"。

又:"瞻彼阪《集传》音'反'田,有菀《集传》音'郁'其特。"

阪,又扶版反。菀,又於阮反。

又:"天之扤《集传》音'兀'我。"

扤,五忽反,又音月。

《十月之交》篇:"山冢崒崩。"

冢,知勇反。崒,徂恤反。

又:"番维司徒。"

番,方袁反,又甫言反。

又:"噂《集传》音'撙'沓《集传》音'遝'背憎。"

噂、撙,并子损反。沓,徒合反,通作"嗒"。

又:"亦孔之痗《集传》音'妹'。"

痗,莫背反,又音"悔"。

《雨无正》篇:"匪舌是出《集传》音'脆'。"

出,尺遂反,音"毳"。

《小旻》篇:"是用不溃于成。"

溃,户对反。

《小宛》篇:"哀我填《集传》音'颠'寡。"

《集传》:"与'瘨'同,病也。"填,《释文》本徒典反。今读与"瘨"同。

《小弁》篇:"鸣蜩嘒嘒。"

嘒,呼惠反。

又:"譬彼坏《集传》音'瘣'木。"

坏,胡罪反,《说文》作"瘣",音同。

《巧言》篇:"乱是用餤《集传》音'谈'。"

餤,又音"炎"。

又:"予忖度之。"

忖，七损反。

又："心焉数之。"

数，所主反。

《何人斯》篇："以诅《集传》侧助反尔斯。"

诅，又侧虑反。

又："为鬼为蜮《集传》音'域'。"

蜮，音"或"，又音"域"。

《巷伯》篇："哆《集传》昌者反兮侈兮。"

哆，又昌可、尺纸二反。侈，尺是反，又式是反。

又："缉缉翩翩。"

缉，七人反，《说文》作"咠"，又子立反。

又："捷捷翻翻。"

捷，如字，又音"妾"。

又："猗《集传》音'倚'于亩丘。"

猗，於绮反，又於宜反。

《谷风》篇："无木不萎。"

萎，於危反。

《大东》篇："有捄《集传》音'求'棘匕。"

捄，音"虬"，又其牛反。

又："睠《集传》音'眷'言顾之，潸《集传》音'山'焉出涕《集传》音'体'。"

睠，通作"眷"。潸，所奸反，又所晏反。

又："杼《集传》音'仁'柚《集传》音'逐'其空。"

杼，直吕反。柚，通作"轴"。

又："佻佻《集传》音'挑'公子。"

佻，徒凋反，又音"桃"。

又："哀我惮《集传》丁佐反人。"

惮,又音"旦"。

又:"鞙鞙《集传》音'琄'佩璲。"

鞙,通作"琄",并胡犬反。

又:"跂彼织女。"

跂,丘豉反,又丘婢反。

又:"不可以簸《集传》波我反扬。"

簸,又波佐反。

又:"西柄之揭《集传》音'许'。"

揭,居竭反,又起谒反。

《四月》篇:"百卉具腓。"

卉,许贵反。腓,房非反。

《无将大车》篇:"不出于颎《集传》音'耿'。"

颎,古迥反,又音古顷反。

《小明》篇:"日月方奥《集传》音'郁'。"

奥,於六反,与"燠"通。

《鼓钟》篇:"忧心且妯《集传》音'抽'。"

妯,敕留反,又直留反。

《楚茨》篇:"楚楚者茨,言抽其棘。"

茨,徐咨反。抽,敕留反,又直留反。

又:"我庾维亿。"

庾,以主反。

又:"以妥以侑。"

妥,汤果反。

又:"絜尔牛羊。"

絜,与"洁"同。

又:"苾《集传》音'邲'芬孝祀。"

苾,蒲蔑反,又蒲必反。芬,孚云反。

《信南山》篇:"雨雪雰雰。"

雰,芳云反。

又:"既优既渥。"

优,音"忧",《说文》作"瀀"。渥,乌学反。

《甫田》篇:"或耘或耔,黍稷薿薿《集传》音'蚁'。"

耘,音"云",又音"运"。薿,鱼起反,又鱼力反。

《大田》篇:"以我覃《集传》音'剡'耜。"

覃,以冉反,又以廉反。

又:"既方既皁。"

皁,才老反。

又:"及其蟊贼。"

蟊,莫侯反。

又:"秉畀炎火。"

炎,於沽反,又於凡反。

又:"此有不敛穧。"

敛,力检反。

又:"此有滞穗。"

穗,音"遂"。

《瞻彼洛矣》篇:"韎《集传》音'昧'韐《集传》音'阁'有奭《集传》音'艳'。"

韎,又莫界反。韐,又古格反。奭,许力反。

又:"鞞《集传》补顶反琫《集传》音'菶'有珌《集传》音'必'。"

"鞞"字又作"琕"。琫,必孔反,又作"韸"。珌,宾一反。

《裳裳者华》篇:"芸其黄矣。"

芸,音"云",又音"运"。

《桑扈》篇:"有莺其羽。"

莺,於耕反。

《鸳鸯》篇:"鸳鸯于飞。"

鸳,於袁反,又音"愠"。鸯,於冈反,又於良反。

又:"摧《集传》音'剉'之秣之。"

摧,通作"莝",采卧反。

《頍弁》篇:"有頍《集传》音'跬'者弁。"

頍、跬,并丘弭反。

又:"茑《集传》音'鸟'与女萝。"

茑、鸟,并丁了反,音"貂",上声。茑,又音"吊"。世俗相沿,读"鸟"为"袅",遂并"茑",失之。

《车辖》篇:"间关车之辖兮。"

辖,胡瞎反。

又:"析其柞《集传》音'昨'薪。"

柞,《释文》音子洛反。

《宾之初筵》篇:"殽核维旅。"

核,户革反。

又:"以祁尔爵。"

凡"祁"字,《释文》并音"旂";惟此独音"期",盖作"期望"字读也。今《集传》训"求",仍音"旂"。

又:"各奏尔能。"

《释文》:"能,如字,又奴代反,又奴来反。"

又:"三爵不识。"

识,音"志"。

《采菽》篇:"玄衮及黼《集传》音'甫'。"

黼,音"斧",又音"补"。

又:"觱沸槛《集传》胡览反泉。"

槛,又下斩反。

又:"邪幅在下。"

邪,似嗟反。幅,音"福"。

又:"维柞之枝。"

柞,子洛反,又音"昨"。

又:"天子葵之。"

葵,具维反。

《角弓》篇:"骍骍《集传》音'鲜'角弓。"

骍、鲜,并息营反,又火营、火全二反。

又:"如食宜饇《集传》音'饫'。"

饇,於据反,又於具反。

又:"毋教猱升木。"

猱,乃刀反,又乃遘反。

又:"雨雪瀌瀌《集传》音'标'。"

瀌,蒲骄反,又皮彪反,又彼苗反。

《菀柳》篇:"无自暱焉。"

暱,女栗反,又女笔反,又乃吉反。

《都人士》篇:"充耳琇《集传》音'秀'实。"

琇,又音"诱"。

又:"卷发如虿《集传》音'虿'。"

虿,敕迈反,又敕界反。

《采绿》篇:"终朝采蓝。"

蓝,卢谈反,又力甘反。

又:"言韔《集传》音'畅'其弓。"

韔,尺亮反,又治亮反。

《白华》篇:"滮《集传》符彪反池北流。"

潝，又皮流反。

又："印烘于煁《集传》音'忱'。"

烘，火东反，又音"洪"；又巨凶反，一音"恭"。

《渐渐之石》篇："渐渐《集传》音'巉'之石。"

渐，通作"巉"，士衔反，又时衔反。

《苕之华》篇："苕《集传》音'条'之华，芸《集传》音'云'其黄矣。"

苕，又音"韶"。芸，又音"运"。

《何草不黄》篇："何人不矜《集传》音'鳏'。"

矜，通作"鳏"，古顽反。

《大雅·文王》篇："其丽不亿。"

丽，力计反，又力知反。

又："常服黼冔《集传》音'许'。"

冔，况甫反，又许于反。

又："无声无臭。"

臭，尺救反。

《大明》篇："使不挟《集传》子燮反四方。"

挟，又子协反。

又："在洽之阳。"

洽，户夹反，一音庚合反。

又："俔《集传》牵遍反天之妹。"

俔，又下显反。

又："维予侯兴。"

予，羊间反。

《绵》篇："捄《集传》音'俱'之陾陾《集传》音'仍'。"

捄，又音"鸠"。陾，耳升反，又如之反。

又："度之薨薨。"

薨,呼弘反,又呼萌反。

又:"削屡冯冯。"

屡,力注反,又力朱反。

又:"乃立应门。"

《释文》凡"应"字平声者,皆不加音切。此"应门"及《尔雅》《书·康王之诰》《礼·明堂位》诸书皆无音,是作平声可知。

又:"行道兑《集传》吐外反矣。"

兑,吐外反,又徒外反。

《棫朴》篇:"芃芃棫《集传》音'域'朴《集传》音'卜'。"

棫、域,并雨逼反。朴,音"卜",又音"仆"。

又:"左右趣之。"

趣,七喻反。

《旱麓》篇:"瑟彼玉瓒《集传》才旱反。"

瓒,又才旦反。

又:"民所疗矣。"

疗,力召反,又力吊反。

《思齐》篇:"以御《集传》音'迓'于家邦。"

御,通作"迓",牙嫁反。

《皇矣》篇:"其菑《集传》音'缁'其翳。"

菑,侧吏反,又音"缁"。

又:"其灌其栵《集传》音'例'。"

栵,音"例",又音"列"。

又:"启之辟《集传》音'闢'之,其柽其椐《集传》音'居'。"

辟,通作"闢",婢亦反。柽,赤贞反。椐,本羌居反,又纪庶反,又音"举",惟《说文》音"居"。

又:"无然畔援《集传》音'院'。"

援,于愿反。今于眷反。

又:"度其鲜原。"

《集传》:"鲜,善也。"郑云:"鲜,善也。"《释文》:"鲜,悉浅反。又音'仙'。"今当从"仙"音。

又:"不长夏以革。"

《集传》:"夏、革,未详。""长夏"二字,依《注疏》,则"长"字张丈反,训"长大";"夏"字,户假反,训"诸夏"。《集传》虽无明说,亦不当任意读也。

又:"以尔钩援。"

《释文》:"钩,古侯反,又古侯反。"

又:"是类是祃。"

"类"字,《尔雅》作"禷",音同。

《文王有声》篇:"筑城伊淢《集传》音'洫'。"

淢、洫,并况域反。"淢"即"洫"也,音义皆同。

《生民》篇:"不坼不副《集传》音'劈'。"

副,披逼反,又匹亦反。

又:"诞实匍《集传》音'蒲'匐。"

匍,又音"扶"。匐,蒲北反,又音"服"。

又:"克岐克嶷。"

嶷,鱼极反,音"逆"。

又:"荏菽旆旆。"

旆,蒲贝反。

又:"实种实褎《集传》叶徐久反。"

《注疏》:"褎,余秀反,音'狖'。"《释文》原本作"徐秀反",未知孰是。似"徐秀反"为当,观叶音亦可见。

又:"恒《集传》音'亘'之秬秠。"

恒,读作"亙",古邓反。今"亙"字讹为"亘"。

又:"或舂或揄《集传》音'由'。"

舂,书容反。揄,又以朱反。

又:"释之叟叟《集传》音'搜',烝之浮浮。"

叟,所留反。《尔雅》作"溞",音同。浮,《尔雅》《说文》并作"烰"。

《行苇》篇:"四鍭《集传》音'侯'既钧。"

鍭,本音"候",又音"侯"。

又:"既挟《集传》子协反四鍭。"

挟,又子合反。

又:"酒醴维醹《集传》音'乳'。"

醹,如主反,又女父反。

又:"黄耇台背。"

台,音"胎",又音"臺"。

《既醉》篇:"令终有俶《集传》尺六反。"

俶,本尺叔反。《说文》用尺六反。

《凫鹥》篇:"凫鹥在潀《集传》音'丛'。"

潀,在公反,又在容反。

《公刘》篇:"乃积乃仓。"

积,子智反。

又:"思辑《集传》音'集'用光。"

辑,又七入反。

又:"复降在原。"

复,音"服",又扶又反。

又:"彻田为粮。"

彻,直列反,又《说文》丑列反。

又:"取厉取锻《集传》丁乱反。"

厉,与"砺"通。《释文》:锻,与"碫"通,锻石也。今《集传》训为"铁"。

又:"溯其过涧。"

溯,音"素"。

又:"芮鞫之即。"

芮,与"汭"通,如税反,音"蚋"。

《泂酌》篇:"泂《集传》音'迥'酌彼行潦。"

泂,与"迥"同,二字并户顶反,音"形",上声。

《卷阿》篇:"尔土宇昄《集传》符版反章。"

《尔雅》《释文》:"昄,蒲板反。"与此"符版反"同。

又:"蔼蔼王多吉士。"

蔼,於害反,音"爱"。

又:"菶菶《集传》音'琫'萋萋。"

菶,必孔反,又薄孔反,又音"蓬"。

《民劳》篇:"以谨缱绻。"

缱,音"遣"。绻,起阮反。

《板》篇:"民之方殿屎《集传》音'牺'。"

殿,都练反,又音"坫"。屎,许伊反,又香惟反。

又:"价人维藩。"

"藩篱"字,惟孚元(反)者音"番"。

《荡》篇:"时无背《集传》音'贝'无侧。"

背,布内反,又蒲妹反。

又:"颠沛之揭。"

沛,音"贝"。

《抑》篇:"白圭之玷《集传》音'点'。"

玷,丁簟反,又丁念反。

又:"言缗之丝。"

缗,密巾反,音"民"。

《桑柔》篇："其下侯旬。"

旬，音"循"，又音"荀"。

又："多我觏痻《集传》音'民'。"

《释文》本作"瘖"，密巾反，又音"昏"。

又："芃《集传》音'烹'云不逮。"

芃，普耕反，又补耕反。

又："贪人败类。"

败，本补迈反。

又："既之阴去声女，反予来赫。"

阴，音"荫"，与"荫"通。赫，呼白反。《释文》云："郑：许嫁反。"

又："职凉善背。"

背，音"佩"。下章"覆背善詈"同。

《云汉》篇："饥馑荐《集传》音'荐'臻。"

饥，音"饥"，又音"机"。馑，其靳反。荐，通作"荐"，并在见反，音"洊"也。

又："蕴隆虫虫。"

蕴，於粉反。虫，如字，直忠反，又徒冬反。

又："耗斁《集传》音'妒'下土。"

斁，通作"殬"，丁故反。

又："兢兢业业。"

兢，居陵反，音"矜"。业，如字，又五答反。

又："胡宁瘨《集传》音'颠'我以旱。"

瘨，都正反，又都荐反。

又："云如何里。"

里，如字，亦作"㾓"。《尔雅》作"悝"，并同。

又："有嘒《集传》音'嘒'其星。"

嘒,通作"嚖",二字并呼惠反。

《崧高》篇:"四国于蕃。"

蕃,方元反,音"翻",与"藩"同。

又:"既成藐藐。"

藐,莫角反。

又:"四牡蹻蹻。"

蹻,其略反。

又:"王饯《集传》音'贱'于郿。"

饯,贱浅反,又祖见反,一音"贱"。

又:"揉《集传》汝又反此万邦。"

揉,又音"柔"。

《烝民》篇:"柔则茹《集传》音'汝'之。"

茹,又如庶反。

又:"德輶《集传》音'酉'如毛。"

輶,余久反,又音"由"。

《韩奕》篇:"鞹《集传》音'廓'鞃浅幭《集传》音'觅'。"

鞹,苦郭反。鞃,本苦泓反,又音"泓",今并胡肱反。幭,莫历反,一音"蔑"。

又:"炰《集传》音'庖'鳖鲜鱼。"

炰,薄交反,又甫九反。

又:"其追其貊。"

追,如字,又都回反。

《江汉》篇:"江汉之浒《集传》音'虎'。"

浒,又音"许"。

又:"来旬来宣。"

旬,音"巡",又音"荀"。

又:"厘尔圭瓒《集传》才早反。"

瓒,又才旦反。

《常武》篇:"徐方绎骚。"

骚,素刀反,又音"萧"。

又:"阚《集传》音'喊'如虓《集传》音'哮'虎。"

阚,呼槛反,又火斩反。虓,火交反。

又:"铺平声敦淮渍。"

铺,普吴反,又音"孚"。

又:"仍执丑虏。"

虏,音"卤"。

又:"截彼淮浦。"

截,才结反。

《瞻卬》篇:"瞻卬《集传》音'仰'昊天。"

卬,通作"仰"。

又:"觱沸槛《集传》胡览反泉。"

槛,又下斩反。

《召旻》篇:"曾不知其玷《集传》音'店'。"

玷,丁簟反,又音"店"。

又:"我位孔贬。"

贬,彼检反。

《周颂·维清》篇:"肇禋。"

肇,《释文》他处并音"兆",惟此音"召"。

《执竞》篇:"钟鼓喤喤《集传》音'横'。"

喤,华彭反,又音"皇"。

又:"磬筦《集传》音'管'将将。"

筦,与"管"同。

又:"威仪反反。"

《释文》:反,如字,又符板反,又音"贩"。

《思文》篇:"贻我来牟。"

牟,与"麰"同。

《振鹭》篇:"振鹭于飞。"

鹭,音"路",一音"卢"。

《丰年》篇:"丰年多黍多稌《集传》音'杜'。"

稌,又敕古反,音"吐"。

《有瞽》篇:"应田县鼓。"

应,音"膺"。田,如字。县,通作"悬"。

又:"鞉《集传》音'桃'磬柷《集传》尺叔反圉《集传》音'语'。"

鞉,与"鼗"同。柷,音"俶"。圉,《尚书》作"敔",同。

《有客》篇:"敦《集传》音'堆'琢其旅。"

敦,又音"雕"。

《闵予小子》篇:"嬛嬛《集传》音'茕'在疚。"

嬛,与"茕"同,其营反。

《敬之》篇:"佛《集传》音'弼'时仔肩。"

佛,通作"弼"。

《载芟》篇:"载芟载柞《集传》音'窄'。"

芟,所衔反。柞,侧伯反。

又:"其耕泽泽《集传》音'释'。"

泽,《尔雅》作"释",并音"释"。

又:"徂隰徂畛《集传》音'真'。"

畛,之忍反,音"真"。

又:"有略其耜。"

略,《尔雅》作"絜",音同。

又:"实函斯活。"

函,户南反,音"含"。

又:"驿驿其达,有厌其杰。"

驿,音"亦",《尔雅》作"绎"。厌,於艳反。

《良耜》篇:"其馈《集传》式亮反伊黍。"

馌,即"饷"字,式亮反。

又:"其镈斯赵《集传》直了反。"

《释文》:"赵,徒了反,刺也。又如字。沈:起了反,又徒少反。"

《丝衣》篇:"载弁俅俅。"

载,如字,又音"戴"。

又:"鼐《集传》音'奈'鼎及鼒。"

鼐,乃代反,又音"乃"。

《鲁颂·駉》篇:"駉駉《集传》音'扃'牡马,在坰《集传》音'扃'之野。"

駉,古荧反。坰,音荧反,又苦营反。

又:"有驈《集传》音'聿'有皇。"

驈,户橘反,又余橘反。

又:"有骊《集传》音'离'有黄。"

骊,力知反,又音"黎"。

又:"有骓《集传》音'佳'有駓《集传》音'丕'。"

骓,职谁反。駓,符悲反,又音"丕"。

又:"以车伾伾。"

伾,攀悲反,又音"胚"。

《有駜》篇:"鼓咽咽《集传》音'渊'。"

咽,乌悬反,字又作"鼝"。

又:"駜彼乘駽《集传》音'绚'。"

駽,火县反,又火悬反。

《泮水》篇:"其马蹻蹻。"

蹻,音"矫"。

又:"矫矫虎臣。"

矫,通作"蹻",古表反。

又:"食我桑黮《集传》音'甚'。"

黮,与"葚"通,时审反。

又:"憬《集传》音'耿'彼淮夷。"

憬,九永反,又孔永反。

《閟宫》篇:"閟《集传》音'祕'宫有侐《集传》音'洫'。"

閟,悲位反。侐、洫,并况域反。

又:"夏而楅衡。"

楅,音"福"。

又:"白牡骍刚。"

《公羊传》作"牺"。

又:"牺尊将将。"

牺,本音"莎",《集传》用王肃之说,音许宜反。

又:"贝胄朱綅《集传》音'纤'。"

綅,息廉反,又音"侵"。

又:"黄发儿齿。"

儿,音"倪",《尔雅》作"齯",同一音,如字。

又:"松桷有舄。"

舄,音"昔",又音"托"。

《商颂·玄鸟》篇:"大糦《集传》音'炽'是承。"

糦,与"饎"同,尺志反。

《长发》篇:"幅陨《集传》音'员'既长。"

陨,读作"员",音"圆"。

又:"有娀《集传》音'菘'方将。"

娀、菘,并音"嵩"。

《殷武》篇:"勿予祸适《集传》音'谪'。"

适,读作"讁",直革反,又张革反,注:"谪"同。

又:"方斫是虔。"

虔,其连反。《尔雅》作"榩"。

京本音切考异

《小雅·祈父》篇:"靡所底《集传》音'抵'止。"

京本"底",之履反。字当作"厎"。

《正月》篇:"胡为虺蜴《集传》音'易'。"

京本"蜴",星历反。

《小旻》篇:"伊于胡底《集传》音'抵'。"

京本"底",之履反。字当作"厎"。

《巷伯》篇:"捷捷幡幡。"

京本"幡",音"烦"。惟此条可疑。然《集韵》亦有是音。

《楚茨》篇:"我孔熯《集传》音'善'矣。"

京本"熯",而善反。

《頍弁》篇:"有頍《集传》音'跬'者弁。"

京本"頍",缺婢反。

《大雅·抑》篇:"我心惨惨《集传》音'懆',叶七各反。"

京本"惨",当作"懆"。此必朱子之旧也。

《桑柔》篇:"仓兄填兮。"

京本"填",旧说古"尘"字。

《商颂·长发》篇:"则莫我敢曷《集传》音'遏'。"

京本"曷",《汉书》作"遏"。此可见《集传》所云"曷""遏"通之由。

俗音订误

《周南·关雎》篇:"在河之洲。"

在,昨宰反。

又:"优哉游哉。"

悠,以周反,音"由"。

《葛覃》篇:"施于中谷。"

于,云俱反。

又:"维叶萋萋。"

维,以追反。

又:"黄鸟于飞。"

鸟,丁了反。

又:"言告师氏。"

言,鱼轩反。

《卷耳》篇:"采采卷耳。"

耳,而止反。

又:"维以不永怀。"

永,于憬反。

《樛木》篇:"福履成之。"

成,时征反。

《螽斯》篇:"宜尔子孙。"

尔,儿氏反。

又:"绳绳兮。"

绳,食陵反。

《兔罝》篇:"公侯干城。"

城,时征反。

《汝坟》篇："遵彼汝坟。"

遵,将伦反。

又:"鲂鱼赪尾。"

鱼,语居反。

又:"父母孔迩。"

迩,儿氏反。

《召南·采蘋》篇:"宗室牖下。"

牖,音"酉"。

《甘棠》篇:"勿翦勿伐。"

勿,音"物"。

《行露》篇:"谁谓雀无角。"

雀,音"爵"。

又:"谁谓鼠无牙。"

鼠,赏吕反,音"暑"。牙,五加反。

《野有死麕》篇:"野有死麕。"

野,羊者反。

又:"吉士诱之。"

诱,音"酉"。

《邶风·柏舟》篇:"泛彼柏舟。"

泛,敷剑反。

《燕燕》篇:"泣涕如雨。"

涕,音"体"。

《击鼓》篇:"踊跃用兵。"

踊,余陇反,又音"勇"。

《旄丘》篇:"靡所与同。"

靡,莫彼反。

《简兮》篇:"执辔如组。"

辔,悲位反,音"祕"。

《泉水》篇:"遂及伯姊。"

姊,将似反。

《鄘风·定之方中》篇:"揆之以日。"

揆,其癸反。

《卫风·氓》篇:"体无咎言。"

咎,其九反。

《木瓜》篇:"报之以琼琚。"

琼,求营反。

《王风·君子于役》篇:"君子于役。"

役,营只反。

《郑风·子衿》篇:"纵我不往。"

往,羽柱反。

《野有蔓草》篇:"野有蔓草。"

蔓,音"万"。

又:"清扬婉兮。"

婉,於阮反,音"苑"。

《齐风·鸡鸣》篇:"苍蝇之声。"

蝇,余绳反。

又:"无庶予子憎。"

憎,音"增"。

《著》篇:"俟我于著乎而。"

而,如之反。

《南山》篇:"葛屦五两。"

屦,九具反,音"俱",去声。

《魏风·伐檀》篇:"坎坎伐轮兮。"

轮,音"伦"。

《秦风·蒹葭》篇:"宛在水中央。"

宛,於阮反。

《陈风·防有鹊巢》篇:"防有鹊巢。"

防,音"房"。

《豳风·鸱鸮》篇:"或敢侮予《集传》叶演女反。"

"予"字本平声,故云叶。

《小雅·出车》篇:"卉《集传》音'讳'木萋止。"

卉,许贵反。

《六月》篇:"既多受祉。"

祉,音"耻"。

《吉日》篇:"悉率左右。"

悉,息七反。

《斯干》篇:"维熊维罴《集传》音'碑'。"

罴,彼为反。

《节南山》篇:"降此大戾。"

戾,音"丽"。

又:"蹙蹙靡所骋《集传》音'逞'。"

骋、逞,并敕领反。

《正月》篇:"又窘阴雨。"

窘,求陨反。

《十月之交》篇:"山冢崒崩。"

冢,知勇反。

《巧言》篇:"无拳无勇。"

勇,余踵反。

《四月》篇:"匪鹑匪鸢《集传》音'沿'。"
鸢,与专反。
《小明》篇:"政事愈蹙《集传》音'蹴'。"
蹙,子六反。
《楚茨》篇:"小大稽首。"
稽,音"启"。
《宾之初筵》篇:"锡尔纯嘏。"
嘏,古雅反,音"假"。
《大雅·文王》篇:"无声无臭。"
臭,尺救反。
《假乐》篇:"率由群匹。"
匹,普灭反。
《生民》篇:"上帝居歆。"
歆,许金反。
又:"不解《集传》音'懈'于位。"
解,通作"懈",二字并佳卖反。
《抑》篇:"慎尔出话。"
话,户快反。
《桑柔》篇:"具祸以烬。"
烬,才刃反,音"荩"。
《召旻》篇:"我位孔贬。"
贬,彼检反。
《周颂·载芟》篇:"有椒其馨。"
馨,呼庭反。
《商颂·那》篇:"执事有恪。"
恪,若各反。

经文误字

《召南·何彼秾矣》篇:"何彼秾音'浓'矣。"《集传》:"秾,盛也,犹曰戎戎也。"

"秾"字,旧本作"襛"。《毛传》云:"襛,犹戎戎也。"《释文》:"襛,如容反。"《说文》云:"衣厚貌。"今经文不知何时遂改作"秾"。然《集传》尚仍毛氏"戎戎"之说。则当朱子时,犹是"襛"字可知。若果是"秾"字,则二者音各不同,当时必不复云"犹戎戎"矣。

《小雅·我行其野》篇:"成不以富。"《集传》:"虽实不以彼之富。"

此与《注疏》并是"成"字,而《论语》引之作"诚"。观诗《疏》所云"诚不以是而得富",《集传》亦以"实"字代"诚"字,是作"成"者误也。

《商颂·玄鸟》篇:"来格祈祈。"《集传》:"祈祈,众多貌。"

字本作"祁",巨移反。郑云:"祁祁,众多也。"《豳风·七月》篇:"采蘩祁祁。"《传》亦训为"众多"。此作"祈",不知所本。"祈祈"字恐未见有云"众多"者,可见原本是"祁"字也。

《集传》误字

《王风·伯兮》篇:"谁适为容。"《集传》:"传曰'女为悦己容'。"

"悦己"字下恐误脱"者"字。

《采葛》篇:"彼采萧兮。"《集传》:"萧,荻也。白叶,茎粗,科生,有香气。"

荻,非萧类,亦安得有香气?此必"萩"字之讹。今《尔雅·释文》[①]并相沿为"荻",惟《释文》是"萩"字可考。

《唐风·葛生》篇:"蔹蔓于域。"《集传》:"域,茔域也。"

茔,当为"营"。

---

① 当为"《尔雅·释草》"之误。

《秦风·蒹葭》篇："宛在水中坻。"《集传》："水渚曰坻。"

坻，本训"小渚"。此"水渚"，必"小渚"字之误。

《小雅·四牡》篇："翩翩者鵻。"《集传》："鵻，夫不也，今浮①鸠也。"

鵻，音"浮"，今多讹作"鹁"。

《蓼萧》篇："和鸾雍雍。"《集传》："和、鸾，皆铃也。在轼曰'和'，在镳曰'鸾'。皆诸侯车马之饰也。"

《秦风·驷驖》篇："輶车鸾镳。"《集传》云："驱逆之车，置鸾于马衔之两旁。乘车则鸾在衡，和在轼也。"今此诗正指乘车，则鸾当在衡，恐"镳"字是"衡"字之误。

《采芑》篇："薄言采芑。"《集传》："即今苦荬采。"

荬，音"买"，今多讹作"蕒"。

《正月》篇："麋人弗胜。"《集传》："申包胥曰：'人定则胜天。'"

"定"字今误作"众"。

《小弁》篇："弁彼鸒斯。"《集传》："江东呼为'鹎鸟'。"

鹎，音"匹"，字从卑旁。此本《尔雅》注文，今误作"鸭"。

《巧言》篇："君子信盗。"《集传》："君子不能墼谗。"

"墼"字是"聖"字之讹。聖，在力反，疾也。

《集传》偶考

《鄘风·桑中》篇："美孟弋矣。"《集传》："弋，《春秋》或作'姒'，盖杞女夏后氏之后，亦贵族也。"

《公羊传·襄公四年》经："夫人弋氏。"《释文》："弋，莒女也。"《左传》作"姒氏"。又《穀梁传·定公十五年》经"弋氏"，《左传》亦作"姒氏"。

《王风·葛藟》篇："亦莫我有。"《集传》："有，识有也。《春秋传》曰：'不

---

① 《诗集传》一本作"鹁"。纪昀以"鵻"为正。

有寡君。'"

此《左传·昭公二十年》,彼注云:"有,亲有也。"

《秦风·终南》篇:"黻衣绣裳。"《集传》:"黻之状亚,两已相戾也。"

亚,《玉篇》敷勿反,与"黻"音同。《晋书·舆服志》亦有此字。

《小雅·庭燎》篇:"庭燎之光。"《集传》:"庭燎,大烛也。诸侯将朝,则司烜以物百枚,并而束之,设于门内也。"

《周礼·秋官》"司烜"注云:"烜,读为'毁'。"《释文》音"毁"。

《楚茨》篇:"如几如式。"《集传》:"几,期也。《春秋传》曰'易几而哭'是也。"

此《左传·定公元年》文,又引"少牢馈辞云"云云。按:《仪礼·少牢馈食礼》注:"来,读曰'釐'。釐,赐也。"《释文》:"女,音'汝'。来,依注音'釐',力之反,赐也。刘:音'釐',亦音'赉',力代反。亦训'赐也'。"

《甫田》篇:"或耘或耔。"《集传》:"耘,除草也。耔,雍本也。盖后稷为田,一亩三畎,广尺,深尺,而播种于其中。苗叶以上,稍耨垄草,因壝其土以附苗根。垄尽畎平,则根深而能风与旱也。"

"后稷"以下,皆《汉书·食货志》文,本言耘耔之事者。"能"与"耐"通。

《大雅·绵》篇:"爰契我龟。"《集传》:"契,所以然火而灼龟者也,《仪礼》所谓'楚焞'是也。或曰:契以刀刻龟甲欲钻之处也。"

《仪礼·士丧礼》:"楚焞置于燋,在龟东。"注:"楚,荆也。荆焞,所以钻灼龟者。"《释文》:"焞,存闷反。刘:吐敦反,又徒敦反,又音'纯'。"

《行苇》篇:"四鍭既钧。"《集传》:"钧,参亭也,谓参分之,一在前,二在后,三订之而平者,前有铁重也。"

"参亭"之"参",七南反。下"参分"之"参",与"三"同。订,音"亭",又音"丁",去声。《毛传》云:"鍭矢参亭。"《疏》云:"参停,谓三分矢,一在前,二在后,轻重钧停。冬官矢人为鍭矢,注云:三订之而平者,前有铁重也。"

又:"序宾以贤。"《集传》:"贤,射多中也。《投壶》曰:'某贤于某若干纯。'"

此《礼记·投壶》篇文。纯,音"全"。

《桑柔》篇:"具赘卒荒。"《集传》:"赘,属也。《春秋传》曰:'君若缀旒然',与此'赘'同。"

《毛传》:"赘,属也。"《释文》:"赘,之芮反,又拙税反。"《疏》:"赘,犹缀也,谓系缀而属之。"襄十六年《公羊传》曰:"君若缀旒然。"是"赘""缀"同也。

又:"既之阴女,反予来赫。"《集传》:"阴,覆也。赫,威怒之貌。张子曰:'阴往密告于女,反谓我来恐动也。'亦通。"

《释文》:"赫,许白反。"郑氏读许嫁反。此所引张子之说,即郑氏许嫁反之意也。

《云汉》篇:"云如何里?"《集传》:"里,忧也,与《汉书》'无俚'之'俚'同,聊赖之意也。"

《汉书》是《季布传赞》,但"忧"与"聊赖"意稍别,盖两说也。

《周颂·维天之命》篇:"假以溢我,我其收之。"《集传》:"'何'之为'假',声之转也。'恤'之为'溢',字之讹也。收,受也。"

《左传·襄公二十七年》:"君子曰:'何以恤我,我其收之。'向戌之谓乎?"注以此二语为逸诗。盖以"假""溢"二字之殊故云然。但《集传》据彼为说,当先云"假以溢我",《左传》作"何以恤我",然后曰"'何'之为'假'"云云,方使人知其说之所自。恐此亦不能无阙误。

《雍》篇:"既右音'又'烈考,亦右文母。"《集传》:"右,尊也。《周礼》所谓'享右祭祀'是也。"

《周礼·春官·大祝》:"辨九撵,以享右祭祀。"注云:"'右'读为'侑',侑,劝尸食而拜。"《释文》:"右,音'又'。"《疏》云:"此九拜不专指祭祀,而以祭祀结之者。祭祀事重,故举以言之。"是《周礼》"右"字,本读为"侑",谓"劝侑"也。而《集传》引之者,盖朱子自解彼"右"字为"尊",而不用其注耳。至于"右"之训"尊"者,《我将》《时迈》凡再见,皆未尝有音也。

俗书相沿之误

《召南·羔羊》篇:"素丝五紽。"

丝本从两糸,今人无不作糸旁。系者,自古未有此字也。

《驺虞》篇:"壹發五豝。"

"發"字,上从癶,今皆误作"發"。

《燕燕》篇:"以勖寡人。"

"勖"字,本作冒旁,今作"勖",亦当从目,不从且。

《匏有苦叶》篇:"济有深涉。"

深,本从突,今皆误作"深"。

《泉水》篇:"载脂载舝。"

"舝"字,上从屮,下从牛,盖以"牪"字析置于上下。"韦"字亦然。今则从士从牛,殆不成字。

《北门》篇:"终窭且贫。"

窭,下"娄"字,上从毌,今皆误作"娄"。凡"娄""屡""屦"字,皆由此推之。

《卫风·硕人》篇:"美目盼兮。"

"盼"字从目旁。分,匹苋反,今皆误从"兮"。

沈氏四声考

〔清〕纪昀 撰

编校说明

《沈氏四声考》以畿辅丛书本为底本。

序

韵书迄今盖数变矣。陋者类称沈约，好古之士则据陆法言《切韵》以争之。夫《切韵》变为《唐韵》，《唐韵》变为《广韵》，《广韵》变为《集韵》，《集韵》别为《礼部韵》，《礼部韵》别为毛氏、刘氏韵，刘氏韵别为黄氏、阴氏韵，阴氏韵一百六部是为今韵。指以沈约，其谬固也；而以二百六部尊陆法言为鼻祖，毋乃亦未究其源乎？法言之书实窃据沈约而作者也。约书虽唐代已亡，《四书谱》，《唐书·艺文志》不载，知亡于唐；李涪《刊误》已不知《切韵》本沈氏，则亡在僖宗以前。今不可见。然儒者著书立说，将使天下之从我，必先自信之笃、自守之坚，而后人信吾说而守吾法。约既执声病绳人，则约之文章必不自乱其例，所用四声即其谱也。今取其有韵之文，州分部居而考之：平声得四十一部，不合《切韵》者才一二；仄声得七十五部，不合《切韵》者无一焉。陆氏所作，岂非窃据沈谱而稍为笔削者乎？其领历述吕静、夏侯该、阳休之、周思言、李季节、杜台卿等，顺不及约；约书《隋志》著录，开皇间不应遽亡。同时撰集之颜之推又生长梁朝，不应不见。知法言讳所自来，不欲著之也。迨约书既亡，无从考证；法言书孤行唐代，遂掩其名。中间屡有改修，又颇为诸家所乱，弥失其真。幸而增删改并皆有踪迹可寻，约诗文传世亦多，尚可排比求之，得其梗概。因略为考订，编成二卷，名曰《沈氏四声考》：一以明音学之所自，一以俾指阴氏《韵府》为沈韵者得识其真焉。

乾隆己卯二月，河间纪昀序

卷 上

《梁书·沈约传》:"又撰《四声谱》,以为在昔词人累千载而不悟,而独得胸襟、穷其妙旨,自谓入神之作。高祖雅不好焉。帝问周舍曰:'何谓四声?'舍曰:'天子圣哲是也。'然帝竟不遵用。"

《隋书·经籍志》:"沈约《四声》一卷。"

按:《梁书》《南史》并称沈约作《四声谱》,《志》无"谱"字,盖脱误。西河毛氏谓金韩道昭《五音集韵》称约书为《四声切韵类谱》,考《五音集韵》无此语。

上平声

米芾《画史》:"夫五音之声,出于五行,自然之理。管仲深明其要,著其形似,太平之具也,作乐之道必自此始。沈隐侯只知四声,求其宫声不得,乃分平声为二,以欺后学,几于千年无人辨正。"

王应麟《困学纪闻》:"米元章云:'沈隐侯只知四声,求其宫声而不得,乃分平声为二。'然后魏江式曰:'晋吕静仿李登《声类》之法,作《韵集》五卷,宫商角徵羽,各为一篇。'则韵分为五,始于吕静,不自沈约始也。"

案:休文《宋书·谢灵运传》及《答陆厥论声韵书》,盛论五音;而《齐书》《梁书》《南史》并称约等文用宫商,以平上去入制韵。然则所谓五音,即是四声,上平下平确其所定。唐徐景安《历代乐仪》所谓宫为上平、商为下平、角为入、徵为上、羽为去者,盖其遗法。西河毛氏谓约书只一卷,不应分上下平声,盖据《七音韵镜》"平声字繁、厘卷为二"之臆说,不足为信。

一东　二冬　三锺 _{三韵同用}

郊居赋
隆躬风东通　　并一东

桐赋
桐葱丛虹　　并一东

桐柏山①金庭馆碑铭
功通空躬　　并一东

梁雅乐歌
宫融终功风通嵩　　并一东

塘上行
通丛风童空东隆终蓬宫　　并一东

前缓声歌
东风宫鸿空虹童空　　复一韵　中嵩　并一东

四时白纻歌
红风同中　　并一东

---

① "山"，原作"寺"，据张溥《汉魏六朝百三家集》所载沈约本集改。下同。

和刘雍州绘博山香炉

工铜珑穷鸿穹丛风雄桐充嵩　并一东

咏新荷应诏

中风红　并一东

咏帐

宫风　并一东

八咏诗

丛风红蒙①空通珑鸿宫东　并一东

风红东宫　并一东

葱空丛蒙虫东　并一东　淙　二冬　虹风笼通　并一东　逢　三锺

瑞石像铭

功空蒙融通葱风东衷空工隆嵩　并一东

江南弄

桐宫风　并一东

游沈道士馆

功充中宫穷丰躬笼风　并一东　踪　三锺　鸿通嵩同　并一东

---

① "蒙",底本原空阙,据沈约本集补。

司徒谢朏墓铭

钟龙重　　并三锺

梁鼓吹曲

钟镛容龙踪　　并三锺

按：《广韵》"恭"字注曰：陆以"恭、踪、蚣"等入冬韵，非也。则此三纽之字，《切韵》本在冬韵，此据《广韵》注之。

怀旧诗

峰逢松　　并三锺

梁三朝雅乐歌

重容从雍恭　　并三锺

豫章文献王碑铭

从恭庸龙　　并三锺

右一部与《广韵》异

李涪《刊误》："法言平声以'东、农'非韵，以'东、崇'为切。上声以'董、勇'非韵，以'董、动'为切。去声以'送、种'非韵，以'送、众'为切。入声以'屋、烛'非韵，以'屋、宿'为切……又：《国风·杕杜》篇曰：'有杕之杜，其叶湑湑。独行踽踽，岂无他人？不如我同父。'又：《雅·大东》篇曰：'周道如砥，其直如矢。君子所履，小人所视。'此则不切声律，足为验矣。何须东、冬、中、终，妄别声律。"

按：米元章《画史》极诋休文四声，曰："愚陋之人，从而祖述，作为字母，谨守前说。陆德明亦复吴音,传其祖说,故以'东、冬'为异,'中、锺'为别。"知"东、冬、锺"三韵之分,休文之旧也。休文诗文用东韵者十四篇,用"冬、锺"韵者五篇,以"东"通"冬、锺"者二篇,知其三韵同用。然上声用二肿,不杂董韵;去声用三用,不杂"宋、送"韵;入声"屋、沃、烛"三韵凡十五用,而各不相入,知其必各自为部。所谓"欲广文路,自可清浊皆通;若赏知音,即须轻重有别"者也。

万光泰《四声谱考略》:"二冬与'东'同用,不与'锺'同用。《被褐守山东》'淙'字是也。"

按:《八咏诗》以"东"通"冬、锺",无"冬、锺"皆可通"东",而"冬、锺"反不相通之理。况"恭"字、"躬"字本系冬韵,故定为三韵相通。考齐梁诗赋类然。即唐人律诗如张说《侍宴武三思山第》用"通、重、中、风";韦安石《侍宴武三思山第》用"锺、风、桐、嵩";崔融《韦长史挽歌》用"中、风、空、龙";孟浩然《田家元日》用"东、农、童、风",《送奚三还扬州》用"风、中、同、逢";杜甫《雨晴》用"风、农、红、空";魏兼恕《送张兵曹赴营田》用"农、功、中、骢";卢纶《皇帝感词》用"空、镛、熊、风";司空图《送李嘉祐》用"风、农、东、中";耿㵪《诣顺公问道》用"公、中、丛、宗";李远《游故王驸马池亭》用"通、风、红、农";则天皇后《游九龙潭》用"峰、龙、蓉、风";太宗皇帝《过旧宅》用"丰、丛、空、桐、中、农、风";王维《望春亭观禊饮》用"东、中、公、风、宫、宗";卢纶《望华清宫中树》用"丛、蒙、通、桐、风、中、空、珑、雄、红、螉";杨巨源《圣寿无疆词》用"同、风、空、功、聪、宗";李商隐《上杜仆射》用"功、风、嵩、东、中、穹、韦、桐、躬、熊、工、晓、通、农、童、戎、骢、同、弓、东、龙、公、宗、空、融、终、红、恭、衷、烘、蒙、虫、雄、瞢、枫、鸿、蓬、翁、宫、穷";宋若昭《麟德殿宴百僚》用"通、功、凶、浓、宗、同";唐彦谦《移莎》用"东、中、桐、蓬、虻、蒙、松、翁";王建《上武相公》用"雄、崇、中、空、宗";费冠卿《闲居即事》用"僮、东、风、翁、踪";韩偓《昼寝》用"栊、烘、红、松、东",《新蝉》用"宫、踪、风、红、功";杜荀鹤《伤峡石县病叟》用"翁、农、中";王播《题慧照寺》用"东、钟、笼";许浑《送丹徒许明府》用"逢、重、峰、丰";朱庆馀《和刘补阙》用"容、中、重、风";李洞《送张乔》用"通、中、钟、峰、松";僧淡交《望樊川》用"红、中、容、春、重";薛逢《五峰隐者》用"溶、中、松、春、慵";谭用之《感怀呈所知》用"鸿、礐、邛、慵";费冠卿《答萧建》用"峰、重、胸、松、蒙、中、空、逢、钟、春、种、穷、雄、龙、浓、同、风、躬、逢";元稹《行宫》用"宫、红、宗";崔道融《铜雀伎》用"风、慵";李群玉《劝入庐山读书》用"锋、聪、峰";刘兼《中夏昼卧》用"中、风、龙";羊士谔《郡楼晴望》用"风、惊、虹、中";白居易《感旧纱帽》用"翁、中、逢、风";李商隐《少年》用"功、封、中、丛、蓬"。知"东、冬、锺"分用者,乃礼部官韵,其余私相歌咏则三韵相通。盖休文旧例相沿未改者。

四江 独用

按:江韵古音通"东、冬、锺",汉人多以"东、冬、锺"韵通"阳、唐",江亦随入"阳、唐",其后"东、冬、锺","阳、唐"虽分,而江则两音并存,不能画一。故六朝如沈璜之等,或押入"阳、唐";唐人如张说等,犹押入"东、冬、锺"。休文未用此韵,遂不可考。然用"阳、唐"韵凡二十七,皆不入江。入声所用四觉韵及十八药、十九铎韵亦各不相入,知其独用也。

五支　六脂　七之 三韵同用

郊居赋

期时辞基司持　并七之

奇池枝垂　并五支

怡基芝柿持嬉兹时　并七之

高松赋

奇枝雌知池　并五支

天渊水鸟应诏赋

漪离雌　并五支

反舌鸟赋　并五支①

差枝规奇　并五支

梁明堂登歌

墀绥　并六脂

梁三朝雅乐歌

滋时淄釐期　并七之

梁鞞舞歌

兹　七之　岐斯为　并五支

移垂为　并五支

君子行

淄基持　并七之

青青河畔草

仪离　并五支

贞女引

疑　七之　悲　六脂　词　七之

---

① "并五支"三字,疑衍。

江南弄

池仪知　　并五支

乐未央

垂知移施　　并五支

三日侍凤光殿曲水宴应制

持丝　　并七之

九日侍宴乐游苑

墀姿蕤湄　　并六脂

游钟山诗应西阳王教

奇池移枝　　并五支
基旗芝期　　并七之

去东阳与吏民别

期兹淇菁旗思　　并七之

和竟陵王游仙诗

离驰漪枝　　并五支

行园

陂差离枝池　　并五支

和竟陵王抄书

期兹诗疑滋词辎芝嗤　并七之

三月三日率尔成章

斯枝儿陂垂离池厄萎炊仪为　并五支

和王中书德充咏白云

差离池垂螭　并五支

侍游方山应诏

离池衹知　并五支

别范安成

期时持思　并七之

效古

枝雌离仪移　并五支

春思

丝持时淇姬思　并七之

咏虎

枝垂移知　并五支

檐前竹

枝离差池　并五支

十咏
奇仪儿枝垂　并五支

咏笙
差离吹　并五支

咏余雪
蓰亏　并五支

阻雪联句
疲差　并五支

出重围和傅昭
奇　五支　维　六脂　厄　五支

上巳华光殿
妫斯池枝离厄螭漪移曦　并五支

六忆诗
墀　六脂　思　七之　飢　六脂

按："飢"字刊本作"饑"，是入微韵中字。考约所用"支、脂、之"韵皆不入"微"，所用微韵亦无一字入"支、脂、之"，知刊本误也。

八咏诗
池枝池　复一韵,并五支
差离仪　并五支

仪池施知陲枝离斯 _{并五支}

池仪 _{并五支}

离垂池宜疲 _{并五支}

三妇艳

堞帷眉私 _{并六脂}

为南郡王侍皇太子释奠宴

丽知 _{并五支}

按："丽"字支韵亦载，然据其文义应是"离"字之讹。

右一部与《广韵》同

按："支、脂、之、微、齐、佳、皆、灰、咍"，古韵通用，至齐梁渐分，然亦未甚隔绝。谢朓、王融，《齐史》所称与沈约并用宫商者也。然谢朓《高松赋》，"才、徕、臺、怀"同押；《奉和随王殿下》诗，"开、来、怀、徊"同押；《咏落梅》诗，"非、归、威、辉、追"同押。王融《桐树赋》，"椳、枝"同押。惟休文诗赋五部截然，与《广韵》尽合，知其确为沈氏所定，非偶符也。同时惟刘勰笃信休文，《文心雕龙》系赞五十篇，以沈韵校之，无不相应，盖即用《四声谱》者。故沈韵未备之数部颇采以补阙。

八微 _{独用}

拟风赋

扉旂衣

千佛颂

归非机违

梁宗庙登歌
违骓微归辉

梁鼓吹曲
微归威违巍

为南郡王侍皇太子释奠宴
徽违归衣

刘真人东山还
微腓归衣扉

直学省愁卧
闱扉微飞违归

甘蕉
围衣

早行逢故人车中为赠
霏归

丽人赋
归衣

比丘尼僧敬法师碑铭
违归晖衣徽

八咏诗

薇苇飞围归衣

按:"苇"字《广韵》载入上声七尾。考陆德明《经典释文·尔雅·释草》"苇"字注曰:"于鬼反。谢:于归反。"则"苇"字原有平声。"谢"为陈国子祭酒谢峤,其人距休文时甚近,盖当时皆如此读。大抵古无四声,平仄皆可通押。刘琨诗以"叟"协"璆",东晋之初尚尔;齐梁以还,渐知分晰,然未有程式,各随其意读之。陆法言《切韵序》曰:"以今声调既自有别,诸家取舍亦复不同:吴楚则时伤轻浅,燕赵则多伤重浊;秦陇则去声为入,梁益则平声似去。"谓此类也。其后折衷归一,删去别音,故今韵不载耳。

飞衣归衰违依

《四声谱考略》:"沈韵八微独用,'衰'字本微韵内字,江淹《扇上彩画赋》亦用'衣、飞、衰、归'。"

按:程荣所刻休文集"衰"字下注:"一作'非'。"考休文用"支、脂、之",无一字入"微";微韵亦皆不入"支、脂、之",则作"非"为是。

右一部与《广韵》同

九鱼　十虞　十一模　_{三韵同用}

郊居赋

初储书虚徐庐渠蔬余墟　　并九鱼

舒余　　并九鱼

丽人赋

渠裾　　并九鱼

梁鞞舞歌
初书　并九鱼　愉　十虞

郊居赋
菰蒲湖都　并十一模
区株娱朱隅衢跦　并十虞
虞凫躯珠　并十虞

悯国赋
徂胡　并十一模

高士赞
无驱夫愉迂拘衢　并十虞

齐明帝哀策文
谟乌苏图　并十一模

梁鼓吹曲
徒狐都胡涂乌逋酺吴　并十一模
符隅朱　并十虞
图都涂　并十一模

钓竿
纡凫娱　并十虞

少年新婚为之咏

纡岖朱躯珠凫肤敷隅驹趋夫　并十虞

麦李

区衢逾朱蹰　并十虞

右一部与《广韵》异

陆法言《切韵序》："又支章移切、脂旨夷切、鱼语居切、虞遇俱切共为一韵，先苏前切、仙相然切、尤于求切、侯胡沟切俱论是切。欲广文路，自可清浊皆通；若赏知音，即须轻重有异。"

按：休文所押"鱼、虞"韵，合平、上、去三声较之，非惟"鱼"与"虞"、"语"与"麌"、"御"与"遇"部分各殊，即"虞"与"模"、"麌"与"姥"、"遇"与"暮"亦界限厘然。而法言云云，攘也；然即其言以考之，"鱼、虞、支、脂、先、仙、尤、侯"八韵，皆所谓轻重有异而清浊皆通者。今"支、脂"等六韵注同用，而"鱼、虞"乃隔绝不通，岂非自乱其例耶？知同用独用，皆唐人官韵所添注，非法言之旧也。李涪但诟其分韵之误，而不诟其"独用""通用"之非，盖当时犹知不出言①矣。休文以"初、书"与"愉"同押，正与八韵清浊皆通之论合；"虞、模"二韵平声虽分，以去声《反舌鸟赋》"树"字证之，知其相通。故定为三韵同用。

十二齐　独用

和陆慧晓百姓名

稽齐黎圭犀携泥畦西迷

---

① 当为"法言"，疑脱一"法"字。

咏梧桐
荚圭

右一部与《广韵》同

十三佳　十四皆　_{二韵同用}

梁鼓吹曲
怀阶　并十四皆

按：佳韵，休文未用，然"灰、咍"韵无入佳韵者，知必与"皆"为一部。

右一部与《广韵》同

十五灰　十六咍　_{二韵同用}

饮马长城窟
堆回　并十五灰　臺埃　并十六咍

侍皇太子释奠宴
哉才臺台　并十六咍

三日侍凤光殿曲水宴应制
臺哉　并十六咍　回　十五灰

应王中丞思远咏月
埃来才苔哉　并十六咍

泛永康江

苔来哉裁　并十六咍

怀旧诗

才　十六咍　陪　十五灰　臺　十六咍

西地梨

隈徊　并十五灰

八咏诗

哉来　并十六咍

伤美人赋

裁臺　并十六咍

右一部与《广韵》同

十七真　十八谆　十九臻 _{三韵同用}

《广韵》同用

郊居赋

津秦闽珍　并十七真　春　十八谆　人　十七真

丽人赋

人　十七真　春　十八谆　巾　十七真

释迦文佛像铭

陈身　并十七真　钧　十八谆　人　十七真

桐柏山金庭馆碑铭

沦　十八谆　津滨人　并十七真

太尉王俭碑铭

纶　十八谆　臣仁　并十七真

齐明帝哀策文

陈晨并十七真

泯　十七真　循　十八谆　尘新　并十七真

梁雅乐歌

宾神亲　并十七真

梁明堂登歌

春　十八谆　仁　十七真

梁三朝雅乐歌

珍薪陈神垠　并十七真

五引曲

春　十八谆　仁　十七真　均　十八谆

梁鼓吹曲

辰民　并十七真　春　十八谆

青青河畔草

尘人　并十七真

悲哉行

春　十八谆　人津蘋辰　并十七真

四时白纻歌

人亲神因　并十七真

新安江至清浅深见底贻京邑游好

珍　十七真　春　十八谆　鳞津磷巾尘　并十七真

为临川王九日侍太子宴

陈醇　并十七真

织女赠牵牛

亲人尘津　并十七真　春　十八谆　巾新　并十七真

咏杜若

亲人　并十七真

梁大壮舞歌

人　十七真　伦　十八谆　薪晨旻津震人　并十七真,复一韵　轮　十八谆

新陈寅　并十七真

按：《汉书·叙传》曰："票骑冠军，猋勇纷纭，长驱六举，电击雷震。"颜师古注："音之人反。"又卢照邻《中和乐歌》曰："休兵宇县，献馘天闉，莳海凯入，耀耀震震。"则"震"字唐人犹有平音。明皇《答张说》诗亦曰："背陕关山险，横汾鼓吹震。草依阳谷变，花待北岩春。"并押入近体。知《唐韵》原载，宋人以其为去声韵母而删之。

右一部与《广韵》同

按：臻韵休文未用，然入声以"术、质"同押，知平声同用。

二十文　二十一殷　二韵同用

齐故安陆昭王碑铭
分雲群云

怨歌行
群文坟云

秋夜
分蒕雲裙闻

右一部与《广韵》同

《四声谱考略》："沈集无用二十一殷者，陶渊明《答庞参军》用'分、欣、雲、闻'，颜延之《还自梁城作》用'勤、军、群、分、雲、文、坟、君、闻、殷'，是与文韵同用。至唐人乃越'文、臻'而与'真、谆'同用。"

按：谢超宗《永祚乐》亦用"文、殷、雲、薰、芬、氲"，然皆在休文未定四声之前。超宗《休成乐》一章且"文、轮"同押矣，未可据以定沈韵也。惟刘勰《文心雕龙》恪遵沈韵，其《声律》篇系赞于隐韵中用一"吻"字，是文韵去声。以是推之，平声"文、殷"当必相通。《广韵》别一本亦注二十文、二十一欣同用。

二十二元　二十三魂　二十四痕　三韵同用

销声赞

魂　二十三魂　樊　二十二元　存　二十三魂　謇言　并二十二元

丞相长沙宣武王墓铭

冤援　并二十二元

梁鼓吹曲

元冤　并二十二元

酬谢宣城朓卧疾

门　二十三魂　喧翻园　并二十二元　尊荪存昆　并二十三魂　璠源　并二十二元

酬华阳陶先生

存魂奔　并二十三魂

奉和竟陵王经刘瓛墓

魂存门　并二十三魂　园　二十二元　樽论　并二十三魂

为临川王九日侍太子宴

翻园 并二十二元 鹍 二十三魂 原 二十二元

右一部与《广韵》同

二十五寒　二十六桓 _{二韵同用}

梁鞞舞歌

官 二十六桓 丹 二十五寒

日出东南隅行

郸 二十五寒 端纨 并二十六桓 澜 二十五寒 栾官 并二十六桓 鞍 二十五寒 鸾冠 并二十六桓

白马篇

兰难 并二十五寒 盘 二十六桓 寒食兰 复一韵 安 并二十五寒 官 二十六桓 单 二十五寒 完 二十六桓

九日侍宴乐游苑

丹寒澜 并二十五寒

登高望春

安 二十五寒 桓纨 并二十六桓 翰丹鞍兰难 并二十五寒 欢 二十六桓 叹 二十五寒

咏梨应诏

难　二十五寒　　盘　二十六桓

八咏诗

难单兰寒　并二十五寒

梁鼓吹曲

安翰澜　并二十五寒

右一部与《广韵》同

二十七删　二十八山 _{二韵同用}

按：沈韵既以"山"字入"先、仙"，似不应复立山韵；然"山"字自有二音，所以互见。《唐韵》"佳"字入麻韵，十三佳自若也。

悯国赋

闲间　并二十八山

按：休文《栖禅精舍铭》、《早发定山》诗、《八咏诗》，皆以中①韵入"先、仙"韵。然考同时刘孝绰所作碑铭二篇、乐府六首、诗六十一首，较沈韵无一字出入，盖遵"四声"之学者；其《遥见邻舟主人投一物》一篇，用"关、还、颜、菅、班、环、攀"七韵，皆不出"删、山"韵。知当日自为一部，休文所用乃互见字也。说见"先、仙"韵。

右一部与《广韵》同

---

①　疑"中"为"山"之讹。

下平声

一先　二仙 二韵同用

丽人赋
莲钿前　并一先

高松赋
天①悬　并一先　焉然泉篇　并二仙

齐故安陆昭王碑铭
贤前先天　并一先

齐明帝哀策文
玄　一先　泉褰　并二先　前　一先

丞相长沙宣武王墓铭
天贤　并一先

齐竟陵王发讲疏颂
玄　一先　宣筵　并二仙　莲天　并一先　璇筵蝉　并二仙　莲　一先,复一韵　缘　二仙

---

① "天",底本原空阙,据沈约本集补。

梁雅乐歌

玄天　并一先　铨　二仙　悬烟　并一先　虔　二仙

梁明堂登歌

玄天　并一先

梁三朝雅乐歌

先　一先　旟鲜翾　并二仙　年　一先

乐未央

年莲前　并一先

九日侍宴乐游苑

天　一先　川泉　并二仙　弦　一先

咏青苔

绵联钱　并二仙　怜　一先

华山馆为国家营功德

玄年　并一先　传　二仙　编　一先

侍宴谢朏①宅饯东归应制

廛蝉筵　并二仙

---

①　"朏"，原作"胱"，据沈约本集改。

憩郊园和约法师采药

馔 二仙　悬 一先

六忆诗

前弦怜 并一先
眠牵前 并一先

栖禅精舍铭

禅 二仙　烟天田 并一先　筌 二仙　年 一先①　旃橡 并二仙　山玄 一先　泉 二仙　莲 一先　迁 二仙　悬 一先　筵蝉传缘 并二仙

早发定山

山间圆 二仙　溅 一先　然荃仙 并二仙

八咏诗

山天悬 并一先

君子有所思行

川轩仙 并二仙　弦年 并一先　蝉 二仙　玄 一先

右一部与《广韵》同

《诗家直说》："汉人用韵参差，沈约《韵谱》始为严整。《早发定山》尚用'山、先'二韵。"

---

① "一先"，原作"二仙"，今改。

按："真、谆、臻、文、殷、元、魂、痕、寒、桓、删、山、先、仙"十四韵，古音相通，晋宋时尚多互用。齐梁以后四声既分，诸韵亦渐就分别。然亦有分配未确，为后人所改正，两音互载为后人所删并者。休文以"轩"字、"山"字、"间"字入"先、仙"，盖由此故。陆德明《经典释文·尔雅·释山》下注曰："山，所闲切，或所旃切。"则"山"入"先、仙"原非□韵，其余可以例推。今《广韵》二十二元□字、□字、"鹓"字、□字、"焉"字，二十七删"跧"字，二十八山"潺"字、"湲"字、"羼"字、□字、□字尚与"先、仙"互载，是则删并未尽者。《诗家直说》以为用二韵，非也。

《四声谱考略》："右沈韵二十八山、一先、二仙多同用，梁武帝《（游）钟山大爱敬寺》以'山'叶'缠、眠、权、迁、年、然、煎、先、缘、川、悬、绵、圆、娟、溅、牵、泉、烟、禅、虔、田、天、边、前、贤'；江淹《哀千里赋》用'怜、艰、迁、山'，《赤虹赋》用'山、轩、莲、年'，《江上之山赋》用'旋、迁、天、山、坚'，皆以'山、先、仙'同用也。'轩'字，《广韵》收入二十二元。"

按：此所引梁武帝、江淹等作，皆以"山"字、"轩"字入"先、仙"。又刘绘《咏博山香炉》亦用"怜、山、烟、莲、间、妍、鲜、眠、然、莲、天"。此外罕有以"删、山"韵字入"先、仙"者。知休文用此三字，皆系当日有此一读，所以互见。故今不定为"删、山""先、仙"同用。

附录：《松陵集》所载叠韵

偏　二仙　眠　一先　船　二仙　舷边　并一先

按：《松陵集·杂体诗序》曰："梁武帝曰：'后牖有朽柳。'沈约曰：'偏眠船舷边。'由是叠韵兴焉。"唐时去梁未远，当必有据。

三萧　四宵 二韵同用

华阳先生登楼不复下呈赠

霄　谯　朝　镳　并四宵　凋　三萧

怀旧诗

僚条 并三萧　飙昭 并四宵

右一部与《广韵》同

五肴 独用

郊居赋

郊茅交巢坳

右一部与《广韵》同

六豪 独用

按：豪韵，休文诗赋无考。然所用"萧、宵、肴"韵，俱不入豪韵字；上声三十二皓、去声三十七号，亦不杂他韵，知其独用。刘勰《文心雕龙·辨骚》篇用"骚、高、劳、毫"四韵，与《广韵》合。

七歌　八戈 二韵同用

朝丹徒故宫颂

河 七歌　波和 并八戈　阿 七歌

法王寺碑铭

多 七歌　波 八戈　河 七歌

梁三朝雅乐歌

和 <small>八戈</small> 多 <small>七歌</small> 禾 <small>八戈</small> 罗河 <small>并七歌</small>

昭君词

河蛾 <small>并七歌</small> 波 <small>八戈</small> 多罗峨歌 <small>并七歌</small> 过 <small>八戈</small>

从军行

多河 <small>并七歌</small> 波莎 <small>并八戈</small> 萝阿 <small>并七歌</small> 戈 <small>八戈</small> 歌 <small>七歌</small> 和 <small>八戈</small> 何 <small>七歌</small>

右一部与《广韵》同

九麻 <small>独用</small>

愍途赋

葭华沙家

千佛颂

家宠华沙

梁明堂登歌

斜华

相逢狭路间

车家

有所思

家穿花斜

怀旧诗

华沙赊

冠子祝文

加化赊华车家

按："化"字，古音"讹"，《楚词》以"他、化"为韵是也。汉以后始读入麻韵。《后汉书·冯衍传》"与时变化"，章怀太子注音"花"是也。此亦古音之未尽变者。

右一部与《广韵》同

十阳　十一唐 _{二韵同用}

郊居赋

忘场翔昌 并十阳　堂 十一唐　方 十阳　藏 十一唐　庄 十阳　茫 十一唐　攘 十阳

按："忘"字，《广韵》不载，然去声四十一漾"忘"字注曰："又音'亡'。"则十阳本有此字，刊本脱去耳。又本韵"忘"字下注十二字，而自"亡"至"望"数止十一，尤为明证。

疆庠望 并十阳　皇 十一唐　阳坊翔场 并十阳　纲光 并十一唐

光宅寺刹下铭

茫 十一唐　祥 十阳　光 十一唐　房亡 并十阳　桑皇航 并十一唐

骧床翔方王疆长　并十阳

弥陀佛铭
庄　十阳　煌　十一唐　方房　并十阳

桐柏山金庭馆碑铭
亡方常裳　并十阳

法王寺碑铭
长梁场　并十阳

齐故安陆昭王碑铭
商筐房王　并十阳

齐明帝哀策文
庠王扬　并十阳　荒　十一唐

梁雅乐歌
阳裳　并十阳　光　十一唐

梁宗庙登歌
筐王梁方忘疆　并十阳

五引曲
方昌疆　并十阳

梁鼓吹曲

昌　十阳　光　十一唐　梁翔王将　并十阳　扬苍荒　并十一唐　裳廊疆　并十阳

携手曲

床妆长亡　并十阳

夜夜曲

伤床　并十阳

襄阳白铜鞮歌

光　十一唐　乡　十阳

江南弄

香央　并十阳

四时白纻歌

黄　十一唐　房翔忘　并十阳

古意

光　十一唐　肠裳香伤　并十阳

悼亡

梁芳亡张床伤　并十阳

玩庭柳

央长 并十阳　行 十一唐　乡 十阳

咏桃

伤 十阳　光 十一唐　裳肠 并十阳

十咏

锵香 并十阳　堂 十一唐　床 十阳

咏芙蓉

房 十阳　光 十一唐

四城门

光 十一唐　伤 十阳

八咏诗

梁 十阳　珰光 并十一唐　房床 并十阳

裳梁 并十阳　光 十一唐

祥 十阳　光 十一唐　芳梁香阳昌 并十阳　光 十一唐,复一韵　漳凉香亡 十阳　茫 十一唐　昌 十阳,复一韵

咏湖中雁

翔霜 并十阳　光行 并十一唐　乡 十阳

右一部与《广韵》同

十二庚　十三耕　十四清　十五青　四韵同用

齐明帝哀策文
声　十四清　英　十二庚

梁雅乐歌
诚　十四清　明牲　并十二庚　缨盈声并　并十四清

五引曲
声精　并十四清　英　十二庚

襄阳白铜鞮歌
城　十四清　鸣　十二庚

冬节后至丞相第诣世子车中作
盈　十四清　平　十二庚　声　十四清　生　十二庚　城　十四清

八咏诗
茎莺　并十三耕　惊　十二庚

梁南郊登歌
成　十四清　灵　十五青　盈声情　并十四清

游钟山诗应西阳王教
灵城　十四清　坰　十五青　菁　十四清

郊居赋

嵉星 并十五青　平 十二庚　形经 并十五青　成 十四清　坰 十五青　萦 十四清　青 十五青

弥陀佛铭

形灵冥龄

桐柏山金庭馆碑铭

庭星榠青

右一部与《广韵》异

按："庚、耕、清、青"四韵，休文合并为一。同时王融、谢朓所用亦然。《文心雕龙》用韵甚严，《风骨》篇赞以迥韵"并"字，与静韵"骋"字，梗韵"鲠、炳"二字通押，盖休文时部分如是。今韵分用，亦唐官韵所注也。

十六蒸 独用

梁三朝雅乐歌

升仍应 并十六蒸

右一部与《广韵》异

十七登 独用

右一部与《广韵》异

《四声谱考略》："沈集十六蒸独用,不通十七登。梁简文帝《赋得桥》用'陵、冰、渑①、鹰',江淹《恨赋》用'陵、兴、乘、膺、胜',陶弘景《水仙赋》用'磴、绳、陵',王筠《侠客篇》用'矜、膺、陵、兴',亦皆独用蒸韵。"

又:"沈集无用十七登者,梁简文帝《咏烟》用'藤、登、层、灯',梁元帝《幽逼诗》用'恒、鹏',刘孝绰《酬陆长史倕》用'僧、登、弘、能、曾',何逊《渡连圻》用'恒、腾、嶒、崩、藤、登、朋',皆独用登韵,不通十六蒸。惟'嶒'字,《广韵》收入蒸韵,疾陵切。"

按:"蒸、登"二韵,以沈集所用四声通较,实无一字相通。所引梁人诸作,虽未足以确定沈韵,然参互相证,亦足信二韵齐梁时各为部矣。《广韵》蒸韵有"缯"字一纽,登韵有"增"字一纽,所领皆从"曾"之字;旧韵"嶒"字,亦未必定在蒸韵也。《文心雕龙·定势》篇用蒸韵"承、绳、凝、陵"四字,《章句》篇用登韵"恒、朋、腾、能"四字,亦不相入。

十八尤　十九侯　二十幽 _{三韵同用}

天渊水鸟应诏赋

楼　十九侯　浮留　并十八尤

梁明堂登歌

收骝　并十八尤

鼓吹曲二②首同诸公赋

愁悠　并十八尤　头　十九侯　忧　十八尤

---

① "渑",原作"绳",据许溥《汉魏六朝百三家集》载梁简文帝本集改。
② "二",原作"曲",今改。

东武吟行
浮舟流休　并十八尤

湘夫人
流修洲　并十八尤

襄阳白铜鞮歌
头　十九侯　流　十八尤

江南弄
游秋　并十八尤

休沐寄怀
丘游秋抽周畴　并十八尤　楼　十九侯　帱浮留　并十八尤

怀旧诗
求舟流丘　并十八尤

和刘中书仙诗二首
洲丘流　并十八尤

秋晨羁怨望海思妇 "妇"字应"归"字之误
流浮丘　并十八尤

右一部与《广韵》同

按：幽韵，休文未用。《文心雕龙·封禅①》篇用幽韵"幽、彪、虬"三字，与尤韵"休"字同押，与《广韵》同。

二十一侵

齐明帝哀策文
深阴临心

五引曲
音琴愔

梁甫吟
阴侵沈参林深临禁心音

侍宴乐游苑饯吕僧珍应诏
临心沈阴金林禽襟浔簪

登元畅楼
岑阴深临心浔阴　复一韵　簪

和王将军解诗
音心林襟

八咏诗
任心寻

---

① "封禅"，原作"总述"，据《文心雕龙》改。

沈浔心任音寻

右一部与《广韵》同

二十二覃　二十三谈 _{二韵同用}

江南曲

潭南谙簪　并二十二覃　嵌

右一部与《广韵》同

毛奇龄《古今通韵》："沈约《江南曲》用覃韵有'嵌'字,今宋韵俱无此字,惟增韵有之,而两部《广韵》仍俱未有。俗传此是沈韵,岂休文自制韵而反忘之也?"

按:此为世指一百六部为沈韵者言,其说是也。然不得执此一字,谓二百六部其源不出于休文。盖由隋至宋,韵书屡更,大体虽存,而小节不免出入。如必字字较之,则李涪《刊误》载《切韵》"虞、模"韵内有"浮"字,今《广韵》实无;又《广韵》三锺"恭"字注曰:"陆以'恭、蜙、纵'等入冬韵,非也。"且明言移其部分,然不得谓《广韵》不本《切韵》也。齐梁间四声初起,古音间有存者,故所定或两音并存,或分配未确,后人随时修改,渐失本来。然其相承之原委则不可诬。且"嵌"字仄声,收入敢韵,实"谈"去声,则平声在谈韵,于理为近,安知非传写偶脱耶?

又按:"覃、谈"以下八韵,唐人诗亦每互用。然《文心雕龙·明诗》篇用"含、南、参、耽"四韵,《祝盟》篇用"谈、甘、蓝、惭"四韵,皆不旁入。考诸仄韵亦各分用,则四部之分实休文旧法。唐人遵为官韵者,其寻常吟咏,则每苦其窄而通之。唐韵亦有数家,自程试以外,不甚遵陆法言、孙愐也。

二十四盐　二十五添　二韵同用

右一部与《广韵》同

二十六咸　二十七衔　二韵同用

右一部与《广韵》同

二十八严　二十九凡　二韵同用

右一部与《广韵》同

按："盐、添"一部，"咸、衔"一部，"严、凡"一部，沈韵皆无字可考，然四声相应者也。休文《八关斋》诗用"染、掩、险、渐"四韵。《文心雕龙·夸饰》篇用"检、渐、琰、玷"四韵，是"盐、添"之上声也；《情采》篇用"验、赡、艳、厌"四韵，是"盐、添"之去声也；《附会》篇用"叶、接①、叠、协"四韵，是"盐、添"之入声也。皆不入他韵，知"盐、添"自为一部。休文《释迦文佛像铭》用"业、法、胁、劫"四韵，《文心雕龙·通变》篇用"业、怯、乏、法"四韵，是"严、凡"之入声也，皆不入他韵，知"严、凡"自为一部。惟"咸、衔"无考，然"覃、谈""盐、添""严、凡"既各自为部，则"咸、衔"之自为一部，亦可知矣。

① "接"，原作"按"，据《文心雕龙》改。

卷 下

上 声

一董 二肿 二韵同用

按："董"为"东"上声，"肿"为"锺"上声，"冬"无上声，惟二肿"湩"字，《广韵》别注为"冬上声"。

怀旧诗

奉拥宠 并二肿

右一部与《广韵》异

按：平声有二冬三锺，去声有二宋三用，入声有二沃三烛，上声惟二肿一韵。或疑平侧不相应，非也。开发收闭，音之自然；随举一字，皆有四声。然字有尽而声无穷，故往往有声无字：有一纽全阙者，有一纽阙一二三字者。"梵书"多以相近之字加口旁以代之，或两合、三合以切之，等韵则于各母之下，就其音之清浊以虚圈、实圈，或半虚、半实圈记之；"韵书"以字从声，以声统字，不能以虚声立部，有音无字则竟阙之。二冬有平、去、入而无上，十二霁、十四泰、二十废有去而无平、上、入，十九臻有平、入而无上、去，五支、六脂、七之、八微、九鱼、十虞、十一模、十二齐、十三佳、十四皆、十五灰、十六咍、二十四痕、三萧、四宵、五肴、六豪、七歌、八戈、九麻、十八尤、十九侯、二十幽有平、上、去而无入,皆此故也。诸家不究此理,妄并部分,或妄配入声,皆谬也。

三讲 独用

按:"讲"为"江"上声。

右一部与《广韵》同

四纸　五旨　六止 三韵同用

按:"纸"为"支"上声,"旨"为"脂"上声,"止"为"之"上声。

郊居赋
始氾纪仕　并六止

蕊紫　并四纸

丽人赋
里史　并六止

齐故安陆昭王碑铭
氏徙紫洓　并四纸

梁明堂登歌
止始　并六止

细言应令
里市　并六止

梁三朝雅乐歌

俟齿士子理　并六止

始士拟　并六止

梁鼓吹曲

咒水雉指矢轨　并五旨

长安有狭斜行

士子拟　并六止

洛阳道

比　五旨　靡绮倚　并四纸

江南弄

梓徵起　并六止

三日侍凤光殿曲水宴应制

止梓　并六止

八咏诗

褫诡毁徙靡弭佹髓　并四纸

太尉王俭碑

沚起　并六止

按："沚"字原本作"畤"，盖以形近而误。陆德明《尔雅音义》曰："沚，音'止'，本或作'渚'，音同。又音'市'。"然则此云"兰沚"即"兰沚"耳。《广韵》亦云："沚",一作"渚"。

右一部与《广韵》同

七尾 独用

按:"尾"为"微"上声。沈韵无考。《文心雕龙·章表》篇用"展、伟、尾、斐"四韵,与《广韵》合。

右一部与《广韵》同

八语 九麌 十姥 三韵同用

按:"语"为"鱼"上声,"麌"为"虞"上声,"姥"为"模"上声。

郊居赋

所渚语楚　并八语

距醑渚楚糈伫　并八语

憨途赋

屿楚绪拒阻　并八语

天渊水鸟应诏赋

屿渚御　并八语

尚书右仆射范云墓铭
举序　并八语

梁雅乐歌
黍旅举俎与　并八语

梁明堂登歌
俎与　并八语

梁三朝雅乐歌
举所莒与序语醑　并八语

序俎举与语　并八语

四时白纻歌
女许予纻　并八语

为临川王九日侍太子宴
举楚侣伫　并八语

少年新婚为之咏
墅语楚暑苴举　并八语

八咏诗
举楚侣屿渚　并八语

郊居赋

武主宇缕膴竖　并九麌

齐明帝哀策文

主武　并九麌

梁明堂登歌

宇主　并九麌

释迦文佛像铭

瞽苦吐睹　并十姥

正阳殿宴劳凯旋

祜杜户贾溥　并十姥

按："溥"字，诸刊本俱作"傅"字，误也。"傅"字非韵，且"周流玉觞傅"，文义亦不可通。

郊居赋

浦堵户睹　并十姥　下

按：王融《净行诗》用"假、下、野、舍、者、雅"，休文此赋亦用"野、下、假、舍"，则"下"字齐梁已入马韵。此仍读作"户"音，盖为古音存于当时两韵并载者，如今韵先部有"平"字然。又"野"字亦三十五马字，《广韵》尚载八语中，盖孙愐等删除不尽者，知"下"字《切韵》必载矣。

长孙讷言《切韵笺注序》："此制酌古沿今，无以加也。"

按：以此知《切韵》亦时载古音，故孙愐序讥其瑕类。

《南史·陆厥传》："约论四声，妙有诠辨，然所为赋亦多乖声韵。"

按：此即指"下"字入姥韵之类。

梁明堂登歌
下古　十姥

《四声谱考略》："《赤帝歌》'无绝终古'，今本误作'无绝终始'。毛氏《易韵》据此以为'始'可叶'下'，证'乾始能以美利利天下'，'始、下'相叶，谬矣。"

按：《隋书·乐志》载此章，亦作"终始"。然"下、始"自古以来无相叶之音，必有一误。考《书·益稷》，曰："下管鼗鼓，合(止)柷敔，笙镛以间。"传曰："堂下乐也。"则笙镛在下，不得云误。误当在"始"字，且"无绝终古"，语本《楚词》，故从万氏改正。

右一部与《广韵》同

十一荠　独用

按："荠"为"齐"上声。

梁三朝雅乐歌
陛礼弟济悌
陛礼济涕启

三日侍凤光殿曲水宴应制
启礼陛醴

齐故安陆昭王碑铭

礼涕弟陛

右一部与《广韵》同

十二蟹　十三骇　<small>二韵同用</small>

按:"蟹"为"佳"上声,"骇"为"皆"上声。

右一部与《广韵》同

十四贿　十五海　<small>二韵同用</small>

按:"贿"为"灰"上声,"海"为"哈"上声。

连珠

海宰　<small>并十五海</small>

司徒谢朏墓铭

待宰改海　<small>并十五海</small>

为南郡王侍皇太子释奠宴

殆改海采　<small>并十五海</small>

右一部与《广韵》同

十六轸　十七准 _{二韵同用}

按："轸"①为"真"上声，"准"为"谆"上声；"臻"无上声，有音无字也。

释迦文佛像铭
轸朕泯尽　并十六轸

右一部与《广韵》同

十八吻　十九隐 _{二韵同用}

按："吻"为"文"上声，"隐"为"殷"上声。沈韵无考。《文心雕龙·声律》篇用"近、吻、槿、隐"四韵，"近、槿、隐"为"殷"上声，"吻"字为"文"上声，知沈韵"殷"竟通"文"。

右一部与《广韵》异

二十阮　二十一混　二十二很 _{三韵同用}

按："阮"为"元"上声，"混"为"魂"上声，"很"为"痕"上声。

右一部与《广韵》同

毛奇龄《古今通韵》："唐李涪驳《切韵》有云：'怨恨'之'恨'则在上声，

---

① "轸"，原作"准"，今改。

'很戾'之'很'则在去声。今《广韵》'恨'在愿部无上声,而'很'则于上声阮部中立一子部,亦无正部,犹曰《广韵》即《唐韵》,信乎?"

按:《刊误》本作"'怨恨'之'恨'则在去声,'很戾'之'很'则在上声",与《广韵》正合。西河颠倒其文,以就己说,然本书具在,曷可诬也?又谓"恨、很"无正部,尤迂谬,涪亦辨字音耳,所言'辨'字、'弁'字、'舅'字、'旧'字岂皆正部乎?况《广韵》去声二十七恨实自为一部,不在愿部也,亦拙于舞文矣。

二十三旱　二十四缓　二韵同用

按:"旱"为"寒"上声,"缓"为"桓"上声。

侍宴乐游苑饯徐州刺史应诏

管满　并二十四缓

右一部与《广韵》同

二十五潸　二十六产　二韵同用

按:"潸"为"删"上声,"产"为"山"上声。

右一部与《广韵》同

二十七铣　二十八狝　二韵同用

按:"铣"为"先"上声,"狝"为"仙"上声。

齐明帝哀策文

显典　并二十七铣　践　二十八狝　宴　二十七铣

右一部与《广韵》同

二十九筱　三十小 _{二韵同用}

按："筱"为"萧"上声，"小"为"宵"上声。

反舌鸟赋

小　三十小　鸟　二十九筱　表　三十小

右一部与《广韵》同

三十一巧 _{独用}

右一部与《广韵》同

按："巧"为"肴"上声。沈韵无考。《文心雕龙·杂文》篇用"饱、巧、昂、搅"四韵，与《唐韵》合。

三十二皓 _{独用}

按："皓"为"豪"上声。

梁明堂登歌

皓宝

梁鼓吹曲

道保镐

梁鞞舞歌

道昊保

造宝草

右一部与《广韵》同

按：李涪《刊误》讥陆法言上声为去，去声为上，字同一音，分为两韵："皓白"之"皓"则在上声，"号令"之"号"则在去声。今考休文《明堂登歌》以"皓"协"宝"，《郊居赋》以"号"协"蹈、报"，所讥陆韵正是沈音，是尤窃据约书之明证也。

三十三哿　三十四果　<small>二韵同用</small>

按："哿"为"歌"上声，"果"为"戈"上声。

法王寺碑铭

我　三十三哿　坐火果　并三十四果

右一部与《广韵》同

三十五马 独用

按："马"为"麻"上声。

郊居赋

野下假舍

按：此赋以"下"入马韵，而篇中又以"下"入姥韵，此重音互见之明证。

右一部与《广韵》同

三十六养　三十七荡 二韵同用

按："养"为"阳"上声，"荡"为"唐"上声。

郊居赋

往想壤网爽　并三十六养　　广荡　并三十七荡　　掌　三十六养

上饷　并三十六养　　颡　三十七荡　　往　三十六养

弥陀佛铭

往响想仰　并三十六养

齐太尉文献王公墓铭

网爽长响[①]　并三十六养

---

① "网爽长响"四字原作"赏壤"，据沈约本集改。

丞相长沙宣武王墓铭

赏壤　并三十六养

梁雅乐歌

荡　三十七荡　想象仰敞享象　复一韵,并三十六养

齐讴行

昶壤敞网　并三十六养

怀旧诗

响上往壤　并三十六养

千佛颂

像往　并三十六养　曩　三十七荡　响　三十六养

右一部与《广韵》同

三十八梗　三十九耿　四十静　四十一迥　四韵同用

按："梗"为"庚"上声,"耿"为"耕"上声,"静"为"清"上声,"迥"为"青"上声。

郊居赋

岭　四十静　秉景永　三十八梗　骋请　并四十静

朝丹徒故宫颂

骋　四十静　警　三十八梗　岭　四十静

右一部与《广韵》异

按：迥韵，沈韵无考。《文心雕龙·风骨》篇用"并"字与"骋、鲠、炳"同押，如平声之"青"通"庚、清"也。《雕龙》五十篇只此一韵不合《广韵》，而适与沈韵之不合《广韵》同。

四十二拯

按："拯"为"蒸"上声。

右一部与《广韵》异

四十三等

按："等"为"登"上声。

右一部与《广韵》异

四十四有　四十五厚　四十六黝　三韵同用

按："有"为"尤"上声，"厚"为"侯"上声，"黝"为"幽"上声。

郊居赋

韭首　并四十四有　后　四十五厚　牖　四十四有

齐明帝哀策文

久寿朽咎　并四十四有

梁宗庙登歌

首有寿咎久　并四十四有

梁三朝雅乐歌

有守受首九　并四十四有　后　四十五厚　寿　四十四有

梁鼓吹曲

首有丑阜　并四十四有　亩　四十五厚　糗酒寿久朽　并四十四有

青青河畔草

久酒　并四十四有

为南郡王侍皇太子释奠宴

受帚首有　并四十四有

初春

手有柳酒　并四十四有

右一部与《广韵》同

颜师古《匡谬正俗》："或问曰：年寿之'寿'，北人读作'受'音，南人则作'授'音。何者为是？答曰：两音并通。按《诗》曰：'南山有栲，北山有杻。乐只君子，遐不眉寿。'此即音'受'。嵇康诗曰：'颐神养寿，散发岩岫。'此即音

'授'也。"

按：休文"寿"字并押上声，乃是北音。盖其时亦酌五方之音以成书，未可全以吴音诟之也。

四十七寝　独用

按："寝"为"沁"上声。

郊居赋

甚禀稔埁枕

右一部与《广韵》同

四十八感　四十九敢　二韵同用

按："感"为"覃"上声，"敢"为"谈"上声。沈韵无考。《文心雕龙·比兴》篇用"览、胆、敢、澹"四韵，皆敢部字，与《广韵》同。

五十琰　五十一忝　二韵同用

按："琰"为"盐"上声，"忝"为"添"上声。

八关斋

染掩险渐　并五十琰

右一部与《广韵》异

按：《文心雕龙·夸饰》篇用"检、渐、琰、玷"四韵，"检、渐、琰"，五十琰中字;"玷",五十一忝中字,皆不入俨韵。

五十二豏(《广韵》原作五十三)　五十三槛(《广韵》原作五十四)

按:"豏"为"咸"上声,"槛"为"衔"上声。

右一部与《广韵》异

五十四俨(《广韵》原作五十二)　五十五范

按:"俨"为"严"上声,"范"为"凡"①上声。

右一部与《广韵》异

许观《东斋纪事》:"本朝真宗时,陈彭年与晁迥、戚纶条贡举事,取《字林》《韵集》《韵略》《字统》及《三苍》《尔雅》为《礼部韵》,凡科场仪范,悉著为格。又景祐四年,诏国子监以翰林学士丁度修《礼部韵略》颁行。初,崇政殿说书贾昌朝言旧《韵略》多无训解,又疑单声与重叠字不韵义理,致举人诗赋或误用之。遂诏度等以唐诸家韵本刊定其韵窄者,凡十三处,许令附近通用。"

按:十三韵改并之说,《玉海》亦载。今以《广韵》《集韵》互考:平声并"殷"于"文",并"俨"于"盐、添",并"凡"于"咸、衔"得三韵;上声并"隐"于"吻"得四韵;去声并"废"于"队、代",并"焮"于"问"得六韵;入声并"迄"于"物",并"业"于"叶、帖",并"乏"于"洽、狎"得九韵。不足十三处之数。而《广韵》平声以"盐、添"一部,"咸、衔"一部,"严、凡"一部;入声以"叶、帖"一部,"洽、狎"一部,"业、乏"一部。平仄相应。惟上声则并"俨"于"琰、忝",并"范"于"豏、槛";去

---

① "凡",原作"岚",今改。

声并"酽"于"艳、桥",并"梵"于"陷、鉴",与《集韵》相同。而于本书之部分分合自相违异。知《广韵》本作五十四俨、五十五范、五十九酽、六十梵,《集韵》并此四部入"盐、忝"等韵,合前九韵正得十三。后来重刻《广韵》者,误执《集韵》改《广韵》,故《广韵》有一本注"二十文通二十一欣"者,亦据《集韵》改也。幸而十三处之说可以数推,而其人又不知四声部分之相应,改削不尽,自相龃龉,犹有痕迹可考耳。

去 声

一送　二宋　三用 _{三韵同用}

按:"送"为"东"去声,"宋"为"冬"去声,"用"为"锺"去声。

丞相长沙宣武王墓铭

纵用　并三用

右一部与《广韵》异

按:"东、冬、锺"三韵既通,则上声之"董、肿",去声之"送、宋、用",皆当相通。然考休文所用,则各部仍分,入声之"屋、沃、烛"亦然,知"东、冬、锺"三韵虽通,亦必各自为部,而二百六韵之目,确为沈氏所定也。

四绛 _{独用}

按:"绛"为"江"去声。

五寘　六至　七志 _{三韵同用}

按:"寘"为"支"去声,"至"为"脂"去声,"志"为"之"去声。

郊居赋
炽记饵蔽值　并七志
地嗜肆庇　并六至
伪易累避　并五寘
遂器肆祟地至泪　并六至

丽人赋
至媚翠腻　并六至

高松赋
地翠　并六至

弥勒赞
二地瘠器位坠至贰媚秘邃备懿　并六至

桐柏山金庭馆碑铭
位器秘篑　并六至

齐故安陆昭王碑铭
遂篑瘠瘁　并六至

太常卿任昉墓铭
备肆致　并六至

梁雅乐歌
炽置忌事志　并七志　　泪　六至　　嗣　七志

梁明堂登歌

至备　并六至

梁宗庙登歌

备位致遂地　并六至

豫章行

驶思异嗣亟志炽事饵　并七志　寄　五寘

高士赞

志事饵裁织异缁记　并七志

按：《论语》"涅而不缁"，陆德明音侧其反；《汉书·叙传》"涅而不缁"，颜师古音侧仕反；陆机《为顾①彦先赠妇》诗，亦与"里"协，无作去声者。惟《集韵》七志收此字，音侧吏切，注"黑色"。盖必旧韵有之，抑或据此增入也。

右一部与《广韵》异

八未　独用

按："未"为"微"去声。

梁三朝雅乐

味贵沸卉蔚

---

① "顾"，原作"颜"，据张溥《汉魏六朝百三家集》载陆机本集改。

八咏诗

尉贵渭卉慰

右一部与《广韵》同

按：此韵颇狭。然休文所用诸韵及《文心雕龙·正纬》篇用"纬、贵、沸、蔚"四韵，绝不入"支、脂、之"，古来部分可知矣。毛晃《增韵》欲合"支、徵"而一之，亦未之考也。

九御　十遇　十一暮　三韵同用

按："御"为"鱼"去声，"遇"为"虞"去声，"暮"为"模"去声。

伤美人赋

遽处　并九御

梁三朝雅乐歌

庶饫御豫恕　并九御

梁宗庙①登歌

具注务树煦　并十遇

庭雨应诏

赋雾注趣　并十遇

---

① "庙"，原作"朝"，据沈约本集改。

听蝉鸣应诏

树遇住　并十遇

八咏诗

露度素步暮　并十一暮

树雾　并十遇

露素　并十一暮

暮顾　并十一暮

郊居赋

步顾路诉　并十一暮

悯国赋

顾度呼布　并十一暮

桐赋

露暮　并十一暮

高松赋

濩路暮素　并十一暮

反舌鸟赋

暮素　并十一暮　树　十遇

齐明帝哀策文

路故诉　并十一暮

度暮路慕　并十一暮

梁鼓吹曲

祚暮度　并十一暮

梁鞞舞歌

护顾布　并十一暮

宿东园

路步互故露顾兔素暮度　并十一暮

怀旧诗

度忤素露　并十一暮

齐故安陆昭王碑铭

步布顾祚　并十一暮

愍途赋

路暮　并十一暮

右一部与《广韵》异

十二霁　十三祭　二韵同用

按："霁"为"齐"去声。"祭"之平声,有音无字,而音可通"齐",故得与"霁"同用。

梁宗庙登歌

帝　十二霁　祭卫际裔　并十三祭

梁鼓吹曲

汭蔽锐　并十三祭

右一部与《广韵》同

十四泰 _{独用}

按："泰"为三声无字之孤韵。

三日侍林光殿曲水宴应制

皾盖斾荟濑泰会

饯谢文学离夜

带盖濑会外

八咏诗

盖带

右一部与《广韵》同

按：泰韵自定四声即独用，王融、谢朓等用韵不甚拘者亦然。盖此韵与废韵皆平上入三声有声无字故也，祭韵亦三声无字，然其无字之平声近"齐"，故可附"霁"。"泰""废"无字之平声,不近"佳、皆、灰、咍",故自为一部。编韵者必升其部于"卦、怪"之上,恐人误读为"咍"去声也。宋丁度等重修《集韵》,并"废"于"队、代",而不敢并"泰"于"卦、怪、夬",以废韵字少,用之者稀;泰韵则诸家诗赋率皆独用,界画显然也。

十五卦　十六怪　十七夬 三韵同用

按:"卦"为"佳"去声,"怪"为"皆"去声,"夬"则三声无字,如"祭"之于"齐"。然沈韵无考。《文心雕龙·诠赋》篇用卦韵"派、画、隘、稗①"四字,《谐隐》篇用怪韵"憝、蒯、诫、坏"四字,《檄移》篇用夬韵"话、败、虿、迈"四字,皆与《广韵》同。

十八队　十九代 二韵同用

按:"队"为"灰"去声,"代"为"咍"去声。

梁北郊登歌

载　十九代　晦佩　并十八队　代赉　并十九代

右一部与《广韵》同

附录:陆龟蒙诗序所载"叠韵"

载　昨代切　载　都代切并十九代　每　十八队　碍埭　并十九代

按:序称:"叠音起自梁武帝,云:'后牖有朽柳。'当时侍从之臣皆唱和。刘孝绰曰:'梁王长康强。'沈休文曰:'载载每碍埭。'"与皮日休所记不同。葛常之《韵语阳秋》用陆说,《蔡宽夫诗话》谓不知何据,今亦无从考正,姑两行之。

---

① "稗",原作"裨",据《文心雕龙》改。

二十废 独用

按:"废"为三声无字之孤韵,说见前。沈韵无考。然以前后韵校之,知独用是其旧法。

二十一震 二十二稕 二韵同用

按:"震"为"真"去声,"稕"为"谆"去声,"臻"亦无去声。

郊居赋

峻润　并二十二稕

雪赞

润殉　并二十二稕　吝　二十一震　峻　二十二稕　振　二十一震

梁雅乐歌

峻　二十二稕　阵信镇晋　并二十一震

园橘

润　二十一震　吝　二十二稕

梁鼓吹曲

峻　二十二稕　阵　二十一震
堇　二十一震　峻　二十二稕　镇振溅震阵烬胤　并二十一震

右一部与《广韵》同

二十三问　二十四焮 三[①]韵同用

按："问"为"文"去声，"焮"为"殷"去声，沈韵无考。《文心雕龙·练字》篇用问韵"训、分、运、奋"四字，与《广韵》同。

右一部与《广韵》异

二十五愿　二十六慁　二十七恨 三韵同用

按："愿"为"元"去声，"慁"为"魂"去声，"恨"为"痕"去声。沈韵无考。《文心雕龙·论说》篇用愿韵"劝"字、慁韵"论、寸、遁"三字同押，与《广韵》同。

右一部与《广韵》同

二十八翰　二十九换 二韵同用

按："翰"为"寒"去声，"换"为"桓"去声。

郊居赋

漫算　并二十九换　　旦散　并二十八翰

---

① 疑"三"为"二"之讹。

反舌鸟赋

乱　二十九换　散　二十八翰　半　二十九换　旦　二十八翰

桐柏山金庭馆碑铭

璨　二十八翰　观　二十九换　汉旦　并二十八翰

齐太尉文宪王公墓铭

乱换　并二十九换　幹　二十八翰　馆　二十九换　散　二十八翰　观　二十九换

丞相长沙宣武王墓铭

难　二十八翰　断　二十九换

梁宗庙登歌

炭　二十八翰　乱　二十九换　难汉赞　并二十八翰

梁鼓吹曲

炭　二十八翰　断乱　并二十九换　难旦　并二十八翰

乐将殚恩未已应诏

乱换　并二十九换　汗　二十八翰　半　二十九换

八咏诗

散　二十八翰　畔乱　并二十九换

旦岸　并二十八翰　半漫算　并二十九换　汉翰　并二十八翰　窜玩　并二

十九换

右一部与《广韵》同

三十谏　三十一裥 二韵同用

按："谏"为"删"去声，"裥"为"山"去声。

右一部与《广韵》同

三十二霰　三十三线 二韵同用

按："霰"为"先"去声，"线"为"仙"去声。

长歌行

变彦箭　并三十三线　电荐蒨宴殿绚　并三十二霰　倦　三十三线

江南弄

见殿　并三十二霰

侍皇太子释奠宴

荐奠县　并三十二霰　眷　三十三线

颜师古《匡谬正俗》："宇县、州县，字本作'寰'，后借'县'字为之。所以谓其字者，义训系著。故许氏《说文》解'县'字从'果'音庙讳，亦或作'炫'。《西京赋》云：'后宫不移，乐不徙县。恣意作幸，下辇成宴。'既与'寰'同，故有假借。末代以'县'代'寰'，遂更造'悬'字，下辄加'心'，以为分别。按《礼记》'县奔父''县子琐',二人姓氏音皆为庙讳。又'天子宫县''诸侯轩县','乐县'之字,岂有心乎?"

按:休文两用"县"字,皆作"乐悬"解;毛秋晴援为三声字之证。夫三声之说是也。然休文以四声为一家之学,必不自乱其例。观《匡谬正俗》所辨,及所引《西京赋》,知"乐县"亦得读去声。休文旧谱,此字盖平、去两收也。

为临川王九日侍太子宴

彦　三十三线　　宴殿　并三十二霰　　眷　三十三线

从齐武帝琅琊城讲武应诏

县　三十二霰　　战选　并三十三线　　甸　三十二霰　　箭转衍　并三十三线　　练绚　并三十二霰　　变眷　并三十三线　　汧宴　并三十二霰

奉和竟陵王郡县名

彦　三十三线　　殿汧昡蒨霰　并三十二霰　　箭倦　并三十三线　　宴　三十二霰　　掾　三十三线

八咏诗

练殿　并三十二霰

送别友人

霰宴　并三十二霰　　扇　三十三线　　燕见　并三十二霰

侍宴咏反舌

荐殿　并三十二霰

和刘中书仙诗

电霰见 并三十二霰

郊居赋

眄宴 并三十二霰 啭 三十三线 荐 三十二霰 线扇 并三十三线 见 三十二霰

右一部与《广韵》同

三十四啸　三十五笑 _{二韵同用}

按："啸"为"萧"去声，"笑"为"宵"去声。

连珠

峭笑 并三十五笑

游金华山

要 三十五笑 窍钓 并三十四啸 召笑 并三十五笑

八咏诗

照 三十五笑 眺(或作"徕") 调 并三十四啸

右一部与《广韵》同

三十六效 _{独用}

按："效"为"肴"去声。沈韵无考。《文心雕龙·原道》篇用"教、孝、貌、效"四韵,与《广韵》同。

右一部与《广韵》同

三十七号

按:"号"为"豪"去声。

郊居赋
蹈号报

右一部与《广韵》同

三十八箇　三十九过 _{二韵同用}

按:"箇"为"歌"去声,"过"为"戈"去声。

右一部与《广韵》同

四十祃 _{独用}

按:"祃"为"麻"去声。

齐故安陆昭王碑铭
驾夜化谢

梁北郊登歌

化驾

侍皇太子释奠宴

榭驾舍

右一部与《广韵》同

四十一漾　四十二宕 <small>二韵同用</small>

按："漾"为"阳"去声，"宕"为"唐"去声。

天渊水鸟应诏赋

旷　四十二宕　　状漾　并四十一漾　　浪　四十二宕

梁三朝雅乐歌

尚漾昶

游钟山诗应西阳王教

状望嶂壮　并四十一漾①

右一部与《广韵》同

---

① "漾"，原作"样"，今改。

四十三映　四十四诤　四十五劲　四十六径 四韵同用

按:"映"为"庚"去声,"诤"为"耕"去声,"劲"为"清"去声,"径"为"青"去声。

齐故安陆昭王碑铭

盛　四十五劲　敬　四十三映　性　四十五劲　咏　四十三映

豫章文献王碑铭

庆　四十三映　盛　四十五劲　敬咏　并四十三映

齐明帝哀策文

圣　四十五劲　命　四十三映

梁三朝雅乐歌

圣盛　并四十五劲　咏命庆　并四十三映

梁大观舞歌

圣　四十五劲　命敬　并四十三映　正性　并四十五劲　柄　四十三映　政　四十五劲　映　四十三映　复　四十五劲　竟咏　并四十三映　盛　四十五劲

梁鼓吹曲

盛　四十五劲　咏庆　并四十三映
盛　四十五劲　命　四十三映

右一部与《广韵》异

附录：华光殿赋韵

竞病　并四十三映

按：《南史·曹景宗传》：帝于华光殿宴饮联句，令左仆射沈约赋韵。景宗乞求赋诗，诗韵已尽，惟余"竞、病"二字，然则此二字即沈所赋也。

按：径韵，沈韵无考。《文心雕龙·知音》篇用"定、订、听、径"四韵，与《广韵》同。

四十七证　独用

按："证"为"蒸"去声。

右一部与《广韵》异

四十八嶝

按："嶝"为"登"去声。

右一部与《广韵》异

按：二韵沈韵无考。《文心雕龙·神思》篇用证韵"孕、应、兴、胜"四字，《事类》篇用嶝韵"亘、邓、赠、懵"四字，各不相入。

四十九宥　五十候　五十一幼　三韵同用

按："宥"为"尤"去声，"候"为"侯"去声，"幼"为"幽"去声。

右一部与《广韵》异

五十二沁 独用

按:"沁"为"侵"去声,沈韵无考。《文心雕龙·奏①启》篇用"禁、酖、浸、任"四韵,与《广韵》同。

右一部与《广韵》同

五十三勘　五十四阚 二韵同用

按:"勘"为"覃"去声,"阚"为"谈"去声。沈韵无考。《文心雕龙·镕裁》篇用阚韵"瞰、滥、淡、担"四字,与《广韵》同。

右一部与《广韵》同

五十五艳　五十六㮇 二韵同用

按:"艳"为"盐"去声,"㮇"为"忝"去声。沈韵无考。《文心雕龙·情采》篇用艳韵"验、赡、艳、厌"四字,与《广韵》同。

右一部与《广韵》异

---

① "奏",原作"泰",据《文心雕龙》改。

五十七陷（《广韵》原作五十八）　五十八鉴（《广韵》原作五十九）　二韵同用

按："陷"为"咸"去声，"鉴"为"衔"去声。

右一部与《广韵》异

五十九酽（《广韵》原作五十七）　六十梵　二韵同用

按："酽"为"严"去声，"梵"为"凡"[①]去声，说见上声"俨、范"二韵。

右一部与《广韵》异

入　声

一屋　二沃　三烛　三韵同用

按："屋"为"东"去声，"沃"为"冬"入声，"烛"为"锺"入声。

郊居赋

竹菊　并一屋

桐赋

陆屋縠木　并一屋

---

① "凡"，原作"风"，今改。

齐故安陆昭王碑铭

轴毂哭菊　　并一屋

齐明帝哀策文

穆肃屋服　　并一屋

梁雅乐歌

肃穆福祝　　并一屋

梁三朝雅乐歌

族木掬榖福　　并一屋

循役朱方道路

穆服陆複木伏牧竹復　　并一屋

郊居赋

顼烛俗玉　　并三烛

司徒谢朏墓铭

属曲　　并三烛

游钟山诗应西阳王教

足曲欲足　　并三烛,复一韵

咏筝

曲续玉　　并三烛

大言应令

局足　　并三烛

八咏诗

烛续曲绿　　并三烛

伤美人赋

玉曲躅烛褥　　并三烛

伤春

绿曲续玉　　并三烛

右一部与《广韵》同

四觉　独用

按："觉"为"江"入声。

比丘尼僧敬法师碑铭

觉学邈

右一部与《广韵》同

五质　六术　七栉　三韵同用

按："质"为"真"入声，"术"为"谆"入声，"栉"为"臻"入声。自"支"至

"哈",九韵无入声。

郊居赋
崒　六术　日　五质

溢失苹　并五质　瑟　七栉　日　五质　述　六术　笔一　并五质

绣像题赞
壹质　并五质　律术　并六术　溢实秩室日　并五质

桐柏山金庭馆碑铭
密毕日　并五质　卒　六术

梁雅乐歌
一毕谧　并五质

梁北郊登歌
出　六术　秩　五质　卒　六术　谧日　并五质

还园宅奉酬华阳先生
毕一溢室　并五质　栉　七栉　日秩　并五质　恤　六术

奉华阳王外兵
质日出　并五质

和左丞庾杲之病
疾　五质　术　六术　溢膝笔　并五质　出　六术

咏竹槟榔盘

一密实毕　并五质

怀旧诗

质实　并五质　恤　六术　日　五质

咏山榴

质实　并五质　出　六术

临碣石

日　五质　崒　六术　毕　五质

右一部与《广韵》同

八物　九迄　<small>二韵同用</small>

按："物"为"文"入声，"迄"为"殷"入声。

右一部与《广韵》异

十月　十一没　<small>二韵同用</small>

按："月"为"元"入声，"没"为"魂"入声，"痕"无入声。

齐故安陆昭王碑铭

發闕越月　并十月

却出东西门行

闕　十月　没　十一没　發謁月歇髮越　并十月　渤窟　并十一没

江南弄

月歇　并十月

和竟陵王游仙诗

闕月　并十月　没　十一没　歇髮　并十月

和王中书德充咏白雪

没　十一没　月闕　并十月

郊居赋

窟　十一没　越闕　并十月　没　十一没

按:"没"字,张溥《百三家集》作"及"字,误;从《梁书》休文本传改正。

右一部与《广韵》同

十二曷　十三末　二韵同用

按:"曷"为"寒"入声,"末"为"桓"入声。

郊居赋

阔[①]沫 并十三末　达 十二曷　豁末栝 并十三末　渴 十二曷

右一部与《广韵》同

十四黠　十五辖 二韵同用

按："黠"为"删"入声，"辖"为"山"入声。沈韵无考。《文心雕龙·书记》篇用"札、讷、拔、察"四韵。"札、拔、察"，《广韵》在黠韵；"讷"字黠韵不收，然《集韵》有之。《集韵》称照唐诸家韵刊定，则旧韵本有"讷"字，《广韵》偶遗也。

右一部与《广韵》同

十六屑　十七薛 二韵同用

按："屑"为"先"入声，"薛"为"仙"入声。

梁明堂登歌

节闭 并十六屑

五引曲

折悦绝 并十七薛

---

① "阔"，原作"润"，据沈约本集改。

长歌行

雪 十七薛　结节 并十六屑　缺灭 并十七薛　齾 十六屑　绝别裂设 并十七薛

奉和竟陵王药名

岊结 并十六屑　雪灭 并十七薛　切 十六屑　埒 十七薛　血屑 并十六屑　绝暂 并十七薛

八咏诗

结 十六屑　绝雪 并十七薛

太常卿任昉墓铭

阅灭绝　并十七薛

按："阅"字，原本作"阙"，既不合韵；而"川溪望归，岩阿待阙"，文义亦不可解。知是"阅"字之误。

梁南郊登歌

烈设 并十七薛　洁阕 并十六屑　烈 十七薛

朝丹徒故宫颂

杰烈 并十七薛　节 十六屑

右一部与《广韵》同

十八药　十九铎　二韵同用

按："药"为"阳"入声，"铎"为"唐"入声。"萧"至"麻"八韵皆无入声。

尚书右仆射范云墓铭

薄作　并十九铎

登高望春

落漠　并十九铎

八咏诗

灼　十八药　薄萼落　并十九铎

薄　十九铎　灼　十八药　阁鹤　并十九铎

薄　十九铎　爵　十八药　乐鹤　并十九铎

右一部与《广韵》同

二十陌　二十一麦　二十二昔　二十三锡　四韵同用

按："陌"为"庚"入声，"麦"为"耕"入声，"昔"为"清"入声，"锡"为"青"入声。

郊居赋

鳢　二十一麦　额白宅　并二十陌

弥陀佛铭

适尺迹石　并二十二昔

永明乐
客陌　并二十陌

咏菰
泽客　并二十陌

酬孔通直迩怀蓬居
辟籍役　并二十二昔

八咏诗
碧石帘　并二十二昔　摘　二十一麦　襞射　并二十二昔　隙　二十陌　席役惜　并二十二昔

积　二十二昔　隙　二十陌　石役夕脊　并二十二昔

右一部与《广韵》异

二十四职 _{独用}

按："职"为"蒸"入声。

郊居赋
棘即息翼力植直

千佛颂
极力陟识　并二十四职

弥陀佛铭

饰息恻力　　并二十四职

梁明堂登歌

职极　　并二十四职

相逢狭路间

忆侧食直翼色织即翼　　并二十四职

青青河畔草

忆息　　并二十四职

鼓吹曲二首同诸公赋

侧色识息　　并二十四职

夜夜曲

直忆织息　　并二十四职

江南弄

色极息　　并二十四职

赤松涧

测息陟翼食侧　　并二十四职

梦见美人

息忆色食侧臆　　并二十四职

咏雪应令

色息极翼即　并二十四职

寒松

色直　并二十四职

咏鹿葱

织食　并二十四职

和刘中书仙诗

色职　并二十四职

六忆诗

色食力　并二十四职

八咏诗

色识　并二十四职

极色测翼息臆识　并二十四职

四时白纻歌

息翼色极　并二十四职

右一部与《广韵》异

二十五德 _{独用}

按:"德"为"登"入声。

梁三朝雅乐歌

国德则忒塞 _{并二十五德}

梁北郊登歌

德则 _{并二十五德}

右一部与《广韵》异

按:《文心雕龙·程器》篇用德韵"德、北、则、国"四字,亦不入职韵。

二十六缉 _{独用}

按:"缉"为"侵"入声,"尤、侯、幽"皆无入声。

咏孤桐

立集

为邻人有怀不至

入泣

右一部与《广韵》同

二十七合　二十八盍 二韵同用

按："合"为"覃"入声，"盍"为"谈"入声。

石塘濑听猿

合沓答　并二十七合

右一部与《广韵》同

二十九叶　三十帖 二韵同用

按："叶"为"盐"入声，"帖"为"添"入声。沈韵无考。《文心雕龙·附会》篇用叶韵"叶、接"三①字，帖韵"叠、协"二字，与《广韵》同。

右一部与《广韵》同

三十一洽　三十二狎 二韵同用

按："洽"为"咸"入声，"狎"为"衔"入声。

右一部与《广韵》同

三十三业　三十四乏 二韵同用

按："业"为"严"入声，"乏"为"凡"入声。

---

① 疑"三"为"二"之讹。

释迦文佛像铭

业　三十三业　　法　三十四乏　　胁劫　并三十三业

右一部与《广韵》同

按：《文心雕龙·通变》篇用业韵"业、怯"二字、之①韵"乏、法②"二字，与《广韵》同。"怯"或作"跲"，"跲"亦业韵字。

周必大《跋萧御史殿试卷》："或疑赋原韵不当押'业、乏、法'。按《广韵》入声三十一洽与三十二狎通用，三十三业与三十四乏通用。自唐迄天禧皆然，此旧韵也。仁庙初诏丁度等撰定《集韵》，于是移'业'为第三十二，而以'狎、乏'附之，此今韵也。"

按：休文此铭实以"业、乏"通用，与益公所言合。益信《广韵》之部分即《切韵》《唐韵》之部分，而《切韵》《唐韵》之部分即沈氏部分也。

纽字图

沙门神珙《四声五音九弄反纽图序》："昔有梁朝沈约创立'纽'字之图，皆以平书，碎寻难见。"

平声章

灼良切，章略切。

先双声，后叠韵。

章灼良略是双声，灼略章良是叠韵。

正纽入声为首，双声平声为首。

---

① 疑"之"为"乏"之讹。
② "法"，原作"怯"，据《文心雕龙》改。

到纽平声为首,叠韵入声为首。

上声掌

章两切,章良切。

先双声,后叠韵。

章掌良两是双声,掌两章良是叠韵。

正纽平声为首,双声平声为首。

到纽上声为首,叠韵上声为首。

去声障

章饷切,障伤切。

先双声,后叠韵。

章障伤饷是双声,障饷章伤是叠韵。

正纽平声为首,双声平声为首。

到纽去声为首,叠韵去声为首。

入声灼

章略切,灼良切。

先双声,后叠韵。

章灼良略是双声,灼略章良是叠韵。

正纽平声为首,双声平声为首。

到纽入声为首,叠韵入声为首。

平声厅

剔灵切,厅历切。

先双声,后叠韵。

厅剔灵历是双声,剔历厅灵是叠韵。

正纽入声为首,双声平声为首。

到纽平生为首,叠韵入声为首。

上声䬅

厅井切,䬅精切。

先双声,后叠韵。

厅䬅精井是双声,䬅井厅精是叠韵。

正纽平声为首,双声平声为首。

到纽上声为首,叠韵上声为首。

去声听

剔径切,听击切。

先双声,后叠韵。

厅剔径击是双声,剔击厅径是叠韵。

正纽入声为首,双声去声为首。

到纽上声为首,叠韵入声为首。

入声剔

厅历切,剔灵切。

先双声,后叠韵。

厅剔灵历是双声,剔历厅灵是叠韵。

正纽平声为首,双声去声为首。

到纽去声为首,叠韵入声为首。

按:此图附《广韵》之末。《渔隐丛话》尝引之,则其来久矣,非后人附益也。但不载姓氏,不知传自何时。以《玉篇》三十卷末沙门神珙《反纽图序》考之,乃悟为休文旧法。序称神珙以前为反纽图者凡三家,梁有沈约,唐有阳宁公、南阳释处忠。而二家谱,词理稍繁,此图立法甚略,则非二家书也。而平上去入,叠韵双声,横行直下,无所谓五圆二方、宛转关生之巧密,正与所称皆以平书碎寻难见者合。岂非《四声谱》中之遗制,与韵俱来,历代相承,著之韵末者耶? 且唐人官韵"庚、耕、清、青"四部,离绝不通,通用者乃沈氏韵。此图以"颎、井、厅、精"为叠韵,亦非唐以后音,知陆法言窃据沈韵,并此图而窃据之。儒者承用其书,莫究所始,而神珙等专家之学,递相授受,犹能道其源流也。

《宋书·谢灵运传》:"夫五色相宣,八音谐畅。由乎①玄黄律吕,各适物宜。欲使宫羽相变,低昂舛节,若前有浮声,则后须有②切响。一简之内,音韵尽殊;两句之中,轻重悉异。妙达此旨,始可言文。至于先士茂制,讽高历赏,四字疑有讹脱。子③建《函京》之作,仲宣《灞岸》之篇,子荆《零雨》之章,正长《朔风》之句,并直举胸情,非傍诗史,正以音律调韵,取高前式。自灵均以来,多历年所,虽文体稍精,而此秘未睹。至于高言妙句,音韵天成,皆暗与理合,非由思至。张、蔡、曹、王,曾无先觉;潘、陆、颜、谢,去之弥远。世之知音者,有以得之,此言非谬。如曰不然,请俟来哲。"

按:休文声病之学尽于此论,此后来律体之椎轮也。但律体以二四回换,字有定程;此则随字均配,法较后人为疏。故《答陆厥书》有"巧历不尽"之语。律体但分平仄,此则并仄声,亦各不相通,法较后人为密。故《杼山诗式》称其"碎用四声",钟嵘亦曰:"平上去入,仆病未能。"盖苦其难于措词,故不乐用也。然浮声切响之说,究阅今千载不能易。

又按:高下低昂,音求相配;回环宛转则无定程。偶举一端,故以"若"字例之,非谓浮声必在前,切响必在后也。

《答陆厥书》:"宫商之声有五,文字之别累万。以累万之烦,配五声之约,

---

① "乎",原作"于",据《宋书》改。
② "须有",原作"有须",据《宋书》改。
③ "子",原作"于",据《宋书》改。

高下低昂，非思力所学，又非止若斯而已也。十字之文，颠倒相配；字不过十，巧历已不能尽，何况复过于此者乎？灵均以来，未经用之于怀抱，固无从得其髣髴矣。若斯之妙，而圣人不尚，何也？此盖曲折声韵之巧，无当于训义，非圣哲立言之所急也。是以子云譬之'雕虫篆刻'，云'壮夫不为'。自古词人，岂不知宫羽之殊、商徵之别？虽知五音之异，而其中参差变动，所昧实多，故鄙意所谓'此秘未睹'者也。以此而推，则知前世文士，便未晤此处。若以文章之音韵，同弦管之声曲，则美恶妍蚩，不得顿相乖反。譬犹子野操曲，安得忽有啴缓失调之声？以《洛神》比陈思他赋，有似异手之作，故天机启则律吕自调，六情滞则音律顿舛也。士衡虽云炳若缛锦，按：今本《文赋》作'缛绣'。宁有濯色江波，其中复有一片是卫文之服。此则陆生之言，即复不尽者矣。韵与不韵，复有精粗，轮扁不能言之，老夫亦不尽辨此。"

按：此书则赋亦用四声，不但诗也。篇末韵与不韵，盖指换韵而言，同一韵则相叶，换一韵则不相为韵矣。此无定法可执，故曰：轮扁不能言。

《南史·陆厥传》："吴兴沈约、陈郡谢朓、琅琊王融以气类相推毂。汝南周颙善识声韵。约等文皆周宫商，将平上去入四声以此制韵，有平头、上尾、蜂腰、鹤膝。《佩文韵府》引此传'鹤膝'下有'之病'二字，不知据何本。五字之中，音韵悉异，两句之内，角徵不同，不可增减，世呼为'永明体'。"

按：此为四声即五音之证。

《梁书·王筠传》："约制《郊居赋》，构思积时，犹未都毕，乃要筠示其草，筠读至'雌霓原注：五激反。连蜷'，约抚掌欣抃曰：'仆尝恐人呼为霓。原注：五鸡反。'"

按：此为赋亦用四声之证。

王通《中说》："李伯药见子而论诗，子不答。伯药退谓薛收曰：'吾上陈应、刘，下述沈、谢，分四声八病，刚柔清浊，各有端序，音若埙箎。'"阮逸注："四声韵起自沈约，八病未详。"

皎然《诗式》："乐章有宫商五音之说，不闻'四声'。近自周颙、刘绘流出。

宫商畅于诗体，轻重低昂之节，韵合情高，此未损文格。沈休文酷裁'八病'，碎用'四声'，故风雅殆尽。后之才子，天机不高，为沈生弊法所媚，懵然随流，溺而不返。"

王应麟《困学纪闻》："李百药曰：'分四声八病。'案《诗苑类格》沈约曰：'诗病有八：平头、上尾、蜂腰、鹤膝、大韵、小韵、旁纽、正纽。惟上尾、鹤膝最忌，余病亦通。'"

按：齐梁诸史，休文但言"四声""五音"，不言"八病"。言"八病"自唐人始，所列名目，惟《诗品》载"蜂腰""鹤膝"二名；《南史》载"平头""上尾""蜂腰""鹤膝"四名。其"大韵""小韵""正纽""旁纽"之说，王伯厚但据李淑《说苑类格》，不知淑又何本？似乎辗转附益者。相传已久，无从究诘，姑仍旧说存之。

梅尧臣《续金针诗格》："八病：一曰平头，谓第一字不得与第六字同声，第二字不得与第七字同声；一曰谓句首二字并是平声是犯。二曰上尾，谓第五字不得与第十字同声。三曰蜂腰，谓第二字不得与第五字同声。四曰鹤膝，谓第五字不得与第十五字同声。五曰大韵，谓重叠相犯也。如五言诗以'新'字为韵者，九字内更著'津'字、'人'字为大韵。六曰小韵，谓除本韵，一字句中自有韵者是也。诗曰：'客子已乖离，那宜远相送。''子已''离宜'字是犯。七曰旁纽，谓十字中有'田'字，又用'寅、延'字，是犯。八曰正纽，如'壬、衽、任'入为一纽，一句之中已有'壬'字，更不得安'衽、任'字。"

按：原书所载甚冗沓，且多重复，今删节存之。然大旨不外于此。

《蔡宽夫诗话》："声韵之兴，自谢庄、沈约以来，其变日多。四声中又别其清浊，以为双声；一韵者，以为叠韵，盖以轻重分清浊耳。所谓前有浮声，则后有切响也。蜂腰、鹤膝者，盖又出于双声之变，若五字首尾皆浊音而中一字清，即为'蜂腰'；首尾皆清音而中一字浊，即为'鹤膝'。"

《诗人玉屑》："十字内两字双声为正纽，若不共一纽，而有双声为旁纽，如'流、久'当作'柳'。为正纽，'流、柳'当作'久'。为旁纽。"

按：宋人所说八病，微有不同。然皆不详何所本，大抵以意造之也。考休文所作，亦复不合。且梅氏所说"平头""上尾""蜂腰""鹤膝"四病，太阔而易犯。蔡氏所说"蜂腰""鹤膝"，虽似近是，亦太严而难遵。疑皆未允，今姑以理推之：平头者，谓二句板对，四声不变，如"弹筝奋逸响，新声妙入神"，第一字皆上平，第二字皆下平，第三字皆去，第四字皆入是也。后来二、四、六平仄互换之法，实源于此。上尾者，疑即梅氏所说之"鹤膝"，谓第一句之末字与第三句之末字相同，然必同韵乃是犯；若云同声，则休文犯者多矣，不应云最忌也。"蜂腰""鹤膝"各就一句论之：如此字应用高亮之声，而用一哑涩字，则此字微细而不扬，犹蜂腰之中细也；如此字应用和缓之声，而用一亢厉字，则此字扞格而不顺，犹鹤膝之中隆也。"蜂腰"不过调稍不响，"鹤膝"遂至拗揿而不成句，故"鹤膝"尤忌。后来一、二、五互救，单平单仄之说，双拗单拗之法，实出于此。至"大韵""小韵""旁纽""正纽"四病，则梅氏所说为近之。"大韵""小韵"乃就叠韵中分二法，"旁纽""正纽"乃就双声中分二法也。休文此论，当时即有异同，未必即为不刊之典。此特即其一家之学言之。

钟嵘《诗品》："昔曹、刘殆文章之圣，陆、谢为体贰之才，锐精研思，千百年中，而不闻宫商之辨，四声之论。或谓前达偶然不见，岂其然乎？尝试言之：古曰诗诵，皆被之金竹，故非调五音无以谐会。若'置酒高堂上''明月照高楼'，为韵之首。故三祖之词，文或不工，而韵入歌唱。此重音韵之义也，与世之言宫商异矣。今既不被管弦，亦何取于声律耶？齐有王元长者，尝谓余云：'宫商与二仪俱生，自古词人不知之。唯颜宪子乃云律吕音调，而其实大谬。唯见范晔、谢庄颇识之耳。尝①欲进《知音论》，未就。'王元长创其首，谢朓、沈约扬其波。三贤或贵公子孙，幼有文辩。于是士流景慕，务为精密。襞积细微，专相凌架。故使文多拘忌，伤其真美。余谓文制本须讽读，不可蹇碍，但令清浊通流，口吻调利，斯为足矣。至平上去入，则余病未能，蜂腰鹤膝，闾里已具。"

---

① "尝"，原作"常"，据何文焕《历代诗话》改。

刘勰《文心雕龙》:"夫音律所始,本于人声者也。声含宫商,肇自血气;先王因之,以制乐歌。故知器写人声,声非学器者也。故言语者,文章神明枢机;吐纳律吕,唇吻而已。古之教歌,先揆以法,使疾呼中宫,徐呼中徵。夫商徵响高,宫羽声下;抗喉矫舌之差,攒唇激齿之异;廉肉相准,皎然可分。今操琴不调,必知改张;摘文乖张,而不识所调。响在彼弦,乃得克谐,声萌我心,更失和律,其故何哉?良由内听难为聪也。故外听之易,弦以手定;内听之难,声与心纷。可以数求,难以辞逐。凡声有飞沉,响有双叠。双声隔字而每舛,叠韵杂句而必睽;沉则响发而断,飞则声扬不还:并辘轳交往,逆鳞相比;迕其际会,则往蹇来连,其为疾病,亦文家之吃也。夫吃文为患,生于好诡;逐新趣异,故喉唇纠纷。将欲解结,务在刚断。左碍而寻右,末滞而讨前。则声转于吻,玲玲如振玉;辞靡于耳,累累如贯珠矣。是以声画妍蚩,寄在吟咏;吟咏滋味,流于字句;字句气力,穷于和韵;异音相从谓之和,同声相应谓之韵。韵气一定,故余声易遣;和体抑扬,故遗响难契。属笔易巧,选和至难;缀文难精,而作韵甚易。虽纤毫曲变,非可缕言,然振其大纲,不出兹论。"

按:休文四声之说,同时诋之者钟嵘,宗之者刘勰。嵘以名誉相轧,故肆讥弹;勰以宗旨相同,故蒙赏识。文章门户,自昔已然。千古是非,于何取定?平心而论:古人歌咏,纯用自然天籁,偶于自成律吕。一经钩棘,淳朴遂亡。约之所作,正如凿混沌之倏忽,而唐人近体自此发源。千百年来,其法不变。则约之所作,亦如设"绵蕝"之叔孙也。二说相参,乃得平允。故并采所论,以殿是书。要之:骨力视乎天姿,气体关乎学养。词旨卑靡,古体亦多庸音;格意高超,近体不乏巨制。开、宝五、七言律风规,亦何让古人?浅深高下,在所自为。区区体制之间,又非所争也。

后　序

或曰："休文之为《四声谱》也，安知不胪列句图，标举音律，如《曲谱》之宫调工尺然？"

曰："然则当与挚虞《流别》、刘勰《雕龙》并列矣。《隋志》入之小学家，知其非也。"

"《切韵》《唐韵》《广韵》，皆五卷，类不下二三万言；休文《谱》既为韵书，顾减至一卷，何也？"

曰："不闻《颜氏家训》之说乎？休文论文章，当从'三易'，易识字居其一焉。其书不过收常用之字，而隐僻者不与，且无注，故简也。"

"李延寿谓约所为赋多乖声韵，见《南史·陆慧晓传》'陆厥'条下。何也？"

曰："声韵之学，言人人殊者也。延寿之诟沈氏，不犹李涪之诟陆氏耶？此但考沈氏一家之学。至其学之当否，别自有说，非所论也。"

"二百六部之名目次序，果尽出沈氏耶？"

曰："名目吾不得而知也。韵之分部，则有押韵之可考；部之相次，则有同用者之类从。中间虽不无后人之所乱，然从委穷源，则《广韵》本《唐韵》，《唐韵》本《切韵》，《切韵》本《四声》，吾说信而有征也。"

"韵书备矣，区区残编断简，钩□古人之遗文，又不足给后人之用，何为者耶？"

曰："食其末，不可不知其本。因吾书而考见今韵之由来，不至揣骨听声，自生妄见,以决裂古人之成法,则吾书不为无补。如实求有益于世,则四库所藏,不切日用者,百分计之九十分而强矣。于吾书何诘焉?"

纪昀再题

张为主客图

〔唐〕张为 撰
〔清〕纪昀 钞

编校说明

《张为主客图》以镜烟堂本为底本,以豫章丛书本《主客图》为校本,同时参校丁福保《历代诗话续编》(中华书局1983年版)所载《诗人主客图》。

序

张为《诗人主客图》一卷,世无刊本。殆佚久矣,其文时散见《唐诗纪事》中。长夏养疴,即原序所列八十四人,一一钩稽排纂之,可以考者,犹七十有二,张氏之书几还旧观矣。顾其分合去取之间,往往与人意不相惬,岂如《诗品》"源出某某"之类,约略测臆耶?抑为去诸人甚近,其说或有所受耶?唐人论诗最不苟。高仲武书,郑都官排之甚力;此书孤行,唐末人无异词,又何也?夫儒者识见,系乎学问之浅深;吾党十年以前所诋诃,十年后再取阅之,帖然悔者不少矣!又安知惬吾意者必是,不惬吾意者必非耶?因钞而存之,识诸卷首。

乾隆己卯立秋后九日,河间纪昀书

广大教化主

白居易

　　含沙射人影,虽病人不知。巧言诬人罪,至死人不疑。掇蜂杀爱子,掩鼻戮宠姬。弘恭陷萧望,赵高谋李斯。阴德既必报,阳祸岂虚施! 人事虽可罔,天道终难欺。明即有刑辟,幽即有神祇。苟免勿私喜,鬼得而诛之。《读史》诗。按:此《读史》诗第四首。"诬人",本集作"构人"。两"即"字俱作"则"字。

　　厚地植桑麻,所要济生民。生民理布帛,所求活一身。身外充征赋,上以奉君亲。国家定两税,本意在忧人。厥初防其淫,明敕内外臣:税外加一物,皆以枉法论。奈何岁月久,贪吏得因循。役我以求宠,敛索无冬春。织绢未盈匹,缲丝未盈斤。里胥迫我纳,不许暂逡巡。岁暮天地闭,阴风生破村。夜深灯火尽,霰雪白纷纷。幼者形不蔽,老者体无温。悲喘与寒气,并入鼻头辛。昨日输残税,因窥官库门:缯帛如山积,丝絮如云屯。号为羡余物,随日献至尊。夺我身上暖,买尔眼前恩。进入琼林库,岁久化为尘!《秦中吟》。按:此《秦中吟》十首之二,本集题曰《重赋》。注曰:一作《无名税》。"忧人"作"爱人","役我"作"浚我","盈匹"作"成匹","灯火"作"烟火","鼻头"作"鼻中","随日"作"随月"。

　　豫章生深山,七年而后知。挺高二百尺,本末皆十围。天子建明堂,此材独中规,匠人执斤墨,采度将有期。孟冬草木枯,烈火燎于陂。狂风吹猛焰,从根烧到枝。作养二十年,方成栋梁资。一朝为灰烬,柯叶无孑遗。地虽生尔材,天不与尔时。不如粪土芝,犹有人掇之。已矣勿重陈,重陈令人悲。勿悲焚烧苦,但悲采用迟。按:此《寓意诗》第一首。本集"于陂"作"山陂","狂风"作"疾风","作养二十"作"养材三十","粪土芝"作"粪土英","勿悲"作"不悲"。

　　赫赫京内史,奕奕中书郎。昨传征拜日,恩私顾殊常。貂冠水苍玉,紫绶黄金章。佩服身未暖,已闻窜炎荒。亲戚不得别,吞声泣路旁。宾客亦已散,门前雀罗张。富贵来未久,倏如瓦沟霜。权势去尤速,瞥若石火光。不如守贫贱,贫贱可久长。传语宦游子,且来归故乡。按:此《寓意诗》第二首。"奕奕",本集作"炎炎","恩私顾"作"恩赐颁","炎荒"作"遐荒","未久"作"不久"。

得意减别恨,半酣还远程。按:此《及第后归觐留别诸同年》诗。"还",本集作"轻"。

人吏留不得,直入故山云。

长生不似无生理,休向青山学炼丹。

白发镊不尽,根在愁肠中。按:已上六句,题并无考。

峨嵋山势接云霓,欲逐刘郎此路迷。若似剡中容易到,春风犹隔武陵溪。《与薛涛》。按:此诗本集不载。

上入室一人

杨 乘

竖子未鼎烹,大君尚旰食。风雷随出师,云霞有战色。犒功椎万牛,募勇悬千帛。武士日曳柴,飞将竞执馘。喜气迎捷书,欢声送羽檄。天兵日雄强,桀犬稍离析。贼臂既已断,贼喉既已扼。乐祸但鲸鲵,同恶为肘腋。小大势难侔,逆顺初不敌。违命固天亡,恃险乖长策。虿毒久萌芽,狼顾非日夕。礼貌忽骄狂,疏奏遂指斥。动众岂佳兵,含忍恐无益。鸿恩既已孤,小效不足惜。腐儒一铅刀,投笔时感激。帝阍不敢干,戚戚坐长画。《甲子岁书事》。

入室三人

张 祜

万国见清道,一身成白头。《上令狐相公》。

此地荣辱盛,岂宜山中人?《秋晚》。

葛溪谩淬张家剑,却是猿声断客肠。《葛溪》。

书空疑未决,卓地计初成。《拄杖》。

春申还有三千客,寂寞无人报李园。按:此《感春申君诗》。"还有",本集作"还道","报"作"杀"。

羊士谔

风泉留古韵,笙磬想遗音。《历山》。

桂朽有遗馥,鸾飞安可待。按:此二句题无考。

尘沙蔼如雾,长波惊飙度。雁起汀洲寒,马嘶高城暮。银釭倦秋馆,绮瑟瞻永路。重有携手期,清光倚玉树。按:此八句题无考。

元 稹

屈指贞元旧朝士,几人同见太平春。《感兴》。按:本集作《酬白乐天杏花园》。"屈指"作"算得","几人"作"几员"。

儿歌杨柳叶,妾拂石榴花。按:此二句题无考。

远路事无限,相逢惟一言。月色照荣辱,长安千万门。《逢白公》。

升堂三人

卢 仝

诗阙

顾 况

汀洲渺渺江蓠短,疑是疑非两断肠。

巫峡朝云暮不归,洞庭春水晴空满。

颓垣化为波,陆地堪乘舟。按:以上六句题并无考。

大姑山尽小姑出,月照洞庭行客船。按:此《小孤山》诗。"山尽",本集作"山远","行客"作"归客"。

沈亚之

诗阙

及门十人

费冠卿

诗阙

皇甫松

燕相谋在兹,积金黄巍巍。上者欲何颜?使我千载悲。《登郭隗台》。

劝僧一杯酒,共看青青山。酣然万象灭,不动心即闲。按:此《劝僧酒》诗。

殷尧藩

吴宫爱歌舞,夜夜醉婵娟。见日吹红烛,和尘扫翠钿。徒令句践霸,不信子胥贤。若问长洲草,荒凉无限年。《宫词》。按:本集题作《吴宫》。"吴宫"作"吴王","若问"作"莫问"。

宫女三千去不回,真珠翠羽是尘埃。夫差旧国久破碎,红燕自归花自开。《馆娃宫》。

暮烟葵叶屋,秋月《竹枝歌》。按:此《送沈亚之尉南康》诗。

欲射狼星把弓箭,休将萤火读诗书。按:此《下第东归作》。

施肩吾

年来如抛梭,不老应不得。按:二句题无考。

忆昔将贡年,抱愁此江边。鱼龙互闪烁,白浪高于天。今日步青草,还来经此道。江神也世情,为我风色好。《及第后过扬子江》。按:本集"白浪"作"黑浪","青草"作"春草","还来"作"复来"。

周光范

按:"光范"作"元范"。

谁云嵩上烟,随云倚碧落。《投白公》。按:"嵩上",一作"蒿上"。

莫怪西陵风景别,镜湖花草为先春。《贺朱庆余及第》。

祝天膺

按:"天膺",一作"元膺"。

句曲旧真宅,自产日月英。既涵岳渎气,安无神仙名?松桂迤逦色,与君相送情。《送高遥赴举》。按:"真宅",一作"宅真"。

两颔凝清霜,玉炉焚天香。为我延岁华,得入不死乡。《寄道友》。

蟾蜍夜作青冥镜,蟏蛸晴为碧落梯。好个分明天上路,谁教移入武陵溪?

《梦仙词》。按：题一作《梦仙谣》。"镜"，一作"烛"；"移入"，一作"深入"。

雾纹斑似豹，水力健如龙。按：二句题无考。

徐　凝

青山旧路在，白首醉还乡。《别白公》。

试到第三桥，便入千顷花。按：二句题无考。

高景争来草木头，一生心事酒前休。山公自是山人侣，携手醉登城上楼。《答白公》。按：本集"山人"作"仙人"。

朱可名

废斫镜湖田，上书紫阁前。愁人久委地，诗道未闻天。不是烧金手，徒抛钓月船。多惭兄弟意，不敢问林泉。《应举日寄兄弟》。按："斫"，一作"刈"。

陈　标

杜甫在时贪入蜀，孟郊生处却归秦。如今始会麻姑意，借问山川与后人。《寄友人》。

童翰卿

大朴逐物尽，哀哉天地功。争得荣辱心，洒然归西风。按：此诗无题，但题曰《绝句》。"哀哉"，一作"哀我"。

高古奥逸主

孟云卿

群物归大化，六龙颓西荒。《感怀》。

安知浮云外，日月不运行。《苦雨》。

孤儿去慈亲，孤客丧主人。莫吟辛苦曲，此曲谁忍闻？可闻不可说，去去无期别。行人念前程，不待参辰没。朝亦常苦饥，暮亦常苦饥。飘飘万里余，贫贱多是非。少年莫远行，远行多不归。《悲哉行》。按：《箧中集》"孤客"作"远客"，"万里余"作"万余里"，两"远行"并作"远游"。

上入室一人

韦应物

欲持一瓢酒,远寄风雨夕。按:此《寄全椒山中道士》诗。"远寄",本集作"远慰"。

万籁自生听,大空长寂寥。还从静中起,却向静中销。《咏声》。按:本集"万籁"作"万物","长"作"恒"。

山深松子落,幽人应未眠。按:此《秋夜寄丘二十二员外》诗。"山深",本集作"山空"。

舟泊南池雨,帘卷北楼风。按:此《寄杨协律》诗。"帘",本集作"簟"。

入室六人

李贺

飞香芝红满天春。按:此《上云乐》句。"芝",本集作"走"。

酒酣喝月使倒行。按:此《秦王饮酒》句。

踏天磨刀割紫云。此《砚》句。按:本集题作《杨生青花紫石砚歌》。

杜牧

烟着树姿娇,雨余山态活。按:此《池州送孟迟先辈》诗。"烟着",本集作"烟湿"。

四海一家无一事,将军携剑泣霜毫。按:此《长安杂题长句》第一首。"剑",本集作"镜","毫"作"毛"。

山密斜阳多,人稀芳草远。按:此《长安送友人游湖南》诗。本集注:一作《长安送人》。

仙掌月明孤影过,长门灯暗几声来。按:此《早雁》诗。"几声",本集作"数声"。

李余

长安东门别,立马生白发。

霁后轩盖繁,南山瑞烟发。

尝忧车马烦,土薄闻水声。按:以上六句题并无考。

刘　猛

月生十五前,日望光采圆。月满十五后,日畏光采瘦。不见夜光色,一尊成暗酒。匣中苔背铜,光短不照空。不惜补明月,惭无此良工。《月中》句。按:"夜光"一作"夜花"。

自念数年间,两手中藏钩。于心且无恨,他日为我羞。古老传童歌,连湮亦兵象。夜梦戈甲鸣,苦不愿年长。《苦雨》句。

朝梳一把白,夜泪千滴雨。可耻垂拱时,老作在家女。《晓》句。

李　涉

但将钟鼓悦私爱,肯以犬羊为国羞。按:此《六叹》第三首。"羊",本集注:一作"戎"。

尼父未适鲁,屡屡倦迷津。徒怀教化心,纡郁不能伸。一遇知己言,万方始喧喧。至今百王则,孰不挹其源。按:此《怀古》诗。

胡幽贞

一朝入紫宫,万古遗芳尘。至今溪边花,不敢娇青春。《题西施浣纱石》。

海色连四明,仙舟去容易。天籁岂辄闻,不是卑朝士。《归四明》诗。

升堂六人

李　观

诗阙

贾　驰

河上微风来,关头树初湿。今朝关城吏,又见孤客入。上国谁与期?西来徒自急。《秋入关》诗。

东风吹晓霜,雪鸟双双来。按:此二句题无考。

李宣古

冉冉池上烟,盈盈池上柳。生贵非道旁,不断行人手。

翠盖不西来,池上天池歇。按:以上六句题并无考。"池"字必有一讹。

曹邺

欺暗常不然,欺明当自戮。难将一人手,掩得天下目。《读李斯传》。按:"常",本集作"尚"。

岐路不在天,十年行不至。一旦公道开,青云在平地。枕上数声鼓,衡门已如市。白日探得珠,不待骊龙睡。匆匆出九衢,童仆颜色异。故衣未及换,尚有去年泪。晴阳照花影,落絮浮野翠。对酒时忽惊,犹疑梦中事。自怜孤飞鸟,得接鸾凤翅。永怀共济心,莫起胡越意。《杏园即席上同年》。

刘驾

马上续残梦,马嘶时复惊。心孤多所虞,僮仆近我行。按:此《早行》诗。

只恐塞上山,低于沙中骨。按:此《古出塞》句。"只恐",本集作"坐恐"。

蒲帆出浦去,但见浦边树。不如马上郎,马迹犹在路。大舟不相载,买宅令妾住。莫道留金多,本非爱郎富。按:此《古意》诗。"马上",本集作"马行","令妾住"作"令委住"。

孟迟

红映楼台绿绕城,城边春草傍墙生。隋家不向此中尽,汴水应无东去声。《广陵城》。按:"红映楼台",一作"红绕高台"。

天地有时饶一掷,江山无主合平分。《垓下》。按:"合",一作"任"。

冷月微烟渭上愁,华清宫树不胜秋。《霓裳》一曲千门锁,白尽梨园弟子头。《过骊山》。按:本集"冷月"作"冷日"。注:"一作赵嘏诗。"

及门二人

陈润

丈夫不感恩,感恩宁有泪。心头感恩血,一滴染天地。按:此四句题无考。

韦楚老

按:"韦",一作"常"。

一从黄帝葬桥山,碧落千门锁元气。《天上行》句。

清奇雅正主
李　益

闲庭草色能留马,当路杨花不避人。按:此二句题无考。

笳箫汉思繁,旌旗边色故。按:此《五城道中》诗。

马汗冻成霜。按:此《从军有苦乐行》句。

上入室一人
苏　郁

十二楼藏玉堞中,凤凰双宿碧芙蓉。流霞浅酌谁同醉,今夜笙歌第几重?《步虚词》。按:"芙蓉"一作"梧桐","谁同"一作"留君","笙歌"一作"吹箫"。

吟倚雨残树,月收山下村。按:此二句题无考。

入室十人
刘　畋

末秋云木轻,莲折晚香清。雨下侵苔色,云凉出浪声。叠帆依岸尽,微照夹堤明。渡吏已头白,遥知客姓名。《晚泊汉江渡》。

残阳来霁岫,独兴起沧洲。《雨后》句。

僧清塞

按:即周贺。

两鬓已垂白,五湖归钓鱼。按:贺集《送耿山人》诗有"两鬓已垂白,五湖归挂罾"句,此作"钓鱼",或别一首。

夜涛惊栅锁,寒苇露船灯。按:此《送耿山人归湖南》诗,一作《送耿逸人南归》。

谷水生茶味,林风减扇声。按:此《早秋过郭涯书堂》诗。本集注:"一作《郭劲书斋》。""谷"作"涧","林"作"松","减"作"灭"。

磬彻远巢禽。按:此《送幻群法师》诗。本集注:"送",一作"赠",一本无"群"字。

伊流背行客,岳响答清猿。按:此《出关寄贾岛》诗。本集注:"一作《送客》。""背行"作"偕行","清猿"作"啼猿"。

卢　休

春寒酒力迟,冉冉生微红。《寒月联句》。

自然草木性,谁祝元化功。

溢浦风生破胆愁。

血染剑花明帐幕,三千车马出渔阳。按:以上五句题并无考。

于　鹄

送死多于生,几人得终老?按:此《古挽歌》句。

杨洵美

暮鸦不噪禁城树,衙鼓未残宾卫秋。按:此二句题无考。

三山载群仙,峨峨咸浪中。云衣剪不得,此路要可从。我生亦何事,出门如飞蓬?白日又黄昏,所悲瑶草空。虫声故乡梦,枕上禾黍风。吾道如未丧,天运何时通?《答李昌期》。

张　籍

蕃汉断消息,死生长别离。按:此《没蕃故人》诗。

长于送人处,忆得别家时。按:此《蓟北旅思》句。本集注:"一作《送远人》。""长于",一作"长因"。

流光暂出还入地,使我年少不须臾。按:此《短歌行》句。

采樵莫采松与柏,松柏生枝坚且直,与尔作屋成家宅。按:此《樵客吟》句。本集"采樵"下有"客"字,"坚且直"作"直且坚","与尔"作"与君"。

杨巨源

何事慰朝夕?不逾诗酒情。山河空道路,蕃汉共刀兵。礼乐新朝市,园林旧弟兄。向风一点泪,塞晚暮江平。按:此一首题无考。

杨敬之

霜树乌栖夜,空街雀报明。

碧山相倚暮,归雁一行斜。按:以上四句题并无考。

僧无可

白阁未归日,青门又值春。按:此《新年》诗。"白阁",本集作"紫阁","又值春"作"又见春"。

半天倾瀑溜,数郡见庐峰。按:此《寄题庐山二林寺》诗。"庐峰",本集作"炉峰"。

姚 合

移花兼蝶至,买石得云饶。按:此《武功县中作》第四首。本集注:一作《武功闲居》。

插剑龙缠臂,开旗火满身。按:此《剑器词》第一首。"插",本集作"掉"。

家中去城远,日月在船多。按:此《送顾非熊下第归越》诗。"家中",本集作"家山"。

身惭山友弃,胆赖酒杯扶。按:此《从军乐》第二首。本集注:"乐",一作"诗"。

升堂七人

方 干

山木又摇落,望君还不还。轩车何处去,雨雪满前山。思苦寒星动,乡遥钓渚闲。明年见名字,惟我独何颜?《寄李频》。按:"山木",本集作"众木","何处去"作"在何处","寒星"作"文星","名字"作"名姓"。

细泉出石飞难尽,孤烛和云湿不明。何事懒于嵇叔夜,更无书札答公卿。《题桃花坞周处士别业》句。按:本集题作《书桃花坞周处士壁》。

枯井夜闻邻果落,废巢寒见别禽来。《贻天目中峰客》。

马 戴

露气寒光尽,微阳下楚丘。猿啼洞庭树,人在木兰舟。《楚江怀古》句。按:此《楚江怀古三首》之一。"尽",本集作"集"。

夜久游子息,月明岐路间。按:此《夕次淮口》诗。

却忆轩羲日,无人尚战功。按:此《塞下曲》第一首。"忆",本集作"想","日"作"氏"。

任 蕃

无语与春别,细看枝上红。按:此《惜花》诗。

贾 岛

夜半长安雨,灯前越客吟。《赠吴处士》句。按:"夜半",本集作"半夜"。

岛屿夏云起,汀洲芳草深。按:此亦《赠吴处士》诗。

秋风吹渭水,落叶满长安。按:此《忆江上吴处士》诗。"吹",本集作"生"。

山钟夜渡空江水,汀月寒生古石楼。按:此《早秋寄题天竺灵隐寺》诗。

旧国别多日,故人无少年。按:此《旅游》诗。

厉 玄

边草旱不春,剑光增野尘。战场收骥尾,清瀚怯龙鳞。帆色起归越,松声厌避秦。几时逢范蠡,处处是通津。《从军行》。

项 斯

佳人背江坐,眉际列烟树。《庾楼燕》句。

马蹄没青莎,船迹成空波。按:此二句题无考。

春风吹雨意,何处更相值。《古意》。

烛残催卷席,坐冷怕梳头。按:此《晓发昭应》诗。"坐",本集作"手"。

寒入雁声长。按:此《远水》诗。"声",本集作"愁"。

薛 寿

按:唐无薛寿,疑是"薛涛"之讹。

诗阙

及门八人

僧良乂

风泉只向梦中闻,身外无余可寄君。当户一轮惟晓月,挂檐数片是秋云。《秋山答卢邺》。按:本集题无"秋山"二字。

潘 诚

按:"诚",一作"咸",一作"成"。

栈踏猿声暮,江看剑影秋。《送人游蜀》句。

僧老白云上,磬寒高鸟边。

心已同猿狖,不闻人是非。按:以上四句题并无考。

三月独立看花月,只欠子规啼一声。《长安》句。按:题一作《长安春暮》。"只",一作"惟"。

行人渡流水,白马入前山。

秋深雪满黄云塞,夜夜鸿声入汉阳。按:以上四句题并无考。

于武陵

白日不西落,红尘应亦深。按:此《东门路》诗。"不西落",本集作"若不落","亦深"作"更深"。

青山如有利,白石亦成尘。按:此《寻山》诗。

四海少平路,千川无定波。按:此《送客东归》诗。"路",本集作"地"。

詹 雄

尘飞遗恨尽,花落古宫平。《洛阳古城》句。

红粉笙歌人代远,月明陵树水流东。《铜雀台》。按:"流东",一作"东流"。

卫 准

按:"准",一作"单"。

莫言闲话是闲话,往往事从闲话来。

何必剃头为弟子,无家便是出家人。按:此四句题并无考。

僧志定

惟有尊前今夜月，当时曾照堕楼人。

梧桐叶落蝉声死，一夜洞庭波上风。按："落"，一作"老"。以上四句题并无考。

俞凫

颜凋明镜觉，思苦白云知。

沧洲违钓隐，紫阁负僧期。按：以上四句题并无考。

酬难尘鬓皓，坐久壁灯青。按：此《酬王檀见寄》诗。

沧洲未归迹，华发受恩心。按：此《秋日将归长安留别王尚书》诗。

朱庆馀

满酌劝童仆，好随郎马蹄。春风慎行李，莫上白铜鞮。《送陈标》。

古巷戟门谁旧宅，早曾闻说属官家。更无新燕来巢屋，惟有闲人去看花。空厩欲摧尘满枥，小池初涸草侵沙。繁华事歇皆如此，立马踟蹰到日斜。《题王侯废宅》。按：本集题作《过旧宅》。"繁华"作"荣华"。

清奇僻苦主

孟郊

青山碾为尘，白日无闲人。按：此《大梁送柳淳先入关》诗。

食荠肠亦苦，强歌声无欢。按：此《赠别崔纯亮》诗。本集注：一本无"别"字。

欲知万里情，晓卧半床月。按：此《独愁》诗。本集注：一作《独怨》，一作《赠韩愈》。

上入室二人

陈陶

蝉声将月短，草色与秋长。

比屋歌黄竹，何人撼白榆？按：以上四句题并无考。

周　朴

古陵寒雨绝,高鸟夕阳明。按:"绝",一作"集"。

高情千里外,长啸一声初。按:以上四句题并无考。

及门二人
刘得仁

吟苦晓灯暗,露染秋草疏。旧山多梦到,流水送愁余。按:此《云门寺》诗。

风定一池星。按:此《宿宣义池亭》诗。

李　溟

乔木挂斗色,水驿坏门开。向月片帆去,背云行雁来。晚年名利迹,宁免路岐哀。前计不能息,若为玄鬓回。《无题》。

博解宏拔主
鲍　溶

跃马非壮岁,报恩无高功。斯言化为火,日夜焚深衷。《途中》句。按:本集题作《途中旅思》。

天王委管籥,开闭奏北门。顶戴日月光,口宣雨露言。《上太原王尚书》句。按:本集题作《述德上太原严尚书绶》。注:"一作'王尚书',无'绶'字。""奏"作"秦"。

万里岐路多,一身天地窄。《秋怀》句。

上入室一人
李群玉

诗阙

入室二人

司马退之

诗阙

张　为

按：为以己诗入句图，盖用芮挺章《国秀集》例。

诗阙

瑰奇美丽主

武元衡

诗阙

上入室一人

刘禹锡

故国思如此，若为天外心。《寄白公》句。

湖上收宿雨。按：此句题无考。

故人日已远，窗下尘满琴。坐对一壶酒，恨多无力斟。幕疏萤色迥，露重月华深。万境与群籁，此时情岂任？《无题》。按："一壶"，本集作"一樽"。

禅思何妨在玉琴，真僧不见听时心。秋堂境寂夜方半，云去苍梧湘水深。《听琴》。按：本集注：一作《听僧弹琴》。

入室三人

赵　嘏

一千里色中秋月，十万军声半夜潮。《钱塘》句。

梁王旧馆已秋色，珠履少年轻绣衣。按：此二句题无考。

满楼春色傍人醉，半夜雨声前计非。按：此《寒食新丰别友人》诗。

三千宫女自涂地,十万人家如洞天。《送人尉江都》句。按:本集题作《送沈单作尉江都》。

长孙佐辅

秋脸无红衣满尘,万家门户不容身。曾将一笑君前去,误杀几多回顾人。《伤故人歌伎》。

曹　唐

箫声欲尽月色苦,依旧汉家宫树秋。《游仙》句。

看却龙髯攀不得,九霞零落鼎湖宫。按:此《仙都即景》。"九",本集作"红","宫"作"空"。本诗第二句已押"宫"字,作"空"字是。

一曲哀歌茂陵道,汉家天子葬秋风。

谁知汉武无仙骨,满灶黄金成白烟。按:以上四句题并无考。

升堂四人

卢　频

春泪烂绮罗,泣声抽恨多。莫滴芙蓉池,愁伤连蒂荷。按:"绮罗",一作"罗绮"。

一朵花叶飞,一枝无光彩。美人惜花心,但愿春长在。按:"无光",一作"花光"。以上八句题并无考。

陈　羽

诗阙

许　浑

水声东注市朝变,山势北来宫殿高。按:此《故洛城》诗。本集注:"一作《登故洛阳城》。""注"作"去"。

草生宫阙国无主,玉树后庭花为谁。按:此《陈宫怨》第一首。

何郎翠凤双飞去,三十六宫闻玉箫。按:此《秦楼曲》句。本集"何"作"潘"。

经年未葬家人散,昨日因斋故吏来。按:此《伤故湖州李郎中》诗。"日",本集作"夜"。

垂钓有深意,望山多远情。按:此《赠高处士》诗。

张萧远

秦云寂寂僧还定,尽日无人鹿绕床。按:此二句题无考。

日暮风吹官渡柳,白鸦飞出石头墙。《废城》句。

双双白燕入祠堂。《乳石洞玉女祠》句。

及门五人

张　陵

诗阙

章孝标

明日銮舆欲向东,守宫金翠带愁红。九门佳气已西去,千里花开一夜风。

按:此篇本集题曰《宫词》。注:一作《无题》。

雍　陶

诗阙

周　祚

莫道春花独照人,愁花未必怯青春。四时风雨没时节,共保松筠根底尘。

按:此四句题无考。

袁不约

愁声秋绕杵,寒色碧山归。《深秋》句。按:"山归",一作"归山"。

送将欢笑去,收得寂寥归。《客去》句。按:"归",一作"回"。